Neuzeit | **Moderne**

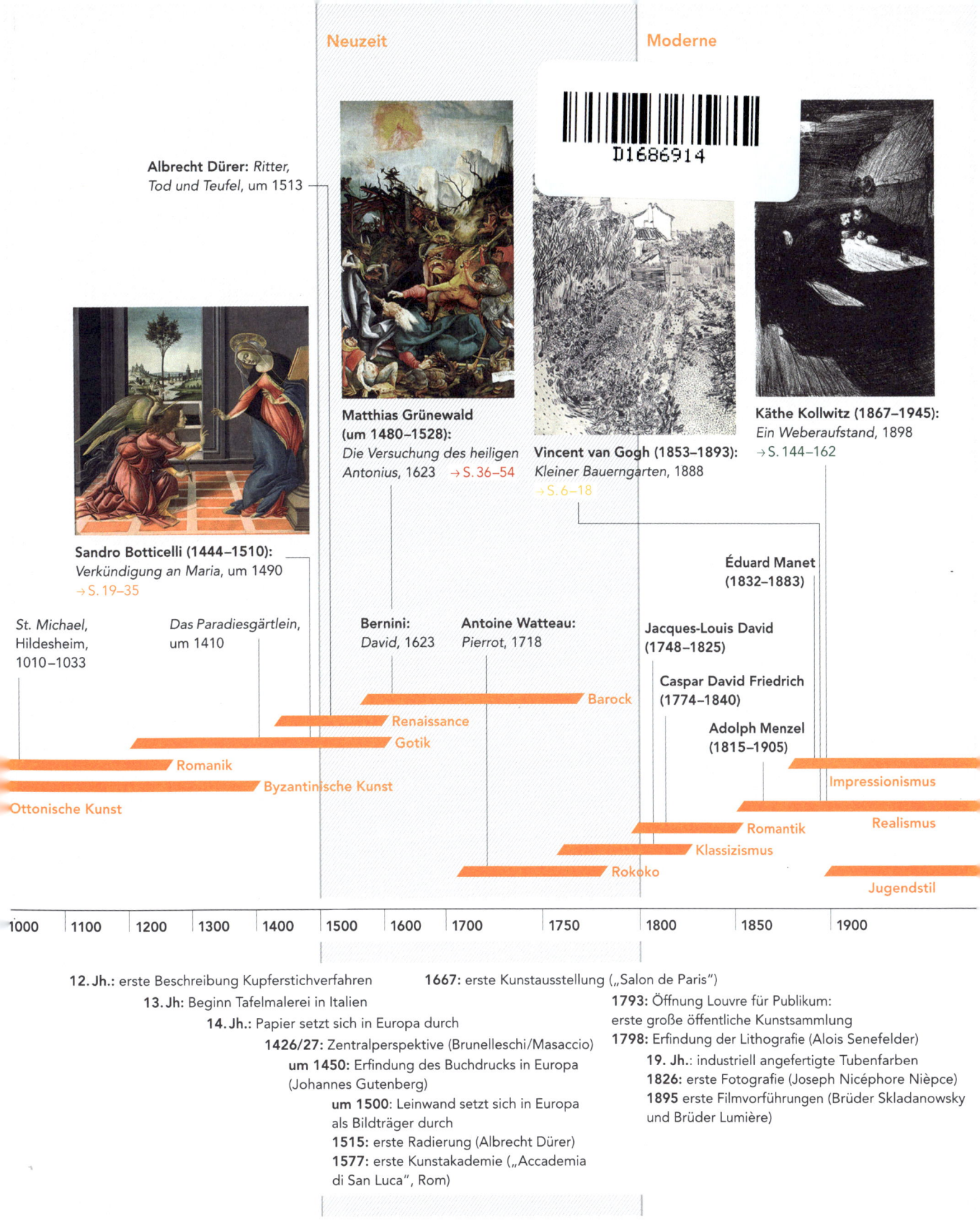

Albrecht Dürer: *Ritter, Tod und Teufel,* um 1513

Matthias Grünewald (um 1480–1528): *Die Versuchung des heiligen Antonius,* 1623 → S. 36–54

Vincent van Gogh (1853–1893): *Kleiner Bauerngarten,* 1888 → S. 6–18

Käthe Kollwitz (1867–1945): *Ein Weberaufstand,* 1898 → S. 144–162

Sandro Botticelli (1444–1510): *Verkündigung an Maria,* um 1490 → S. 19–35

St. Michael, Hildesheim, 1010–1033

Das Paradiesgärtlein, um 1410

Bernini: *David,* 1623

Antoine Watteau: *Pierrot,* 1718

Éduard Manet (1832–1883)

Jacques-Louis David (1748–1825)

Caspar David Friedrich (1774–1840)

Adolph Menzel (1815–1905)

Barock
Renaissance
Gotik
Romanik
Byzantinische Kunst
Ottonische Kunst
Impressionismus
Romantik
Realismus
Klassizismus
Rokoko
Jugendstil

| 1000 | 1100 | 1200 | 1300 | 1400 | 1500 | 1600 | 1700 | 1750 | 1800 | 1850 | 1900 |

12. Jh.: erste Beschreibung Kupferstichverfahren
13. Jh: Beginn Tafelmalerei in Italien
14. Jh.: Papier setzt sich in Europa durch
1426/27: Zentralperspektive (Brunelleschi/Masaccio)
um 1450: Erfindung des Buchdrucks in Europa (Johannes Gutenberg)
um 1500: Leinwand setzt sich in Europa als Bildträger durch
1515: erste Radierung (Albrecht Dürer)
1577: erste Kunstakademie („Accademia di San Luca", Rom)

1667: erste Kunstausstellung („Salon de Paris")
1793: Öffnung Louvre für Publikum: erste große öffentliche Kunstsammlung
1798: Erfindung der Lithografie (Alois Senefelder)
19. Jh.: industriell angefertigte Tubenfarben
1826: erste Fotografie (Joseph Nicéphore Nièpce)
1895 erste Filmvorführungen (Brüder Skladanowsky und Brüder Lumière)

12. Jh.: Beginn der Städtegründung in Europa
1095–1291: Kreuzzüge
1347–1353: erste Pestpandemie („der Schwarze Tod")
1492: Entdeckung Amerikas
1517: Beginn der Reformation

17./18. Jh.: Absolutismus und Aufklärung
1776: amerikanische Unabhängigkeit
1789–1794: Französische Revolution
1806: Ende des Heil. Röm. Reichs Deutscher Nation
1870/71: Deutsch-Französischer Krieg

Kunst entdecken

2

Neue Ausgabe

Herausgegeben von
Dietrich Grünewald

Erarbeitet von
Dietrich Grünewald, Jörg Grütjen,
Robert Hahne, Martin Lilkendey,
Günther Ludig (1933–2012),
Martin Oswald, Margit Schmidt

Cornelsen

Herausgegeben von: Dietrich Grünewald

Erarbeitet von: Dietrich Grünewald, Jörg Grütjen, Robert Hahne,
Martin Lilkendey, Günther Ludig (1933–2012), Martin Oswald, Margit Schmidt

Redaktion: Ilka Soennecken
Bildredaktion: Bettina Schaschke, Stefanie Portenhauser
Umschlaggestaltung, Layoutkonzept und technische Umsetzung:
Ungermeyer, grafische Angelegenheiten

www.cornelsen.de

Die Webseiten Dritter, deren Internetadressen in diesem Lehrwerk angegeben sind, wurden vor Drucklegung sorgfältig geprüft. Der Verlag übernimmt keine Gewähr für die Aktualität und den Inhalt dieser Seiten oder solcher, die mit ihnen verlinkt sind.

Dieses Werk berücksichtigt die Regeln der reformierten Rechtschreibung und Zeichensetzung. Bei den mit R gekennzeichneten Texten haben die Rechteinhaber einer Anpassung widersprochen.

1. Auflage, 4. Druck 2020

Alle Drucke dieser Auflage sind inhaltlich unverändert und können im Unterricht nebeneinander verwendet werden.

© 2012 Cornelsen Verlag, Berlin
© 2019 Cornelsen Verlag GmbH, Berlin

Das Werk und seine Teile sind urheberrechtlich geschützt.
Jede Nutzung in anderen als den gesetzlich zugelassenen Fällen bedarf der vorherigen schriftlichen Einwilligung des Verlages.
Hinweis zu §§ 60a, 60b UrhG: Weder das Werk noch seine Teile dürfen ohne eine solche Einwilligung an Schulen oder in Unterrichts- und Lehrmedien (§ 60b Abs. 3 UrhG) vervielfältigt, insbesondere kopiert oder eingescannt, verbreitet oder in ein Netzwerk eingestellt oder sonst öffentlich zugänglich gemacht oder wiedergegeben werden.
Dies gilt auch für Intranets von Schulen.

Druck: Grafisches Centrum Cuno GmbH & Co.KG, Calbe

ISBN 978-3-06-120190-6

PEFC zertifiziert
Dieses Produkt stammt aus nachhaltig bewirtschafteten Wäldern und kontrollierten Quellen.
www.pefc.de
PEFC/04-31-1370

Liebe Schülerin, lieber Schüler,

mit diesem Buch kannst du eine Entdeckungsreise in die Welt der Kunst unternehmen. Mit den ausgewählten Kunstwerken sind zahlreiche Themen verbunden, für die du dich vielleicht auch sonst interessierst: Dämonen und Roboter, das antike Rom und das moderne Amerika, die Arbeitswelt. Du lernst aber auch besondere Techniken kennen, zum Beispiel Drucktechniken, die Möglichkeiten der Collage, Bronzeguss oder wie man Räumlichkeit (Perspektive) oder Bewegung im Bild darstellen kann.

Auf einige Besonderheiten des Buches möchten wir dich hinweisen:

Ausklappbilder: Das Kunstwerk, um das es in einem Kapitel jeweils geht, findest du als Ausklappbild entweder am Anfang oder am Ende eines Kapitels. Du kannst es aufgeschlagen lassen, wenn du die Seiten des Kapitels, zu dem das Ausklappbild gehört, durcharbeitest.

Das visuelle Inhaltsverzeichnis: Am Anfang eines Kapitels ist das Ausklappbild noch einmal wiederholt. Die darin hervorgehobenen Bilddetails machen deutlich, welche Themen auf den folgenden Seiten des Kapitels behandelt werden. Dazu findest du einen farbig unterlegten Kasten mit einem Überblick über das, was dir das Kapitel bietet. Jedes Kapitel hat eine eigene Farbe.

„Links": Die Angabe „→ 213, S. 119" zum Beispiel verweist auf Bilder, manchmal ist die Seitenangabe weggelassen, dann weißt du, dass sich das Bild auf derselben Seite befindet wie der Text, in dem der Link steht. „→ S. 16" verweist auf eine Seite: Wenn du diese Seite aufschlägst, findest du weitere Informationen und Erklärungen. Die Farben der Verweise sind in der „Kapitelfarbe" gedruckt, in der du die zusätzlichen Informationen finden kannst.

Fachbegriffe und Glossar: Fachbegriffe sind in jedem Kapitel fett hervorgehoben und mit „→" markiert. Du kannst diese Begriffe im Glossar im Anhang nachschlagen und findest dort eine Erklärung.

Arbeitsanregungen: Anregungen in blauer Schrift signalisieren dir, dass du hier selbst gestalten kannst.

Webcodes: Auf unserer Website www.cornelsen.de/Kunstentdecken findest du weitere Informationen zu einem Thema. Du brauchst dort nur den „Webcode" einzugeben, den du im Buch findest.

„Medienkapitel": Das letzte Kapitel im Buch ist ein Sonderkapitel, das sich mit dem Thema Medien – hier mit Fotografie und Film – beschäftigt.

Methodentraining: Im Anhang findest du einige Seiten mit Tipps, die dir im Umgang mit Kunstwerken helfen können.

Wir haben es aus Platzgründen meist nicht extra dazugeschrieben, aber natürlich sind mit „Künstler" auch die Künstlerinnen gemeint, mit „Betrachter" auch die Betrachterinnen, mit „Maler" auch die Malerinnen …

Wir wünschen dir bei deiner Entdeckungsreise viel Spaß!
Das Kunst-entdecken-Team und der Verlag

Inhalt

Ein „Vater der Moderne" – Vincent van Gogh: *Kleiner Bauerngarten*
→ 26, S. 18

- 6 Ein „Vater der Moderne" – Vincent van Gogh: *Kleiner Bauerngarten*
- 8 Stationen eines Künstlerlebens – Holland, Paris, Südfrankreich
- 10 Vincent van Gogh – die Zeichnungen
- 12 Mittel zum Zeichnen
- 14 Vincent van Gogh – die Gemälde
- 16 Japanische Farbholzschnitte

Zeichnen, Malen

Ein neues Menschenbild – Sandro Botticelli: *Verkündigung an Maria*
→ 27, S. 19

- 20 Ein neues Menschenbild – Sandro Botticelli: *Verkündigung an Maria*
- 22 Die Verkündigung – eine Begegnung mit Gefühlen
- 24 Ein neues Schönheitsideal
- 26 Die Darstellung des Menschen verändert sich in der Renaissance
- 28 Die Entwicklung der Raumdarstellung
- 30 Die Linearperspektive und ihre Wirkungsmöglichkeiten
- 32 Architektur im Zeitalter der Renaissance
- 34 Ein Künstlerleben in Florenz – Sandro Botticelli und die Medici-Familie

Sachzeichnen, Perspektive konstruieren, Malen

Angriff der Dämonen – Matthias Grünewald: *Die Versuchung des heiligen Antonius*
→ 83, S. 54

- 36 Angriff der Dämonen – Matthias Grünewald: *Die Versuchung des heiligen Antonius*
- 38 Die Legende des heiligen Antonius
- 40 Die Dämonen als Mischwesen
- 42 Farbe
- 44 Der Maler Matthias Grünewald und seine Zeit
- 46 *Die Versuchung des heiligen Antonius* – ein Thema in der bildenden Kunst
- 48 Der *Isenheimer Altar*
- 50 Der *Isenheimer Altar* – die 2. Schauseite
- 52 Der *Isenheimer Altar* – die „Alltagsansicht": der geschlossene Altar

Collagieren, Zeichnen, Malen, Modellieren

Besser wohnen – das *Bauhaus* in Dessau
→ 231, S. 126

- 108 Besser wohnen – das *Bauhaus* in Dessau
- 110 Die Bauhausidee – Forderungen an eine neue Architektur
- 112 Die traditionelle Architektur und das *Neue Bauen*
- 114 Die Bauhauswerkstätten – Formen für den täglichen Bedarf
- 116 Funktionalität ist alles – die Erfindung der Einbauküche
- 118 Wohnungsbau für eine moderne Gesellschaft
- 120 Öffnung nach außen
- 122 Hochhäuser und der *International Style*
- 124 Die Bauhausidee lebt weiter

Fotografieren, Bauen, Design

Bildende Kunst und Bewegung – Marcel Duchamp: *Akt, eine Treppe herabsteigend*
→ 232, S. 127

- 128 Bildende Kunst und Bewegung – Marcel Duchamp: *Akt, eine Treppe herabsteigend*
- 130 Akt auf der Treppe
- 132 Kubismus
- 134 Duchamp und die Chronofotografie
- 136 Von der Phasenbewegung zum Film
- 138 Futurismus
- 140 Kinetische Kunst
- 142 Ready-mades

Malen, Zeichnen, Bewegungstricks

Sozialkritische Kunst – Käthe Kollwitz: *Ein Weberaufstand*
→ 291, S. 162

- 144 Sozialkritische Kunst – Käthe Kollwitz: *Ein Weberaufstand*
- 146 *Not*
- 148 Die Not der schlesischen Weber
- 150 *Tod*
- 152 Die Bildhauerin Käthe Kollwitz
- 154 Lithografie und Radierung
- 156 *Weberzug*
- 158 *Sturm*
- 160 *Ende*

Zeichnen, Radieren, szenisches Spiel, Modellieren, Drucken

Der Philosophenkaiser – das Reiterstandbild des Kaisers Marc Aurel
→ **84**, S. 55

- 56 Der Philosophenkaiser – das Reiterstandbild des Kaisers Marc Aurel
- 58 Das Bildnis in der römischen Plastik
- 60 Die Verherrlichung der Kaiser
- 62 Rom zur Kaiserzeit
- 64 Der Bronzeguss
- 66 Ross und Reiter
- 68 Denkmale
- 70 Plätze

Zeichnen, plastisches Gestalten

„Träumt sie oder zählt sie die Minuten?" – Edward Hopper: *New York Movie*
→ **155**, S. 90

- 72 „Träumt sie oder zählt sie die Minuten?" – Edward Hopper: *New York Movie*
- 74 Betrachtungen von fern und nah – Erinnerungen an ein Bild
- 76 Wirklichkeit in der Malerei – Edward Hopper, ein Realist?
- 78 Kleinstadt und Großstadt – amerikanische Kunst zur Zeit Edward Hoppers
- 80 Licht und Schatten – *New York Movie* und die historischen Vorläufer
- 82 Menschen im Café – Hopper und seine Vorbilder
- 84 Kino und Schauspiel – die Welt als Theater, das Leben als Bühne
- 86 Hopper und der amerikanische Film
- 88 „Hollywood" – Hoppers künstlerische Erben

Zeichnen, Malen, Fotografieren

Spott und Kritik – Hannah Höch: *Schnitt mit dem Küchenmesser Dada*
→ **156**, S. 91

- 92 Spott und Kritik – Hannah Höch: *Schnitt mit dem Küchenmesser Dada*
- 94 Herkunft und Bedeutung der Bildmotive
- 96 Formen und Möglichkeiten der Collage
- 98 Was ist Dada?
- 100 Schrift und Bild
- 102 Kunst und Kritik
- 104 Der Beruf der Künstlerin
- 106 Das Motiv der Puppe in Hannah Höchs Kunst

Collagieren, Zeichnen, Schrift entwerfen, Marionettenbau und -spiel, Aktion

Ein Filmklassiker – Fritz Langs *Metropolis*
→ **292**, S. 163

- 164 Ein Filmklassiker – Fritz Langs *Metropolis*
- 166 *Metropolis* – ein „Neuer Turm Babel"
- 168 *Metropolis* – die Architektur
- 170 Maschinen und Maschinenbilder
- 172 Maschinenmenschen
- 174 Plakatkunst der 1920er-Jahre

Zeichnen, Bauen, Malen, Drucken

Bildbearbeitung, Manipulation und Illusion: Neue Bildwelten – Fotografie und Film

- 176 Bildbearbeitung, Manipulation und Illusion: Neue Bildwelten – Fotografie und Film
- 178 Bildbearbeitung in künstlerischer Absicht
- 180 Film – die perfekte Illusion
- 182 Filmtricks

Fotografieren, Filmen, Zeichnen

Methodentraining
- 184 Betrachten, beschreiben, vergleichen – Hinweise zum Umgang mit Kunstwerken

Anhang
- 188 Glossar
- 196 Verzeichnis der Künstlerinnen und Künstler
- 199 Sachwortverzeichnis
- 201 Operatoren
- 202 Text- und Bildquellenverzeichnis

Ein „Vater der Moderne" – Vincent van Gogh: *Kleiner Bauerngarten*

In diesem Kapitel lernst du Bilder des Malers Vincent van Gogh kennen. Du kannst beobachten, wie sich sein Malstil im Verlauf seines Lebens gewandelt hat und dass die Gefühle des Künstlers die Bilder prägen. Beim Vergleich des gezeichneten mit dem gemalten *Bauerngarten* kannst du erkennen, wie sehr sich van Goghs Mal- und Zeichentechnik ähneln. Du wirst das Malerische seiner Zeichnungen und das Zeichnerische seiner Gemälde sehen können. Die Beschäftigung mit verschiedenen Materialien und Techniken des Zeichnens führt dich ein in die Vielfalt der Möglichkeiten des Zeichnens. Anhand der Gemälde van Goghs lernst du darüber hinaus die symbolische Bedeutung seiner Bildthemen und der Farbenwahl kennen. Abschließend erhältst du Informationen über japanische Holzschnitte und kannst erkennen, wie sehr sie van Goghs Arbeitsweise beeinflusst haben.

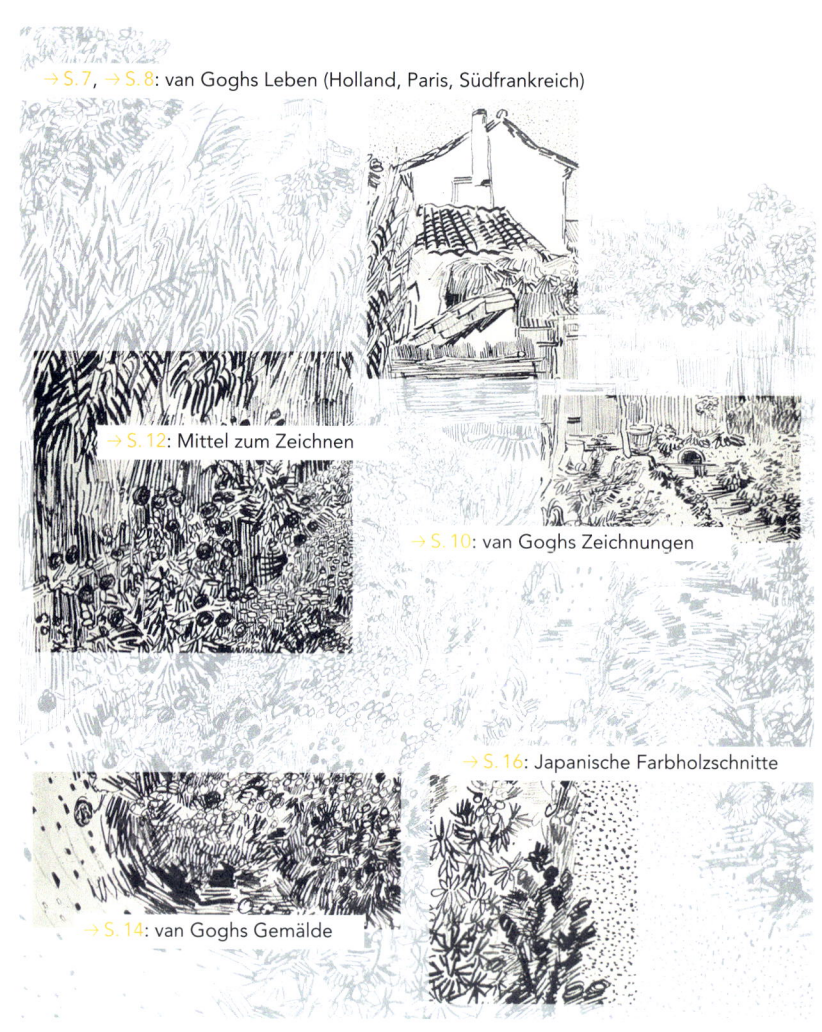

→ S.7, → S.8: van Goghs Leben (Holland, Paris, Südfrankreich)

→ S.12: Mittel zum Zeichnen

→ S.10: van Goghs Zeichnungen

→ S.16: Japanische Farbholzschnitte

→ S.14: van Goghs Gemälde

1 Vincent van Gogh: *Kleiner Bauerngarten*: die Themen in diesem Kapitel

Kleiner Bauerngarten

Vincent van Gogh war ein hervorragender Zeichner. In den ersten Jahren seiner künstlerischen Tätigkeit hatte er jahrelang nur gezeichnet. Er erkundete die unterschiedlichsten Techniken und Materialien: Bleistift, Kohle, Kreiden, die Gänsekielfeder, verschiedene Tinten. Doch sein wichtigstes zeichnerisches Mittel war die Rohrfeder. 1888 schuf er in der südfranzösischen Stadt Arles in wenigen Monaten weit über hundert großformatige Rohrfederzeichnungen. In dieser Phase entstand auch das Blatt *Kleiner Bauerngarten* → 26, S.18.

Unzählige kurze Linien, Punkte, kleine Kringel, blatt- und blütenähnliche Zeichen verdichten sich zu Blumenbeeten, wucherndem Schilfgras und Obstbäumen. Blickfang ist das weiß leuchtende Bauernhaus. Über dem Haus bezeichnet eine Fläche aus feinen Punkten einen leuchtenden südlich blauen Himmel.

Das Braun der Zeichnung zeigt bei genauerem Hinsehen die verschiedensten Farbtöne von hellem Goldbraun und Rötlichbraun bis hin zum dunklen Braunschwarz. Ähnlich variantenreich sind auch die Federstriche: Sie reichen von hauchdünnen hellen Linien bis zu kräftig hingeschriebenen Strichen.

Van Gogh – ein Wegbereiter der modernen Malerei

Der Niederländer Vincent van Gogh und die Franzosen Paul Gauguin (1848–1903) und Paul Cézanne (1839–1906) haben ihre Bilder anders als ihre Vorgänger gestaltet und damit – jeder auf seine Weise – die Malerei geprägt. Ohne sie hätte sich die Malerei des 20. Jahrhunderts sicherlich anders entwickelt. Man bezeichnet sie deshalb als die „Väter der Moderne". Ihre Bilder haben viele jüngere Maler des 20. Jahrhunderts beeinflusst.

Vincent van Gogh – ein bewegtes Leben

Das Leben des Niederländers Vincent van Gogh (1853–1890) war kurz und bewegt. Sein umfangreiches malerisches und zeichnerisches Werk entstand in den letzten zehn Jahren seines Lebens zwischen 1880 und 1890.

Van Gogh war ein schwieriger Mensch, leicht erregbar, jähzornig, chaotisch. Er wurde 1853 als Sohn eines Pfarrers bei Breda in Holland geboren, schloss später eine Kunsthändlerlehre ab und war bis 1876 als Angestellter im Kunsthandel in Den Haag, Brüssel, London und Paris tätig. Nach seiner Entlassung scheiterte er an einem Theologiestudium, bewarb sich an einer Missionarsschule und wurde abgelehnt. Schließlich arbeitete er 1879 als Laienprediger in einem belgischen Bergbaugebiet. Doch auch dort wurde ihm nach einem halben Jahr gekündigt. Er begann zu zeichnen, um damit über seine Enttäuschungen hinwegzukommen. 1880 entschloss sich van Gogh, Maler zu werden. Sein jüngerer Bruder Theo, der ebenfalls Kunsthändler war, erkannte sein Talent und bestärkte ihn in seinen Absichten. Er war für Vincent ein mitfühlender Freund und teilte sein monatliches Einkommen mit ihm.

Nuenen

Van Gogh zeichnete viel, kopierte Bilder berühmter Künstler, nahm Privatunterricht in Anatomie und → **Perspektive**. Das meiste brachte er sich selbst bei. 1882 malte er die ersten Ölbilder. Während des Aufenthalts bei seinen Eltern in Nuenen von Dezember 1883 bis November 1885 entstanden über 50 Bilder in dunklen Brauntönen mit Darstellungen arbeitender Bauern und Weber → 3, → 4, S. 8.

Paris

Nach kurzem Studium an der Akademie in Antwerpen reiste er 1886 zu seinem Bruder nach Paris und wohnte zwei Jahre bei ihm. Hier lernte er die → **impressionistischen** Maler und ihre Bilder sowie japanische Farbholzschnitte kennen → S. 16. Unter dem Einfluss dieser Bilder veränderte er seinen Malstil völlig. Bis zu seiner Abreise nach Arles in Südfrankreich im Februar 1888 malte er über 200 Bilder: Stadtansichten, Stillleben, Selbstporträts.

Das *Selbstbildnis* → 2 malte van Gogh in Paris vor seiner Abreise nach Arles. Schon damals signierte er mit seinem Vornamen „Vincent".

Arles

In Arles schwärmte van Gogh vom wunderbaren Licht des Südens. Hier fand er zu seinem eigenen Stil. Im September mietete er ein Haus und wollte eine Künstlergemeinschaft mit anderen Malern gründen. Er war voller freudiger Erwartung und malte für das Haus mehrere Sonnenblumenbilder, Symbole für Licht und Leben. Ende Oktober besuchte ihn endlich der von ihm verehrte und lange erwartete Paul Gauguin. Doch schon im Dezember kam es zum Streit. Van Gogh fiel in geistige Verwirrung und schnitt sich in seiner Erregung einen Teil seines Ohres ab. Gauguin reiste überstürzt ab.

St. Remy

Van Gogh begab sich freiwillig in die Klinik von St. Remy, wo man ihm einen Atelierraum für seine künstlerische Arbeit zur Verfügung stellte. Seine Bilder wurden immer ausdrucksstärker, „expressiver". Seinem Bruder Theo schrieb er, die Malerei sei „Blitzableiter für meine Krankheit". Doch er war einsam, niedergeschlagen und litt unter Lebensangst.

2 Vincent van Gogh: *Selbstbildnis*, Januar 1888; Öl auf Leinwand, 65,5 × 50,5 cm; Amsterdam, Van Gogh Museum

Auvers-sur-Oise

Im Mai 1890 besuchte er für einige Tage den Bruder in Paris und mietete in Auvers-sur-Oise, nördlich von Paris, ein Zimmer. Am 27. Juli 1890 schoss sich van Gogh eine Kugel in die Brust und starb zwei Tage später an den Folgen der Verletzung. Seine Bilder haben bis an sein Lebensende in der Öffentlichkeit keine Anerkennung gefunden.

Arbeitsanregungen

1 Betrachte die Zeichnung → 26, S. 18 genau. Zeige die im Text beschriebenen unterschiedlichen Brauntöne im Bild.

2 a Lege mit brauner Deckfarbe eine möglichst umfangreiche Skala von Brauntönen an.
 b Vergleiche deine Skala mit den Brauntönen im *Kleinen Bauerngarten*.

3 Male ein Bild von dir in ähnlicher Gestaltungstechnik wie das Selbstbildnis van Goghs → 2. Achte besonders auf den Farbkontrast, die Farbnuancen und die Pinselspuren.

4 Versetze dich in die Person van Goghs und schreibe einen Brief an deinen Bruder Theo, in dem du deine Arbeit an einem der abgebildeten Gemälde auf der nächsten Doppelseite schilderst.

Stationen eines Künstlerlebens – Holland, Paris, Südfrankreich

3 Vincent van Gogh: *Die Kartoffelesser*, 1885; Öl auf Leinwand, 81,5 x 114,5 cm; Amsterdam, Van Gogh Museum

4 Vincent van Gogh: *Bauernfrau* (Porträt von Gordina de Groot), 1885; Öl auf Leinwand, 41 x 34,5 cm; Privatsammlung

5 Vincent van Gogh: *Schrebergärten auf dem Montmartre*, 1887; Öl auf Leinwand, 81 x 100 cm; Amsterdam, Van Gogh Museum

Holland

Vom Dezember 1883 bis November 1885 wohnte van Gogh wieder bei seinen Eltern im holländischen Nuenen. Er zeichnete und malte die flache Landschaft mit den niedrigen Bauernhäusern, die Bauern und Bäuerinnen bei der schweren Arbeit auf den Feldern und im Haus. Die graubraunen, dunklen Farben verdeutlichen, wie hart das Leben der Bauern war. Damals entstand sein erstes großes Bild *Die Kartoffelesser* →3.

Das Aussehen der Menschen, ihre Körperhaltung und ihre Gesichter, erzählen von Armut, aber auch von Fürsorge, Gemeinsamkeit und Vertrauen. Van Gogh hat den Ausdruck der Gesichter übertrieben, um das deutlich zu machen. Der kärgliche Raum liegt in düsterem Licht. Zur Vorbereitung des Gemäldes hatte van Gogh mehr als 40 Kopfstudien von Bäuerinnen und Bauern gemalt. Das Porträt der Gordina de Groot →4 ist eines davon. Es findet sich leicht verändert im Bild der *Kartoffelesser* wieder.

6 Vincent van Gogh: *Weizenfeld mit Zypressen*, 1889; Öl auf Leinwand, 72,5 x 91,5 cm; London, National Gallery

Paris

Als Vincent van Gogh im Februar 1886 nach Paris kam, lernte er durch seinen Bruder japanische Farbholzschnitte sowie die Bilder der →**Impressionisten** und →**Pointillisten** kennen. Unter diesem Einfluss veränderten sich sein Malstil und die Themen seiner Bilder: Seine Pariser Bilder wirken unbeschwert und heiter. Es entstanden Stillleben, Porträts, Bilder von Innenräumen, Park- und Vorstadtlandschaften. Van Gogh setzte hellere und leuchtendere Farben in kurzen Strichen und Tupfen auf die Leinwand. Wie die Impressionisten malte er seine Landschaften direkt in der freien Natur und bei natürlichem Licht. Das Bild *Schrebergärten auf dem Montmartre* →5 zeigt eine dieser Landschaften. Im Vordergrund erkennt man Gärten und Gartenhütten auf der Anhöhe des Montmartre, eines Hügels bei Paris. Tief unten in der Talsenke sind die Häuser von Paris zu erahnen.

Südfrankreich

Im Februar 1888 verließ van Gogh Paris, um in Arles, im Süden Frankreichs, die leuchtenden Farben und das strahlende Licht des Südens zu erleben. Hier entstanden seine bedeutendsten Werke. Indem er die Natur in eigenwilligen Formen darstellte, steigerte er seine Bilder zu eindringlichem Ausdruck. Vor allem in seinem letzten Lebensjahr wurden seine Bilder immer dynamischer und expressiver. Das Gemälde *Weizenfeld mit Zypressen* →6 ist ein Beispiel hierfür. Die kräftig leuchtenden Farben sind in lebendigen Linien aneinandergesetzt. Sowohl der bewegte Himmel als auch die unruhigen Pinselstriche in den Bäumen, Sträuchern und dem reifen Weizenfeld sind Ausdruck der Erregung des Malers und seines überströmenden Gefühls. Das Bild hat er nur wenige Monate vor seinem Freitod gemalt.

Arbeitsanregungen

1 Beschreibe anhand der Abbildungen auf diesen beiden Seiten die Entwicklung von van Goghs Malstil.
2 Vergleiche die beiden Landschaftsbilder →5 und →6 und notiere die Unterschiede in Farbigkeit und Maltechnik.
3 Male das Bild *Weizenfeld mit Zypressen* →6 mit flächigem Farbauftrag und vergleiche die Wirkung.

Vincent van Gogh – die Zeichnungen

7 Vincent van Gogh: *Felsen von Montmajour*, 1888; Bleistift, Feder, Rohrfeder, 49 × 61 cm; Amsterdam, Van Gogh Museum

8 Vincent van Gogh: *Fischerboote auf dem Strand*, 1888; Bleistift, Rohrfeder, 39 × 53,3 cm; Zürich, Sammlung Dr. Peter Nathan

Farbe in Zeichnung übersetzen

Für seine über 200 Zeichnungen, die in den drei letzten Lebensjahren entstanden, benutzte van Gogh vorzugsweise die Rohrfeder, manchmal auch den Gänsekiel. Sein Malerkollege Emile Bernard meinte: „Seine Zeichnungen […] sind ein kühner Versuch, Farbe zu übersetzen." Vincent van Gogh hat seine eigene Handschrift. Er arbeitete mit kurzen, stacheligen Federstrichen, → **Schraffuren**, gekrümmten Linien, Punkten von verschiedener Dichte und Stärke, Kreise und kleinen Bögen. Er verwendete → **Bister** → S. 13 vom hellsten Honiggelb bis zum dunkelsten Braun. Es entstanden vor allem Landschaftsbilder, die er in der Natur zeichnete.

Van Goghs Zeichenstil

Van Goghs Zeichenstil wird in den Bildbeispielen deutlich: In *Felsen von Montmajour* →7 kennzeichnete er die Felsen und die Pflanzenwelt durch unterschiedliche Tonwerte und Linienformen. Seine *Fischerboote auf dem Strand* →8 sind, wie er seinem Bruder Theo schrieb, in einer einzigen Stunde entstanden: „Ich habe einfach der Feder freien Lauf gelassen." Auf der Zeichnung machte er sich Farbnotizen für das spätere Gemälde. Die *Zypressen* →9, schreibt van Gogh, hätten für ihn, ähnlich wie die Sonnenblumen, symbolische Bedeutung: Sie standen in dieser schwierigen Zeit seines Lebens für Trauer und Tod. Flammenhaft und dunkel ließ er sie vor hellem Hintergrund in den Himmel aufragen. Die Federstriche sind ungebändigt, bilden Wirbel. Van Goghs eigene Ruhelosigkeit übertrug sich auf seine künstlerischen Arbeiten. Der *Alte Weinberg mit Bäuerin* →11 dokumentiert van Goghs Zustand der Erregung: Alles scheint zu schlingern und ins Rutschen zu geraten.

9 Vincent van Gogh: *Zypressen*, 1889; Bleistift, Rohrfeder, Gänsefeder, 62,3 x 46,8 cm; New York, The Brooklyn Museum

10 Vincent van Gogh: *Bäuerin, eine Getreidegarbe aufhebend*, 1885; schwarze Kreide, 45 x 53 cm; Otterlo, Rijksmuseum Kröller-Müller

Arbeitsanregungen

1 Erkläre, wie van Gogh in seinen Zeichnungen „Farbe übersetzt".
2 Erprobe die zeichnerische Darstellung von Steinen, Bäumen, Pflanzen und Wolken. Achte dabei auf die unterschiedliche Oberflächenbeschaffenheit.
3 Suche dir eine Rohrfederzeichnung aus und vergrößere sie mit einer breiten Feder, zum Beispiel mit einer Bandzugfeder (möglichst 3 mm breit) auf DIN A3. Zeichne mit Bleistift vor.
4 Zeichne die *Fischerboote auf dem Strand* →8 mit Bleistift ab und gestalte das Bild farbig.
5 Vergleiche die Zypressen der Zeichnung →9 mit den Zypressen auf dem Gemälde →6, S. 9.

11 Vincent van Gogh: *Alter Weinberg mit Bäuerin*, 1890; Bleistift, Pinsel, Wasserfarben, 43,5 x 54 cm; Amsterdam, Van Gogh Museum

Mittel zum Zeichnen

Wenn vom Zeichnen die Rede ist, denkt man zuerst an Bleistift, Kugelschreiber oder Filzstifte. Doch die Möglichkeiten zum Zeichnen sind überaus vielfältig.

Stifte
- Der **Bleistift** ist heute das gebräuchlichste Zeichenmittel. Sein Name ist irreführend, denn der Bleistift hat mit dem Metall Blei nichts zu tun. Die Bleistiftmine besteht aus einer Mischung aus Graphit und feinstem Ton. Je nach dem Mischungsverhältnis von Graphit und Ton ist der Strich härter und heller oder weicher und dunkler. Die Farbigkeit reicht von hellgrau bis tiefschwarz →12.
- Der **Graphitstift** besteht aus reinem Graphit und gibt einen schwarzen und fettigen Strich. Seit dem Mittelalter, aber vor allem in der →Renaissance, verwendet man ihn häufig zum Vorzeichnen. Damals schnitt man die Stifte aus dem Graphitblock, heute wird feines Graphitpulver zusammen mit einem Bindemittel zu Stiften gepresst.
- Den **Bleigriffel** verwendete man bis in die Zeit des →Barock. Er wurde aus einer Metallmischung von zwei Teilen Blei und einem Teil Zinn hergestellt. Da der grauschwarze Strich weich und leicht verwischbar war, konnte man ihn gut korrigieren →13. Man benutzte ihn für Vorzeichnungen und vor allem bei Architekturzeichnungen.
- Besonders bedeutsam war der **Silberstift**, der seit der Antike bekannt und vor allem in der Renaissance beliebt war. Auch die Maler der →Romantik im 19. Jahrhundert nutzten ihn. Die zarte Linie des Silberstifts hat immer die gleiche Stärke und ist nicht korrigierbar. Mit der Zeit verändert sich die Farbe der Silberstiftzeichnung zu einem weichen Braunton.
- Die **Holzkohle** ist ein preisgünstiges Zeichenmittel. Holzkohle war und ist das ideale Hilfsmittel: Sie ist leicht zu korrigieren und dient für Vorzeichnungen aller Art, bei großen Wandbildern ebenso wie bei Silberstift- oder Federzeichnungen. Sie ist auch eigenständiges Gestaltungsmittel, doch müssen die Zeichnungen abschließend fixiert, also wischfest gemacht werden. Der Strich der Holzkohle ist matt und leicht grau →14.
- Statt Kohle verwendete man in der Renaissance auch **schwarze Kreide**, eine kohlenstoffhaltige Tonerde. Ihr Strich ist fester als der der Kohle und weniger fett als Graphit. Man kann sie zu stufenlosen Übergängen verwischen.
- **Weiße Kreide** wird aus Speckstein, Gips, Pfeifenton (das ist eine feine weiße Tonerde, aus der auch Pfeifenköpfe gemacht wurden) und mineralischem Kalk gewonnen. Die Künstler verwenden sie in Verbindung mit schwarzer Kreide und Rötel.
- →**Rötel** ist farbige Tonerde mit einem hohen Gehalt an Eisenoxid. Die Farbskala reicht vom hellen Rot bis zum matten Braun. Der weiche Strich lässt präzise Linien zu und ist verwischbar. Bis zur Renaissance wurde Rötel nur für Vorzeichnungen verwendet. Seither benutzt man ihn auch für farbige Zeichnungen →15.
- **Pastellkreiden** werden aus feinsten Farbpigmenten und wasserlöslichem Bindemittel hergestellt. Es sind Stifte aus einer teigigen Paste. Während sich die Pastellfarben lange Zeit auf Schwarz (Ruß), Rot (Rötel, Zinnober, Mennige) und Gelb (Ocker) beschränkten, gibt es heute mehrere Hundert Farbnuancen, die aus chemischen Farben hergestellt werden. Pastellkreiden ermöglichen weiche, fließende Übergänge, wirken samtig, lassen sich aber nicht mischen.

12 Adolph Menzel (1815–1905): *Vorderansicht eines Pferdes*, 1847; Bleistift, 20,4 × 12,8 cm; Berlin, Nationalgalerie SMB

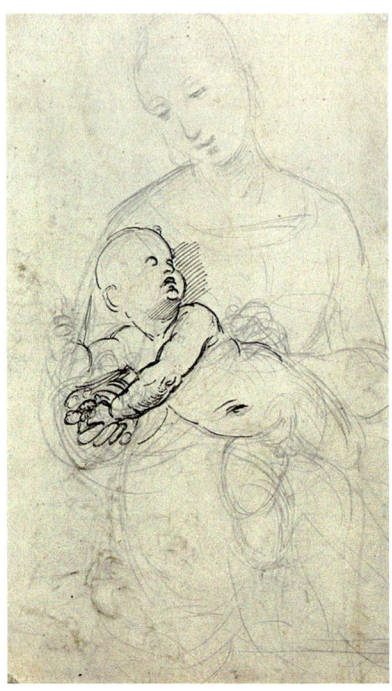

13 Raffael (1483–1520): *Madonna (Studie)*, 1508; Bleigriffel, Feder, Tinte, 25,6 × 18,4 cm; London, National Gallery

14 Albrecht Dürer (1472–1528):
Dürers Mutter, 1514; Kohle, 42,3 × 30,5 cm;
Berlin, Kupferstichkabinett SMB

15 Peter Paul Rubens (1577–1640):
Nicolas Rubens, 1618; Rötel, Kohle,
25,2 × 20,3 cm; Wien, Albertina

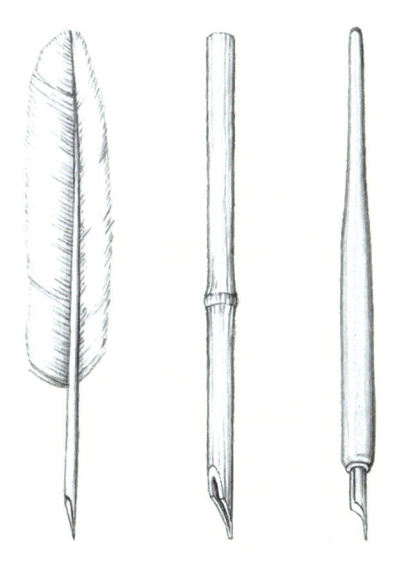

16 Gänsekielfeder, Rohrfeder
und Metallfeder

Zeichenfedern und Pinsel

Bei den Zeichenfedern unterscheidet man zwischen Rohrfedern, Kielfedern und Metallfedern →16.

– Die **Rohrfeder**, geschnitten aus Schilfrohr und später aus Bambusrohr, gibt kraftvolle, eckige Striche. Sie eignet sich weniger für die Schönschrift, aber umso mehr für ausdrucksstarke Zeichnungen. Das angespitzte und in der Spitze gespaltene Rohr nimmt an seiner Hohlseite die Tinte auf und lässt sie durch Aufdrücken der Spitze nach unten ablaufen. Die Tinte wird mit Hilfe eines Pinsels in den Hohlraum gefüllt.

– Die **Kielfeder** (meist eine Gänsefeder) ist leichter und geschmeidiger als die Rohrfeder. Ihr Strich ermöglicht unterschiedliche Strichbreiten.

– **Metallfedern** bieten mit unterschiedlichen Härten, Breiten und Ausformungen der Spitze vielfältige Schreib- und Zeichenmöglichkeiten. Die Feder wird wie die Kielfeder in das Tintenglas getunkt und abgestreift.

– Auch **Pinsel** eignen sich zum Zeichnen. Harte Borstenpinsel ermöglichen andere Linien als weiche, spitz zulaufende Haarpinsel.

Tusche und Tinten

Geschrieben und gezeichnet wird mit wasserlöslichen Tinten und wasserfesten Tuschen.

– Die beste **Tusche** kam aus China. Sie wurde aus dem Ruß von verbranntem Sesamöl und einem Bindemittel hergestellt. In Europa verwendete man fettigen Kerzen- und Lampenruß. Heute stellt man Tusche chemisch her. Alle Tuschen trocknen wasserunlöslich auf und sind deckend. Zur Herstellung von **Tinten** fand man verschiedene Rezepte:

– Die **Eisengallustinte** wurde aus den Galläpfeln an Eichenblättern, die sich durch den Stich der Gallwespe bilden, und aus Eisensalzen gewonnen. Die ursprünglich schwarze Tinte wird nach einiger Zeit braun.

– **Bister** ist eine Tinte aus Holzruß, Leim und Wasser. Die seit dem Mittelalter bekannte Tinte schreibt rötlichbraun bis goldbraun und ist lichtunempfindlich. Im Gegensatz zu allen anderen Tinten, die im Strich deckend und durchsichtig (transparent) sein können, bleibt Bister immer transparent.

– **Sepia** wird aus den getrockneten Tintenbeuteln des Tintenfischs hergestellt. Sepia kam als Zeichenmittel erst nach 1780 in Gebrauch. Die Tinte wirkt kühl und kann graubraun, graublau oder graugrün erscheinen.

Die heute verwendeten Tinten werden chemisch hergestellt und sind lichtecht.

Arbeitsanregungen
1 Schneide aus Schilf oder Bambusrohr eine Rohrfeder und zeichne damit.
2 Überlege, warum farbige Filzstifte nur sehr selten für künstlerische Zeichnungen verwendet werden.
3 Zeichne einen Gegenstand deiner Wahl je einmal mit hartem und weichem Bleistift, mit Graphitstift und Kohle. Probiere auch mit anderen Stiften zu zeichnen und vergleiche die Ergebnisse.
4 Sieh dir die Zeichnungen auf dieser Seite genau an. Beschreibe, mit welchen Mitteln die Künstler jeweils gezeichnet haben. Erkläre, warum sie dieses und kein anderes Zeichenmittel für ihr Motiv gewählt haben könnten.

Vincent van Gogh – die Gemälde

17 Vincent van Gogh: *Van Goghs Stuhl*, 1888/89; Öl auf Leinwand, 92 × 73 cm; London, National Gallery

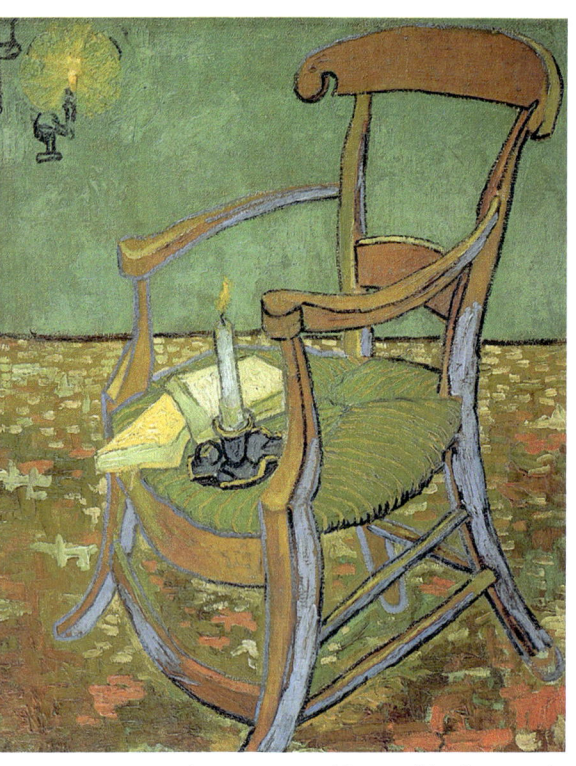

18 Vincent van Gogh: *Gauguins Stuhl*, 1888; Öl auf Leinwand, 90,5 × 72 cm; Amsterdam, Van Gogh Museum

19 Vincent van Gogh: *Caféterrasse auf dem Place du Forum*, 1888; Öl auf Leinwand, 81 × 65,5 cm; Otterlo, Rijksmuseum Kröller-Müller

Der gemalte Bauerngarten

Die Bilder dieser Doppelseite malte van Gogh in den Jahren 1888 bis 1890. Der *Kleine Bauerngarten* →20 ist wenige Tage nach der Rohrfederzeichnung →26, S. 18 entstanden und setzt das Motiv der Zeichnung in leuchtende Farben um. Die Pinseltupfer und kurzen Striche lassen das Gemälde wie eine farbige Zeichnung wirken.

Van Goghs Bildsymbole

Viele Motive benutzte van Gogh als → **Symbole**. Sonnenblumen verweisen nach seiner Auffassung mit ihrem leuchtenden Gelb auf Licht und damit auch auf Glück. Den derben Bauernstuhl mit Tabak und Pfeife →17 sah van Gogh als Symbol für sich selbst. Mit dem sehr viel eleganteren Armlehnensessel, auf dem sich Bücher und eine brennende Kerze befinden →18, schuf er ein Symbol für den von ihm verehrten Maler Gauguin, der

20 Vincent van Gogh: *Kleiner Bauerngarten*, 1888; Öl auf Leinwand, 65 x 54 cm; Zürich, Kunsthaus

wenige Tage zuvor nach Arles gekommen war. Die nächtliche *Caféterrasse* →19 lebt von den Kontrasten Hell-Dunkel, Gelborange-Blauviolett.

Van Gogh schrieb Ende Mai 1888: „Ich suche jetzt das Wesentliche zu übertreiben, das Nebensächliche absichtlich im Unbestimmten zu lassen." Seine Bilder geben die Natur nicht fotografisch wieder, sie zeigen die Dinge, wie er sie fühlte und empfand. Die heftigen kurzen Pinselstriche in reinen Farben lassen seine Bilder wie farbige Zeichnungen wirken. Seine Rohrfederzeichnungen erscheinen dagegen wie Gemälde.

Arbeitsanregungen

1 Betrachte die Gemälde auf dieser Seite genau und beschreibe van Goghs Malstil.
2 Vergleiche den gemalten *Kleinen Bauerngarten* →20 mit der Rohrfederzeichnung im Ausklappbild →26, S.18. Erkläre, warum die Zeichnung wie ein Gemälde wirkt.
3 Vergleiche die beiden Stuhlbilder →17, →18 und beschreibe sie als Gegenstücke. Überlege, was die Stuhlbilder symbolisch über das Verhältnis van Gogh – Gauguin aussagen könnten. Beziehe dazu auch die Biografie van Goghs →S.7 mit ein.
4 Male einen Stuhl, der zu dir passt, mit Gegenständen darauf, die dich charakterisieren.
5 Male wie van Gogh ein Bild in den Gegensatzfarben (Kontrastfarben) Gelborange-Blauviolett oder in den Kontrastfarben Rot-Grün.

Webcode: KE1201906-015

Japanische Farbholzschnitte

21 Katsushika Hokusai (1760–1849): *Der Wasserfall von Amida hinter der Kiso-Straße*, um 1827; Farbholzschnitt, 36,3 × 26 cm; London, British Museum

22 Ando Hiroshige (1797–1858): *Plötzlicher Regenschauer bei Shono*, aus der Serie *53 Stationen des Tokaido*, um 1833; Farbholzschnitt, 24,2 × 36,7 cm; Tokio, Nationalmuseum

Van Gogh und die japanischen Farbholzschnitte

Van Gogh lernte in Paris Farbholzschnitte aus dem fernen Japan kennen. 1888 schrieb er an seine Schwester Willemien: „Du kannst dir wohl einen Begriff davon machen, wie die Malereien sich verändert haben, wenn du etwa an die farbstarken japanischen Darstellungen denkst, die man überall sieht, Landschaften und Figuren. Theo und ich haben Hunderte von japanischen Drucken."

Van Gogh ließ sich vom System der Strich- und Punktstrukturen in den japanischen Farbholzschnitten anregen, ohne diesen Gestaltungsstil einfach zu kopieren. Seine Rohrfederzeichnungen baute er aus gebündelten Strichlagen und getupften Flächen auf. In seinen Gemälden gestaltete er die Farbfelder durch (Pinsel-)Strichbündel, sodass die Flächen bewegt wirken und die Farben in ihrer Leuchtkraft gesteigert werden.

Die Technik des Farbholzschnitts

Während beim Schwarz-Weiß-→Holzschnitt das gesamte Bild in eine Druckplatte geschnitten wird, sind für den Farbholzschnitt mehrere Druckplatten erforderlich. In jede Platte wird jeweils nur der Teil der Darstellung geschnitten, der in einer bestimmten Farbe gedruckt werden soll. Wenn man sie übereinander druckt, ergänzen sich die Farbflächen zu einem mehrfarbigen Bild. In die Druckplatte für die schwarze Farbe werden zumeist die Umrisslinien und die Binnenzeichnung geschnitten. Das Weiß des Papiers kann durch Freilassen einzelner Stellen in die Bildgestaltung einbezogen werden. Exakte Arbeit ist Voraussetzung für einen gelungenen Farbholzschnitt, denn die einzelnen Druckplatten müssen beim Drucken genau aufeinanderpassen.

Der Farbholzschnitt kommt aus dem Fernen Osten

Die ersten Farbholzschnitte wurden 1605 in China als farbige Buchillustrationen gedruckt. Begnügte man sich bei diesen ersten Bildern mit fünf Druckplatten, so druckte man gegen Ende des 17. Jahrhunderts schon mit 12 Platten und erreichte damit eine wesentlich vielseitigere Farbigkeit. In Japan arbeiteten die Künstler der sogenannten „Ukiyo-e-Malerei" seit 1765 mit dem Farbholzschnitt. Übersetzt heißt „Ukiyo" „vergängliche Welt" und „e" „Malerei". →**Ukiyo-e** stellt also Bilder der vergänglichen Welt dar, gemeint sind Szenen aus dem täglichen Leben. Wir nennen dies →**Genremalerei**.

Hokusai und Hiroshige

Die berühmtesten Künstler dieses Malstils waren Katsushika Hokusai (1760–1849) und Ando Hiroshige (1797–1858). Sie stellten die Schönheit und Ursprünglichkeit der Natur bei wechselndem Wetter und zu verschiedenen Jahreszeiten dar. Humorvoll,

27 **Sandro Botticelli:** *Verkündigung an Maria*, um 1490; Tempera auf Holz, 150 x 156 cm; Florenz, Uffizien

26 **Vincent van Gogh: *Kleiner Bauerngarten*,** 1888; Bleistift, Kielfeder, Rohrfeder
mit brauner und schwarzer Tinte, 61 × 49 cm; Privatsammlung

mit beinahe karikaturhaften Zügen, zeigten sie die Freuden, Anstrengungen und Nöte der Menschen in der Natur. Bildbestimmend ist die flächige Darstellung der Bildinhalte. Ihr werden die Details untergeordnet. Beide Künstler gestalteten Holzschnitt-Serien zu bestimmten Themen und verkauften sie in Alben. Hokusai schuf ein Album mit *100 Ansichten vom Berg Fuji*, ein anderes zeigt *Wasserfälle in den Provinzen* →21. Hiroshige veröffentlichte *53 Stationen des Tokaido* →22, das ist die Straße von Tokio nach Kioto.

Malanleitungen aus Asien

In chinesischen und japanischen Malanleitungsbüchern →24 ist genau festgelegt, was Punkt und Strich bezeichnen: So sollen die Künstler Moos, Dunst, Sand und Ähnliches mit kleinen Punkten und Laubwerk mit größeren, unregelmäßigen Punkten darstellen. Bestimmte Strichlagen stehen für das Hängen, Klettern, Kriechen und Sprießen von Pflanzen. Die Künstler mussten sehr sorgfältig arbeiten. In einer Anleitungssammlung heißt es zum Beispiel: „Die Moospünktelung ist eine äußerst schwierige Angelegenheit. Man muss sie teils bewusst, teils auch ganz absichtslos mit konzentriertem Geist und in ruhiger Gemütsverfassung auftupfen."

Arbeitsanregungen

1 Vergleiche die Rohrfederzeichnung van Goghs →25 mit Hokusais *Landschaft mit Sonnenstrahlen* →23. Liste Gemeinsamkeiten auf.
2 Zeichne mit dem Fineliner nach dem Punkt-Strich-System eine Landschaft (DIN A5/A6).
3 Betrachte die beiden Farbholzschnitte von Hokusai und Hiroshige →21, →22. Wähle einen der beiden Holzschnitte aus und beschreibe ihn genau. Überlege dabei, wie der Künstler den Bildausschnitt gewählt hat und wie er das Bild komponiert hat.

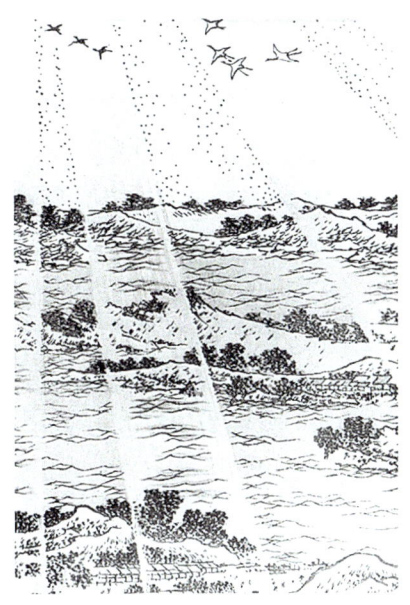

23 Katsushika Hokusai: *Landschaft mit Sonnenstrahlen* (Ausschnitt), um 1830; Blockbuch, 22,2 x 15 cm; Privatsammlung

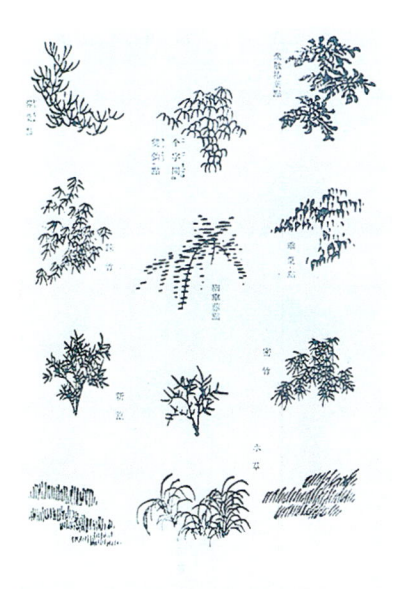

24 Japanische Malanleitung (nach chinesischem Vorbild)

25 Vincent van Gogh: *Boote bei Saintes-Maries* (Ausschnitt), 1888; Rohrfeder, 32 x 24,5 cm; Brüssel, Musée d'Art Moderne

Ein neues Menschenbild – Sandro Botticelli: *Verkündigung an Maria*

In diesem Kapitel lernst du am Beispiel des Gemäldes *Verkündigung an Maria* des Malers Botticelli viel über die Kunst der → Renaissance. Dabei vergleichst du Botticellis *Verkündigung* mit Gemälden anderer Maler, die dieses Thema auch dargestellt haben. Du erfährst, mit welchen Gestaltungsmitteln die Maler der Renaissance den bildnerischen Raum und die Menschen im Raum dargestellt haben. Du lernst, dass sich nicht einfach nur die Art der Darstellung von Mensch und Raum in den Bildern der Renaissance gewandelt hat, sondern dass die Bilder Ausdruck einer gewandelten Vorstellung vom Menschen sind. Dieses neue Menschenbild der Renaissance zeigt sich dabei nicht nur auf Gemälden, sondern prägt auch die Architektur der damaligen Zeit. Abschließend erfährst du viel über Sandro Botticellis Leben, seine (Heimat-)Stadt und seine wichtigsten Auftraggeber, die Medici.

→ S. 24: das neue Schönheitsideal der Renaissance

→ S. 28: die Raumdarstellung in der Renaissance

→ S. 22: unterschiedliche Darstellungen der Verkündigung

→ S. 34: Botticelli und die Medici-Familie

→ S. 32: Architektur in der Renaissance

→ S. 26: die Darstellung des Menschen in der Renaissance

→ S. 30: Perspektivkonstruktionen

28 Sandro Botticelli: *Verkündigung*: die Themen in diesem Kapitel

Die Verkündigung an Maria
²⁶ Im sechsten Monat wurde der Engel Gabriel von Gott in eine Stadt in Galiläa namens Nazaret ²⁷ zu einer Jungfrau gesandt. Sie war mit einem Mann namens Josef verlobt, der aus dem Haus David stammte. Der Name der Jungfrau war Maria. ²⁸ Der Engel trat bei ihr ein und sagte: Sei gegrüßt, du Begnadete, der Herr ist mit dir. ²⁹ Sie erschrak über die Anrede und überlegte, was dieser Gruß zu bedeuten habe. ³⁰ Da sagte der Engel zu ihr: Fürchte dich nicht, Maria; denn du hast bei Gott Gnade gefunden. ³¹ Du wirst ein Kind empfangen, einen Sohn wirst du gebären: dem sollst du den Namen Jesus geben. ³² Er wird groß sein und Sohn des Höchsten genannt werden. Gott, der Herr, wird ihm den Thron seines Vaters David geben. ³³ Er wird über das Haus Jakob in Ewigkeit herrschen und seine Herrschaft wird kein Ende haben. ³⁴ Maria sagte zu dem Engel: Wie soll das geschehen, da ich keinen Mann erkenne? ³⁵ Der Engel antwortete ihr: Der heilige Geist wird über dich kommen, und die Kraft des Höchsten wird dich überschatten. Deshalb wird auch das Kind heilig und Sohn Gottes genannt werden. ³⁶ Auch Elisabeth, deine Verwandte, hat noch in ihrem Alter einen Sohn empfangen; obwohl sie als unfruchtbar galt, ist sie jetzt schon im sechsten Monat. ³⁷ Denn für Gott ist nichts unmöglich. ³⁸ Da sagte Maria: Ich bin die Magd des Herrn; mir geschehe, wie du es gesagt hast. Danach verließ sie der Engel.

Neues Testament, Lukas 1,26–38

Botticellis *Verkündigung an Maria*

Sandro Botticelli wurde 1444/45 in Florenz geboren und lebte dort bis zu seinem Tod 1510. Er hat, wie viele andere Maler seiner Zeit auch, vor allem biblische Themen gemalt. Sein Bild →27, S.19 erzählt die Geschichte der „Verkündigung an Maria", wie sie die Bibel im Lukas-Evangelium berichtet: Der Erzengel Gabriel besucht Maria und eröffnet ihr, dass sie als Jungfrau ein Kind gebären werde, nämlich Jesus, den Sohn Gottes. Zwei lateinische Inschriften sind unterhalb des Altarbildes zu lesen. Sie zitieren den Bibeltext und geben – wie Untertitel im Kino – das „Gespräch" zwischen Engel und Maria wieder: „Spiritus sanctus superveniet in te, et virtus altissimi obumbrabit tibi" („Der Heilige Geist wird über dich kommen, und die Kraft des Höchsten wird dich überschatten"). Und: „Ecce ancilla Domini, fiat mihi secundum verbum tuum" („Siehe, ich bin des Herren Magd; mir geschehe, wie du gesagt hast"). Die Bibelstelle der „Verkündigung" ist sehr häufig gemalt worden, →S.22, →S.23 und →S.26. Sie regte die Maler an, die verschiedenen Reaktionen Mariens darzustellen. Auch Sandro Botticelli versuchte, die Gefühle der Dargestellten deutlich zu machen.

Der Wandel vom Mittelalter zur Renaissance

In der →**Renaissance** änderte sich das Bild des Menschen beträchtlich. Es entwickelte sich eine neue Auffassung vom Stellenwert des einzelnen Menschen in der Welt: Jetzt, in der Zeit um 1500, sah man den Menschen als eigenständige Persönlichkeit, als Individuum. Deshalb veränderte sich auch die Darstellung des Menschen in den Bildern: Zwar malten die Künstler weiterhin religiöse Bildthemen, dabei stand aber nicht mehr die biblische Geschichte selbst im Mittelpunkt der Darstellung, sondern das Interesse der Maler galt den handelnden Personen. Die Heiligen werden „menschlich" und verhalten sich auch

29 Sandro Botticelli: *Selbstporträt* (Ausschnitt aus dem Gemälde *Die Anbetung der Heiligen Drei Könige* →56, S.35), um 1475; Tempera auf Holz, 111 x 134 cm; Florenz, Uffizien

so: Sie sind nicht länger unnahbar, sondern zeigen Gefühle →S.22 und →56, S.35. Die Maler versuchten zudem, die Körper der Figuren in den richtigen →**Proportionen** darzustellen →S.26. Vorbild für diese neue Auffassung vom Menschen ist die Kunst der →**Antike**. Botticelli zum Beispiel wurde bekannt für seine schönen Frauenfiguren im Geist der Antike, woraus sich damals ein neues Schönheitsideal entwickelte →S.24.

Aber nicht nur die Sicht auf den Menschen änderte sich, auch die Lebenswelt des Menschen rückt in den Mittelpunkt des Interesses. Die Künstler entdeckten, wie sie mithilfe der →**Linearperspektive** →S.30 den Raum täuschend echt im Bild darstellen konnten. In Botticellis *Verkündigung* kann man das gut sehen: Die Linien des gemalten Fußbodens verkürzen sich zur Bildmitte hin, so, wie man es in Wirklichkeit sehen würde.

Arbeitsanregungen

1 Mache eine Skizze von Botticellis *Verkündigung* →27, S.19 (Bleistift). Nummeriere die von dir gezeichneten Bildteile, sodass die Reihenfolge deutlich wird, in der du die Bildteile gezeichnet hast. Schreibe weitere Eindrücke, Ideen, Urteile an den Rand deiner Zeichnung. Vergleicht eure Ergebnisse.

2 Schreibe zehn Wörter auf, die dir zu dem Bild einfallen. Vergleiche nun deine Liste mit der deines Nachbarn. Schreibt in Partnerarbeit mit euren Stichwörtern einen Dialog zu dem Bild. Dabei soll sich aus jedem Stichwort ein Satz ergeben, immer abwechselnd von dir und deinem Tischnachbarn.

3 Betrachte Botticellis *Verkündigung* und beschreibe, wie sich Maria und der Engel verhalten.

4 Stellt das Gemälde als „lebendes Bild" nach und klärt auf diese Weise, was die Körperhaltungen ausdrücken.

5 Zeichne eine der beiden Figuren der *Verkündigung* so genau wie möglich ab (Schatten, Falten, Oberflächen). Füge dieser ersten Figur eine weitere hinzu, die du von einem Foto (aus einer Zeitschrift oder Ähnlichem) abzeichnest. Diese Figur soll mit der aus dem Bild eine neue erzählerische Situation bilden. Gestalte dazu eine passende Umgebung aus unserer Zeit.

6 Lies den Text aus dem Lukas-Evangelium, in dem die Geschichte der Verkündigung an Maria erzählt wird. Überlege, welche Textstellen zu Botticellis Darstellung der Verkündigung passen.

Die Verkündigung – eine Begegnung mit Gefühlen

30 Fra Angelico (um 1387–1455): *Die Verkündigung an Maria* (Ausschnitt), um 1440; Holz, 100 × 80 cm; Madrid, Museo del Prado

31 Fra Filippo Lippi (1406/09–1469): *Die Verkündigung an Maria*, um 1450; Fresko, 175 × 183 cm; Florenz, San Lorenzo

Leonardo da Vinci über Botticellis *Verkündigung*

Vor einigen Tagen sah ich das Bild eines Engels, der, die Verkündigung aussprechend, Maria aus ihrem Zimmer zu vertreiben schien, mit Bewegungen, die aussahen wie ein Angriff, den man gegen einen verhassten Feind führen könnte; und Maria schien sich verzweifelt aus dem Fenster stürzen zu wollen. Verfalle nicht in solche Irrtümer!

Die Verkündigung an Maria als Bildthema

Leonardo da Vincis Äußerung zeigt, wie die Maler der damaligen Zeit ein Werturteil über Bilder begründeten: Sie verglichen die gemalte Szene mit der Bibelstelle – hier mit der bei Lukas erzählten Verkündigung – und bewerteten, wie gut es dem Maler gelungen war, die biblische Geschichte im gemalten Bild richtig zu erzählen.

Italienische Volksprediger studierten die biblischen Geschichten genau, um sie den Gläubigen anschaulich zu machen. Die Verkündigung an Maria unterteilten sie in folgende Zeitabschnitte, die beschreiben, wie Maria die Botschaft des Engels aufnimmt:
1. Aufregung,
2. Überlegung,
3. Nachfragen,
4. Unterwerfung.

In vergleichbarer Weise haben auch die Maler der Zeit um 1500 genaue Unterschiede in der Darstellung Marias gemacht, wie die Äußerung Leonardos zeigt.

Die *Verkündigung* ist ein häufiges Thema der Kunst, besonders im 14. bis 16. Jahrhundert. Die Künstler stellten das überlieferte Ereignis jeweils in einer Architekturumgebung aus der eigenen Zeit dar → S. 32.

Das Buch, mit dem Maria auf diesen Bildern meistens gezeigt wird, verweist auf die Heilige Schrift. Oft erscheint der Heilige Geist in Form einer Taube: Es ist der Moment, in dem Maria das Jesus-Kind empfängt. Die weiße Lilie ist ein Zeichen für die Reinheit und Unschuld Marias.

32 Alesso Baldovinetti (1425–1499): *Die Verkündigung an Maria*, 1470; Holz, 167 x 137 cm; Florenz, Uffizien

33 Fra Carnevale (wirkte 1445–1484): *Die Verkündigung an Maria*, um 1448; Tempera auf Holz, 87,6 x 62,8 cm; Washington, National Gallery, Sammlung Samuel H. Kress

Arbeitsanregungen

1 a Lies den Bibeltext auf → S. 20 (Lukas 1,26–38) noch einmal durch. Ordne die einzelnen Bibelstellen der hier genannten Abfolge von Gefühlen und Stimmungen Marias zu (Aufregung, Überlegung, Nachfragen, Unterwerfung).
b Betrachte anschließend die hier gezeigten Verkündigungsdarstellungen → 30–33. Ordne sie jeweils einem der vier Abschnitte zu: Welches Bild gehört zu welchem Zeitpunkt?
c Überlege, welchen Zeitabschnitt Botticelli dargestellt hat. Begründe deine Vermutung.
2 Beurteile die Äußerung Leonardos.
3 Auch der dargestellte Raum (Ort, Form der Gebäude, Natur) wirkt sich auf den Ausdruck der Bilder aus. Beschreibe dies für die hier vorgestellten Verkündigungsdarstellungen.
4 Male die Verkündigungsszene in einer heutigen Umgebung. Gestalte den Raum der Szene so, dass er zum Aussagegehalt der Bibelstelle passt.
5 Schreibe zu einem der hier abgedruckten Verkündigungsbilder ein „Elfchen-Gedicht", das ist ein Kurzgedicht in elf Wörtern. Orientiere dich dabei an folgender Einteilung:
Erste Zeile (ein Wort):
Der erste Eindruck oder eine Farbe.
Zweite Zeile (zwei Wörter):
Zwei Eigenschaften.
Dritte Zeile (drei Wörter):
Ort der Handlung.
Vierte Zeile (vier Wörter):
*Frei weiterschreiben,
noch ein Einfall!*
Fünfte Zeile (ein Wort):
Abschluss/Wende/Zuspitzung.
Vergleicht anschließend eure Bildauswahl und eure Gedichte.

Ein neues Schönheitsideal

Die Geburt der Venus von Botticelli
Botticellis Bild *Die Geburt der Venus* beeindruckt die Betrachter heute vor allem durch die Schönheit der Frau in der Bildmitte. Man muss jedoch einiges wissen, um das dargestellte Ereignis auf dem Bild verstehen zu können.

Die geflügelten Figuren links im Bild sind Windgötter. Sie „pusten" die auf einer Muschel stehende Frau im Zentrum des Bildes ans Ufer. Dabei regnet es Rosen. Diese Rosen sind → **Attribute**: Sie kennzeichnen die nackte Frauenfigur als Venus, die römische Göttin der Liebe und der Schönheit. Die Muschel gilt als Zeichen der Sinnenlust und Fruchtbarkeit. Der Sage nach wurde Venus aus dem Schaum des Meeres geboren und vom Westwind an Land getrieben.

Botticelli orientierte sich bei der Gestaltung der Figuren stark an Vorbildern der → **Antike**: Die blasse Haut und die Beinstellung der Liebesgöttin lassen an antike Marmorstatuen denken → **34**.

Die Schönheit der Venus
Die Gesichtszüge der Venus ähneln auffällig anderen Frauendarstellungen Botticellis, etwa Heiligen oder Göttinnen → **36–38**. Sie entsprachen offensichtlich einem Schönheitsideal. Botticelli ließ sich bei seiner Arbeit von Marsilio Ficino (1433–1499) anregen.

> **Marsilio Ficino über die absolute Schönheit**
> Wo immer du einzelne Menschen ansiehst, wirst du sie nie ganz loben können. So musst du alle diese lobenswerten Züge in einer Gestalt vereinigen, um die absolute Schönheit der menschlichen Natur, die sich in vielen Körpern verstreut findet, in deiner Seele in einem Bild zu verschmelzen.

Wahrscheinlich ließ sich Botticelli bei der Darstellung der Venus auch von seinem Lehrer Fra Filippo Lippi (1406/09–1469) beeinflussen. Dieser hatte in seinen Bildern Frauenfiguren häufig das Gesicht einer ehemaligen Nonne gegeben, in die er sich verliebt hatte → **36**. Botticelli übernahm wohl die Form ihres Gesichts. Er wandelte es immer wieder leicht in seinen Bildern ab. Vielleicht hat er sich bei der Darstellung der schönen Blonden in der *Geburt der Venus* aber auch an das Aussehen einer anderen Frau erinnert: an Simonetta Vespucci. Simonetta war die junge und schöne Geliebte von Giuliano de' Medici → **S. 34**. Sie starb früh an Tuberkulose.

Die Venus als ein neues Ideal
Das Schönheitsideal der Menschen verändert sich im Laufe der Jahrhunderte. In der → **Renaissance** orientierte man sich an Statuen der Antike. Neben christlichen Themen wurden jetzt auch Szenen der griechischen Sagen- und Götterwelt gemalt. Die gebildeten Menschen studierten die Schriften der Antike: „Der Mensch ist das Maß aller Dinge", hatte etwa der Grieche Protagoras gesagt (um 485 bis ca. 415 v. Chr.). Botticellis Venus gilt als erste bildbeherrschende künstlerische Darstellung eines nackten menschlichen Körpers (→ **Aktdarstellung**) seit der Antike. Die Körperfeindlichkeit des Mittelalters hatte die Abbildung nackter Frauen verboten: Besonders die Venus galt den Christen im Mittelalter als Verkörperung von Laster und Wollust. Botticelli zeigt dagegen mit der Geburt der Venus ein neues Ideal: Im Mittelpunkt des Interesses steht der Mensch, wie man dies aus den Werken der Antike gelernt hatte.

Arbeitsanregungen
1. Beschreibe das weibliche Schönheitsideal Botticellis.
2. Sammle Bilder, die unterschiedliche Auffassungen von Schönheitsidealen zeigen, und vergleiche sie mit Botticellis Venus.
3. Entwirf, ähnlich wie es der Philosoph Ficino beschreibt, ein ideales Männer- oder Frauengesicht.

34 *Venus Medici*, 1. Jahrhundert v. Chr.; Marmor, Höhe 153 cm; Florenz, Uffizien (wahrscheinlich die Kopie einer Skulptur aus dem 3. Jahrhundert v. Chr.)

35   Sandro Botticelli: *Die Geburt der Venus*, um 1485; Tempera auf Leinwand, 172,5 x 278,5 cm; Florenz, Uffizien

36   Fra Filippo Lippi (1406/09–1469): *Madonna mit Kind*, um 1440; Tempera auf Holz, 80 x 51 cm; Washington, National Gallery, Sammlung Samuel H. Kress

37   Sandro Botticelli: *Kopf der Fortitudo* (Ausschnitt), 1470; Florenz, Uffizien

38   Sandro Botticelli: *Kopf der Venus* (Ausschnitt aus *La Primavera*), um 1478; Florenz, Uffizien

Die Darstellung des Menschen verändert sich in der Renaissance

39 Leonardo da Vinci: *Die Verkündigung*, um 1492; Öl auf Holz, 98 x 217 cm; Florenz, Uffizien

40 Kölner Meister (um 1310–1340): *Verkündigung Mariae*, um 1335; Tempera auf Holz, 42 x 34,5 cm; Köln, Wallraf-Richartz-Museum

Das neue Menschenbild

Die Maler des Mittelalters wollten vor allem die Erzählungen der Bibel bildlich einprägsam zeigen. So ist in der Verkündigungsszene des Kölner Meisters (um 1310–1340) →**40** der Bereich hinter Engel und Maria fast völlig frei gelassen worden. Der Maler hat den Hintergrund mit Gold gestaltet, um deutlich zu machen, dass diese Szene „heilig" ist, im „göttlichen Raum" spielt, den man nicht darstellen kann. Davon sind die Figuren deutlich abgegrenzt. Bei Leonardo da Vincis (1452–1519) *Verkündigung* dagegen handeln die Personen in einer natürlichen, wirklichkeitsnahen Umgebung →**39**. Die Wiedergabe der Landschaft ist ganz dem äußeren Eindruck der Wirklichkeit und der Erfahrungswelt der Menschen angenähert.

Die Künstler der Renaissance stellten seit Beginn des 15. Jahrhunderts den Menschen und seine körperliche Gestalt in das Zentrum der Aufmerksamkeit. Leonardo zum Beispiel betrieb Studien an Toten, um den menschlichen Körperbau, seine „Anatomie", erforschen zu können.

Im Mittelalter wäre dies unmöglich gewesen: Die Öffnung und Untersuchung von Leichen war aus religiösen Gründen verboten. Die Renaissancekünstler dagegen begannen, die Körper von Menschen genau zu vermessen →**41**, →**42**. Sie versuchten, die Größenverhältnisse der Körperteile zueinander (→ **Proportionen**) zu ergründen. In seinen Zeichnungen hielt Leonardo die Ergebnisse seiner wissenschaftlichen Untersuchungen fest: „Legt man einen Menschen flach auf den Rücken, mit ausgestreckten Händen und Beinen, und zieht man vom Nabel einen Kreis, dann berühren beide Hände und Füße diesen Kreis." (Leonardo da Vinci)

Neue Darstellungsmöglichkeiten

Menschen wirken auf Bildern der Renaissance im Vergleich zum Mittelalter körperlicher: Sie sind als Persönlichkeiten dargestellt, weniger zu Typen vereinfacht. Die Künstler der Renaissance bemühen sich, die Welt wissenschaftlich, mit dem menschlichen Verstand zu erschließen. Bildräume und Landschaften wirken realistisch. Zu ihren neuen Darstellungsmöglichkeiten gehören:

– **Lichtquelle:** Ein dargestellter Raum, etwa eine Landschaft, wird wirklichkeitsnah von einer Lichtquelle beleuchtet (Sonnenlicht, Mondlicht). Anhand des Schattenverlaufs kann man die Lage der Lichtquelle erschließen. Dabei ist die Lichtquelle entweder im Bild sichtbar, von einem Gegenstand verdeckt, oder sie befindet sich außerhalb des Bildraums. In Innenräumen können künstliche Lichtquellen vorhanden sein, etwa Lampen oder Kerzen →43, →S. 80.

– **Körperschatten:** Die vom Licht abgewandten Bereiche auf der Oberfläche eines Gegenstandes zeigen Körperschatten →43. Den Eindruck von Körperschatten kann man bei Zeichnungen zum Beispiel durch →**Schraffuren** erreichen: Dunkle Zonen werden von den hellen Bereichen eines Körpers abgesetzt. In der Malerei erscheinen Gegenstände durch schrittweise dunkler werdende Farbgebungen körperlicher. „Die Grenzen der Schatten gehen nach einer bestimmten Abstufung, und wer dessen unkundig ist, dessen Sachen werden ohne Rundung sein." (Leonardo)

– **Schlagschatten:** Ein von einer Lichtquelle beleuchteter Gegenstand wirft einen dunklen Schatten, den „Schlagschatten" →43. Dieser Schatten wird auf den Oberflächen der Umgebung sichtbar, beispielsweise auf dem Fußboden, auf dem ein Mensch oder ein Möbelstück stehen. Der Schlagschatten gibt die Form des Gegenstandes, zu dem er gehört, verzerrt auf dem Boden wieder. Schatten auf farbigen Flächen sind nicht schwarz oder grau, sondern farbig: Der Farbton des Untergrundes wird abgedunkelt.

– →**Kontraste:** Farbkontraste steigern die Plastizität, das heißt die Körperlichkeit, von Figuren und Gegenständen: „Jede Körperfigur wird besser gerundet und freier vor ihrem Hintergrund gesehen, wenn die größtmögliche Verschiedenheit von Helligkeit und Dunkelheit an den Rändern der Figur zwischen der Farbe des Grundes und der Figur besteht." (Leonardo)

Arbeitsanregungen

1 Vergleiche die beiden Verkündigungsbilder →39, →40 hinsichtlich Lichtquelle, Körper- und Schlagschatten.

2 Untersuche die Darstellung der Körper beim Kölner Meister →40. Beziehe auch Leonardos und Dürers Proportionsstudien →41, →42 in deine Überlegungen mit ein.

3 Zeige an Botticellis Verkündigung →27, S. 19 die neuen Darstellungsmittel der Renaissance.

4 Zeichne eine Kugel, bei der man den Ort der Lichtquelle, von der sie beleuchtet wird, genau benennen kann. Achte besonders auf fließende Übergänge zwischen den vielen verschiedenen Graubstufungen der Körper- und Schlagschatten.

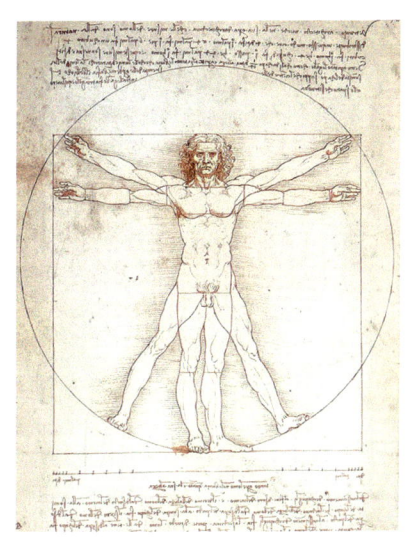

41 **Leonardo da Vinci (1452–1519):** *Proportionen der menschlichen Figur*, 1492

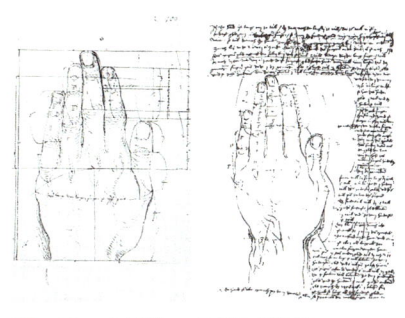

42 **Albrecht Dürer (1471–1528):** links: *Maße der männlichen linken Hand, von oben gesehen*, 1511/13; 29,4 × 20,8 cm; rechts: *Vermessung einer männlichen linken Hand, von oben und von der Seite gesehen*, um 1511/13; 29,8 × 22 cm

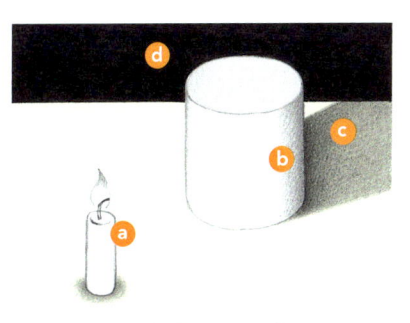

43 a Lichtquelle, b Körperschatten, c Schlagschatten, d Plastizität durch Kontraste

Die Entwicklung der Raumdarstellung

44 *Verkündigung an die Hirten*, aus dem → Perikopenbuch Kaiser Heinrichs II., 1007–1014; Buchmalerei, 42,5 × 32 cm; München, Bayerische Staatsbibliothek

Der von Gott gesandte Engel, der dessen Botschaft auf Erden verkündet, ist ein beliebtes Thema in der christlichen Bildwelt.

Verkündigung an die Hirten
Im Lukas-Evangelium zum Beispiel erscheint ein Engel den Schafhirten auf einem Feld, um ihnen die Geburt Jesu Christi zu verkünden: „Fürchtet euch nicht […]. Heute ist euch in der Stadt Davids der Retter geboren" (Lukas 2,10–11). *Die Verkündigung an die Hirten* → 44 ist Teil eines bebilderten Buches mit Bibeltexten. Dem Maler ging es darum, die göttliche Botschaft des Buches auch in den Bildern anschaulich zu machen. Die korrekte Darstellung von Wirklichkeit, von Landschaft und Raum, war für ihn dagegen unwichtig. Das zeigt sich daran, dass die Landschaft in der *Verkündigung an die Hirten* kaum ausgeführt ist und dass „wichtige" Figuren größer abgebildet sind als „unwichtige", egal ob sie im Bild vorn oder hinten stehen. Diese Darstellungsform nennt man → **Bedeutungsperspektive**.

Verkündigung an die heilige Anna
Der Künstler Giotto di Bondone (1266–1337) zeigt, wie ein Engel die Geburt von Maria ankündigt: Maria war die Mutter von Jesus. Marias Eltern, Anna und Joachim, lebten zwanzig Jahre zusammen und waren wegen ihrer Kinderlosigkeit unglücklich. Doch dann bringt ihnen ein Engel die gute Nachricht von der Schwangerschaft. Anna kniet in einem Raum, in den wir hineinsehen können wie in eine Puppenstube: Die vordere Wand fehlt. Der Engel erscheint in einem Fenster an der rechten Seitenwand.

Giotto schuf sein Wandgemälde 300 Jahre später als der Buchmaler die *Verkündigung an die Hirten* → 44. Die Bilder unterscheiden sich beträchtlich in der Darstellung von Räumlichkeit. Denn die Vorstellung von der Welt und vom Menschen hat sich vom Mittelalter zur Renaissance hin verändert.

Neue Möglichkeiten der Raumdarstellung

Durch das neue Interesse an der Wirklichkeit in der Renaissance entdeckten die Maler auch immer bessere Mittel, Raum und Landschaft im Bild korrekt wiederzugeben. Sie nutzten zum Beispiel folgende Gestaltungsmöglichkeiten, um Räumlichkeit im Bild zu malen:

– **Größenunterschiede:** Im Bild groß dargestellte Gegenstände scheinen weniger weit entfernt zu sein als im Vergleich kleiner dargestellte Gegenstände. Der Betrachter muss dazu allerdings die tatsächlichen Größen der Gegenstände kennen. Räumlichkeit entsteht also durch Größenunterschiede innerhalb eines Bildes.

– **Räumlichkeit durch Staffelung:** Vollständig gezeigte Gegenstände erwecken den Eindruck, als lägen sie dem Betrachter näher als Gegenstände, die so gemalt sind, als seien sie teilweise von anderen Gegenständen im Bild verdeckt. Wenn Teile von dargestellten Gegenständen von anderen Dingen überlappt werden, spricht man von → **Staffelung**. Die damit verbundene Teil-Überdeckung von Körpern ist ein einfaches bildnerisches Mittel, um die Vorstellung von Raumtiefe zu erzeugen.

– **Räumlichkeit durch Lage auf der Bildfläche:** Wenn sich dargestellte Gegenstände näher am unteren Rand der Bildfläche befinden als andere vergleichbare Gegenstände, scheinen sie in geringerer Entfernung zum Betrachter zu sein.

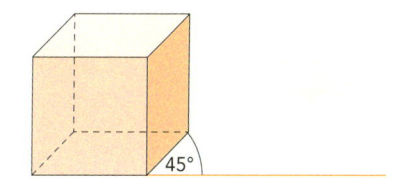

45 Tiefenlinien eines Würfels

- **Parallelperspektive:** Zeichnet man etwa bei der Darstellung eines Würfels die Ober- und Unterkante der Seitenfläche schräg, erzielt man den Eindruck von Raumtiefe → 45. Diese Tiefenlinien werden zueinander parallel entweder nach links oder rechts oben gezogen; dagegen verlaufen die Kanten der Vorder- und Hinterseite parallel zu den Bildrändern. Die Tiefenlinien, also die oberen und unteren Seitenkanten, werden im Verhältnis kürzer gezeichnet als die Längen der Vorderkanten. Gegenüber dieser → **Parallelperspektive** ist dann die → **Linearperspektive** ein wichtiger Fortschritt.

- **Farbperspektive:** Flächen oder Dinge mit „warmen" Farbtönen (rot, orange, gelb) wirken für den Betrachter auffallender. Er empfindet sie deshalb als ihm näherliegend. Gegenstände, die in „kalten" Farbtönen (blau, grün) gemalt sind, empfindet der Betrachter als im Vergleich weiter entfernt. Diese Art, Räumlichkeit zu erzeugen, nennt man → **Farbperspektive**.

- **Luftperspektive:** Bei nahe gelegenen Gegenständen kann der Betrachter die Beschaffenheit von Oberflächen besser erkennen als bei weiter entfernt gelegenen Gegenständen. Je weiter diese von dem wahrnehmenden Auge entfernt sind, desto stärker erscheinen sie in Unschärfe, mit weniger Detailgenauigkeit und blasser in der Farbgebung. Das liegt daran, dass die Lichtstrahlen auf ihrem Weg durch die (teilweise verunreinigte) Luft gestreut werden. Man spricht deshalb auch von „Verblassung"

46 Giotto di Bondone (1266–1337): *Die Verkündigung an die heilige Anna*, um 1304/05; Fresko, 200 x 185 cm; Padua, Arenakapelle

und „Verblauung" der Farbe bei zunehmender Entfernung vom Betrachter. „Es gibt noch eine andere Perspektive, die nenne ich die → **Luftperspektive**, weil man anhand der Verschiedenheit des Lufttons die Abstände der verschiedenen Gebäude erkennen kann. […] Du weißt, dass bei solcher Luft die allerletzten Gegenstände, die man in ihr sieht, wie zum Beispiel die Gebirge, wegen der großen Menge Luft, die sich zwischen dem Auge und ihnen befindet, blau erscheinen […]" (Leonardo da Vinci). Die Kontraste (Gegensätzlichkeiten) der Farben nehmen in den Bereichen stärkerer räumlicher Entfernung ab. „Die ausgeführten und scharf gezeichneten Gegenstände hat man nahebei zu machen, und die mit verschwommenen Umrissen versehenen stellt man sich als in entfernten Partien befindlich vor" (Leonardo, →39, S.26).

Arbeitsanregungen

1 a Vergleiche die beiden Verkündigungsdarstellungen →44, →46 hinsichtlich der unterschiedlichen räumlichen Wirkungen.
b Lies dir den Text über die Gestaltungsmittel auf dieser Seite gründlich durch. Erläutere anschließend an den beiden Bildern die Entwicklung der Raumdarstellung.
c Erkläre, welche Raumdarstellungsmittel Botticelli in seiner *Verkündigung* →27, S.19 eingesetzt hat.
2 a Gestalte Gebäude einer Fantasiearchitektur in Parallelperspektive.
b Schreibe deinen eigenen Namen in Parallelperspektive, indem du den einzelnen Buchstaben blockhafte Formen gibst.
3 a Prüfe den Einsatz der Luftperspektive, wie sie Leonardo erläutert, bei Landschaft und Himmel seiner *Verkündigung* →39, S.26 und bei Botticellis *Verkündigung* →27, S.19.
b Male mithilfe der Luftperspektive eine Landschaft am Meer.

Die Linearperspektive und ihre Wirkungsmöglichkeiten

47 Leonardo da Vinci (1452–1519): Vorstudie für das Gemälde *Anbetung der Könige*, 1481/82; Florenz, Uffizien

Die Linearperspektive

Leonardos Studie *Anbetung der Könige* →47 zeigt einen Raum in der →**Linearperspektive**: Der Künstler hat zuerst den Fliesenboden eines Innenraums entworfen. Dann hat er darauf die senkrechten Gebäudeteile eingezeichnet. Anschließend hat er die Figuren eintragen können. Allerdings fehlen noch Maria, das Kind, die drei Könige und Zuschauer. Leonardo fertigte die genaue Vorzeichnung für ein Gemälde an, das er jedoch nie vollendete. Die Konstruktionslinien der Linearperspektive wären in der fertiggestellten Malerei nicht mehr sichtbar gewesen.

Die Konstruktion der Linearperspektive

Aus unserer alltäglichen Seherfahrung wissen wir: Entfernt gelegene Gegenstände erscheinen dem Auge kleiner als nahe. Und parallele Linien, die vom Betrachter weg laufen wie zwei Schienen einer Eisenbahnstrecke, treffen sich am Horizont in einem sogenannten →**Fluchtpunkt**. Wie konstruiert man nun ein Bild nach den Regeln der Linearperspektive?

Man zeichnet auf die Bildfläche zuerst einen (Flucht-)Punkt, der der Augenhöhe entspricht, dann als Boden ein Schachbrettmuster →48. In diesem Fluchtpunkt treffen sich alle Linien, die vom Auge des Betrachters aus in die Tiefe führen. Auf die Grundfläche trägt man nun die senkrechten Kanten der Vorderseiten von quaderförmigen Körpern ein, etwa von Würfeln oder Häusern. Die Begrenzungslinien ihrer Frontflächen verlaufen immer parallel zu den Bildrändern.

Die Seitenflächen der Körper werden nach hinten kleiner: Sie verzerren sich entlang den Tiefenlinien zum Fluchtpunkt hin. Die Körpervorderseiten dagegen erscheinen unverzerrt; allerdings nimmt ihre Größe je nach Entfernung ab.

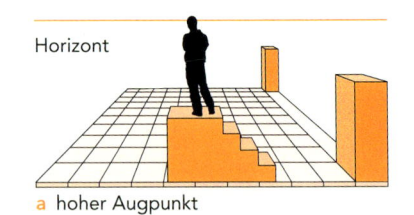

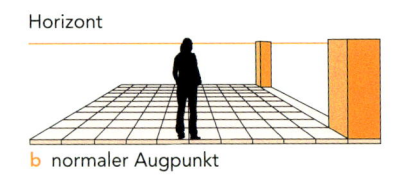

a hoher Augpunkt   **b** normaler Augpunkt   **c** niedriger Augpunkt

48 Veränderung des Horizontes bei Veränderung des Augpunkts

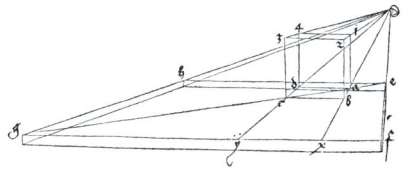

49 Albrecht Dürer (1471–1528): Konstruktion der Linearperspektive, aus Dürers Buch *Unterweisung der Messung mit dem Zirkel und Richtscheid in Linien, Ebenen und ganzen Körpern*, 1525

Wendet man die Linearperspektive an, versteht und gestaltet man den dargestellten Raum als eine Einheit: Die Gegenstände sind nicht bloß unverbunden ins Bild gesetzt; stattdessen bestimmt die Perspektivkonstruktion gesetzmäßig die Größe der Gegenstände, je nach Lage zum Fluchtpunkt und Betrachter →48, →49.

Vogel-, Frontal- und Froschperspektive

Wie man Horizontlinie und Fluchtpunkt festlegt, hat große Bedeutung für die Bildwirkung: Liegt die Horizontlinie sehr hoch auf der Bildfläche, sieht man als Betrachter die Oberseiten der meisten Gegenstände →48a. Der Betrachter blickt in „Aufsicht", wie von einer Erhöhung auf den dargestellten Raum. Daher spricht man auch von der **Vogelperspektive**. Im Gegensatz dazu liegt der Fluchtpunkt bei der **Froschperspektive** sehr niedrig →48c. Der Betrachter steht unterhalb der Oberkanten der meisten Gegenstände; er blickt vielleicht sogar in „Untersicht" auf die Unterseiten der Gegenstände. Bei der **Frontalperspektive** sieht man wenig oder nichts von den Ober- und Unterseiten der Gegenstände →48b.

Der Fluchtpunkt (auf der Horizontlinie) legt Standort und Augenhöhe des Betrachters („Augpunkt") fest: Der Horizont befindet sich immer in Augenhöhe des Betrachters. Somit wird in der Linearperspektive der Betrachterstandpunkt zum Maß der Dinge. Ein nach den Regeln der Linearperspektive konstruiertes Bild gleicht einem

50 Denny O'Neil/Neal Adams: *Rote Laterne*, 1970; Comic

Blick durch ein Fenster mit genau einer Ansicht einer räumlichen Situation: Für den Betrachter ist ein starrer Standort festgelegt. Dies widerspricht jedoch dem Blickverhalten eines lebendigen Menschen: Dieser tastet beim Sehen mit seinen Augen einen Raum ab und „wandert" dabei mit dem Blick hin und her.

Die Linearperspektive wurde um 1500 entwickelt und half den Renaissancekünstlern, sich von Bildvorstellungen des Mittelalters zu lösen.

Arbeitsanregungen

1 **a** Zeige, wo der Fluchtpunkt in Leonardos Zeichnung →47 liegt.
  b Wo liegt der Fluchtpunkt in Botticellis Gemälde →27, S. 19? Lege dazu ein Blatt Transparentpapier auf die Abbildung und verlängere auf einem Blatt Transparentpapier die Perspektivlinien bis zum Fluchtpunkt.

2 Beschreibe, wie sich die Pfeiler in Abbildung →48 jeweils verändern. Erkläre, wie dieser Eindruck zustandekommt.

3 In Filmen und Comics spielen extreme Frosch- oder Vogelperspektiven eine große Rolle. Man kann Ober- oder Untersicht auch ohne Tiefenlinien bemerken. Erkläre, aus welcher Augenhöhe die Figuren des Comics →50 jeweils gezeigt sind. Beschreibe, wie sie deshalb auf den Betrachter wirken.

4 Konstruiere nach den Regeln der Linearperspektive ein offenes Regal, eventuell zusätzlich mit Kartons.

5 Skizziere dein eigenes Zimmer zuerst frei aus dem Gedächtnis. Zeichne es dann (vereinfacht) perspektivisch konstruiert. Vergleiche die Ergebnisse.

6 Suche Fotografien, bei denen die Wirkung der Linearperspektive deutlich wird.

Architektur im Zeitalter der Renaissance

51 Giuliano da Sangallo: Vorhof von *Santa Maria Maddalena de' Pazzi* in Florenz, 1481–1500

52 Giuliano da Sangallo (um 1443–1516): Studien-Zeichnung eines antiken Bauwerkes

53 Filippo Brunelleschi (1377–1446) und andere: Pazzi-Kapelle von *Santa Croce* in Florenz, 1430–1473

Die Architektur der *Verkündigung*

„Bei den Mönchen von Cestello malte er für eine der Kapellen eine Tafel mit der Verkündigung." So berichtet der Künstler Giorgio Vasari (1511–1574), der über Botticellis Leben und Werk geschrieben hat, über die *Verkündigung* →27, S.19. Das Bild hatte Benedetto di Ser Francesco Guardi, ein wohlhabender Bürger aus Florenz, bei Botticelli in Auftrag gegeben. Es war als Altarbild für eine Kapelle von *Santa Maria Maddalena de' Pazzi* →51 in Florenz gedacht.

Santa Maria Maddalena de Pazzi war gerade im neuen Stil der Renaissance umgebaut worden. Botticelli scheint die Architektur der Kirche, für die er das Bild gemalt hat, als Vorbild für die Architektur im Bild genommen zu haben: Der dargestellte Innenraum wirkt in seiner Ausstattung auffallend streng und ist an die Formensprache der →**Renaissance** angelehnt.

54 Piero della Francesco (um 1412–1492), zugeschrieben: *Idealstadt* (Ausschnitt), um 1475; 60 × 200 cm; Urbino, Galleria Nazionale

Der Umbau einer Kirche im Geist der Renaissance

Das heute *Santa Maria Maddalena de' Pazzi* genannte Bauwerk → 51 war ursprünglich eine Kirche aus dem Mittelalter mit einem angeschlossenen Kloster. Giuliano da Sangallo (um 1443–1516) plante ab 1480 den Umbau der Kirche im Geist der Renaissance: Die Baukörper sind im Wesentlichen symmetrisch angeordnet. Vor den Haupteingang der Kirche baute man einen viereckigen Vorhof, der mit Säulen umstellt ist. Eine → **Säule** ist eine senkrechte Mauerstütze mit kreisförmigem Grundriss. Dieser Innenhof wird von überdachten, seitlich offenen Gängen gerahmt, ähnlich wie die Innenhöfe bei antiken römischen Häusern. Die Kapitelle der Säulen sind Nachbildungen von antiken Fundstücken aus der Nähe von Florenz. → **Kapitell** nennt man den Kopf einer Säule. Die gesamte Architektur greift also, typisch für die Renaissance, die Formgebung der → **Antike** auf. Sangallo erweiterte auch den Hauptraum der Kirche links und rechts mit je sechs seitlichen Kapellen (kleinen Gebetsräumen); so wurde Platz für weitere Kunstwerke geschaffen – etwa für den Altar mit dem Bild von Botticelli.

Giuliano da Sangallo

Der Baumeister Giuliano da Sangallo durchlief eine für die Renaissance bezeichnende Lehrzeit: Nach einer Handwerkerausbildung ging er von 1465 bis 1472 nach Rom. Dort studierte er die Bauwerke der Antike, indem er sie in Skizzenbücher zeichnete und ihre Abmessungen bestimmte → 52. Sangallos Bauwerke folgen dem Geist der berühmten Renaissancearchitekten Filippo Brunelleschi (1377–1446) und Leon Battista Alberti (1404–1472) → 53. Die Baukunst um 1500 benutzte vorrangig Bauformen der Antike: Das drückt die Wunschvorstellung nach einer geistigen und gesellschaftlichen Neuordnung im Sinne der Antike aus. Dies zeigt etwa auch das Bild einer „Idealstadt" → 54.

Was kennzeichnet die Renaissance?

Die Zeit zwischen 1400 und 1600 bezeichnet man als „Renaissance" (französisch: „Wiedergeburt"). Was kennzeichnet die Renaissance? Die Menschen interessierten sich wieder für die Kultur der Antike: Die Kunst des Altertums wurde gesichtet, gesammelt und beschrieben, antike Bauwerke ausgegraben. So entstand eine neue Wissenschaft, die → **Archäologie**, die sich mit der Erforschung des Altertums befasst.

Die Philosophen versuchten sich einen Überblick über griechische und lateinische Werke und Schriftsteller zu verschaffen; allerdings war dies oft nur anhand der überlieferten Abschriften aus dem Mittelalter möglich. Das Studium antiker Literatur, Geschichte und Philosophie sollte die Menschen selbstbewusster und gebildeter machen und ihr Urteilsvermögen schärfen. Die Wiederbelebung des alten Wissens sollte den Menschen von der engen Bindung an Religion und Kirche im Mittelalter befreien. Man spricht deshalb von der Geburt des Individuums, also der Bewusstwerdung des Menschen als Persönlichkeit. Man nennt diese philosophische Richtung → **Humanismus**.

Die Kunst bezog stärker weltliche Themen ein – auch, weil jetzt nicht mehr ausschließlich die Kirche Kunstwerke in Auftrag gab. Denn in Städten wie Florenz blühten der Handel und das Bankwesen auf. So gelangten viele Bürger zu neuem Reichtum. Bürger und der Stadtadel wurden neue Auftraggeber der Kunst und ermöglichten so viele kulturelle Errungenschaften der Zeit.

Arbeitsanregungen

1. Umschreibe die gemeinsame Formgebung der Gebäude im Bild der „Idealstadt" und dem Bauwerk des Renaissancebaumeisters Sangallo → 51, → 54.
2. Erläutere die Vorstellung einer „Idealstadt" aus der Renaissance.
3. Zeichne den Grundriss der „Idealstadt".
4. Untersuche die Formgebung der Gebäude auf den Bildern dieses Kapitels: Wo findest du Bestandteile, die man von antiken Gebäuden kennt?
5. Erneuere als Planungszeichnung die Fassade deines Schulgebäudes mit Gestaltungsmitteln antiker Architektur.

Ein Künstlerleben in Florenz – Sandro Botticelli und die Medici-Familie

Giorgio Vasari über Botticellis *Anbetung der Heiligen Drei Könige*

Dieses Werk ist bewundernswert, […] so schön, dass es heutigen Tages jeden Künstler in Staunen versetzt und seinem Verfertiger damals in Florenz wie an anderen Orten einen großen Namen erwarb. Als daher Papst Sixtus die Kapelle in seinem Palast zu Rom erbaut hatte und sie mit Malereien verziert sehen wollte, ernannte er Sandro zum obersten Aufseher über dieses Werk.

55 Michelozzo di Bartolommeo (1396–1472): *Palazzo di Cosimo de' Medici*, Florenz, 1444–1469

Die Anbetung der Heiligen Drei Könige

Auf dem Bild besuchen die drei Weisen aus dem Morgenland das Jesuskind und die Jungfrau Maria in dem Stall zu Bethlehem, in dem Jesus geboren worden war. Das Gemälde wirkt wie eine Theaterbühne, mit dem hohen Holzdach, den Felsen und Ruinen: Die Ruinen sind als Anspielung auf das antike Rom zu verstehen. Erhöht im Zentrum: Maria mit dem Kind, ihr zu Füßen die Heiligen Drei Könige mit Gefolge, die ihre Geschenke darbringen.

Zwar ist im Bild ein religiöses Thema dargestellt, das eigentlich Wichtige für Botticelli und die Zeitgenossen war aber, dass die Figuren auf dem Bild Porträts der Florentiner Oberschicht sind: So hat sich der Maler rechts außen im Bild selbst dargestellt, der Auftraggeber des Bildes, der Finanzmakler Del Lama, ist der Mann auf der rechten Seite mit den weißen Haaren und dem hellblauen Gewand. Zusätzlich sind viele Angehörige der sehr reichen und mächtigen Medici-Familie zu erkennen. Ohne Zweifel wollte sich der mit Geldwechselgeschäften reich gewordene Aufsteiger Del Lama mit dem Bild bei den Medicis beliebt machen.

Cosimo de' Medici

Als Botticelli in Florenz aufwuchs, beherrschte Cosimo de' Medici (1389–1464) die Stadt; allerdings hatte er dazu kein offizielles Amt inne. Das hatte Cosimo nicht nötig, denn er war einer der reichsten Männer Italiens. Er gab viel Geld für Kultur und die Förderung von Philosophen, Dichtern, Architekten und Künstlern aus. Nachdem Cosimo 1464 gestorben war, übernahm sein glückloser Sohn Piero de' Medici (1416–1469) die Familien- und Regierungsgeschäfte. Wegen seiner Krankheit wurde Piero „der Gichtige" genannt. Er ist auf Botticellis Bild in der Mitte mit rotem Umhang dargestellt.

Lorenzo und Giuliano de' Medici

Als 25-Jähriger konnte Botticelli 1470 seine eigene Werkstatt im Hause seines Vaters einrichten. Zu dieser Zeit hatte Lorenzo de' Medici (1449–1492) als Zwanzigjähriger schon ein Jahr lang die Stadt Florenz regiert. Ab 1475 begann Botticelli für die Medici-Familie zu arbeiten: Er dekorierte für sie mehrere Landhäuser und malte für ein Ritterturnier eine Fahne zu Ehren von Giuliano de' Medici (1453–1478), dem jüngeren Bruder von Lorenzo.

Am 26. April 1478 wurde im Dom zu Florenz ein Mordanschlag auf die beiden Medici-Brüder verübt: Während der Messe wurde Giuliano erstochen, Lorenzo überlebte. Die Bevölkerung von Florenz war auf der Seite der Medici und rächte sich blutig: Innerhalb von drei Tagen wurden mehr als 70 Personen aufgehängt. Botticelli bekam den Auftrag für „Schandbilder", auf denen die Verschwörer und Attentäter an den Füßen aufgehängt gezeigt wurden. Der ermordete Giuliano wurde zum Helden stilisiert und auf einer Münze verewigt.

Im Hause der Medici lernte Botticelli viele Gelehrte kennen. Sie berieten ihn, wenn es darum ging, Bilder nach antiken Geschichten zu malen. Die Familie Medici wurde 1494 zeitweise aus Florenz vertrieben.

Botticelli starb 1510.

56 Sandro Botticelli: *Die Anbetung der Heiligen Drei Könige (Del-Lama-Anbetung)*, um 1475; 111 x 134 cm; Florenz, Uffizien

57 Andrea del Verrocchio (1435–1488): *Cosimo der Alte*, um 1460; Marmorrelief; Berlin, Bodemuseum SMB

58 Sandro Botticelli: *Porträt des Giuliano de' Medici*, um 1476/78; Tempera auf Holz, 75,6 x 72,6 cm; Washington, National Gallery

Arbeitsanregungen

1 **a** Suche in der *Anbetung der Heiligen Drei Könige* → 56 anhand der abgebildeten Porträts Cosimo de' Medici und Giuliano de' Medici → 57, → 58.
   b Wo hat sich Botticelli auf dem Gemälde selbst gemalt? Beschreibe seine Haltung und Blickrichtung. Überlege, was für eine Funktion die Figur im Bild hat.
2 Bestimme, wohin die Fluchtlinien des Bildes verlaufen. Erkläre, was dadurch betont wird.
3 Malt als Gemeinschaftsarbeit ein Bild mit allen Schülern der Klasse, mit dem gleichzeitig eine Geschichte erzählt wird.

Webcode: KE1201906-035

Angriff der Dämonen – Matthias Grünewald: *Die Versuchung des heiligen Antonius*

In diesem Kapitel lernst du eine Tafel des berühmten *Isenheimer Altars* kennen, auf der *die Versuchung des heiligen Antonius* dargestellt ist. Du erfährst in diesem Zusammenhang nicht nur, wer der heilige Antonius ist und warum man ihn vor 500 Jahren verehrt hat. Du erfährst auch viel darüber, was ein Altar ist, wie er aufgebaut ist und welche Funktion die Bilder im Dienst der christlichen Religion haben. Vom Maler der Altarbilder, Matthias Grünewald, sind im Laufe der vergangenen fünf Jahrhunderte nur wenige Informationen erhalten geblieben. Diese überlieferten Fakten bieten dir jedoch wichtige Erkenntnisse zu den Lebens- und Arbeitsbedingungen von Künstlern in der damaligen Zeit.

Grünewalds besonderer Umgang mit Farben hat viele Künstlerkollegen bis heute begeistert und beeinflusst. Auch du kannst von ihm lernen, wie man Kontraste und Maltechniken wirkungsvoll einsetzen kann.

→ S. 48–53: der *Isenheimer Altar*

→ S. 46: *Die Versuchung des heiligen Antonius* in der Kunst

→ S. 40: Dämonen als Mischwesen

→ S. 38: Der heilige Antonius

→ S. 42: Farbe

→ S. 44: Matthias Grünewald und seine Zeit

59 Matthias Grünewald: *Die Versuchung des heiligen Antonius*: die Themen in diesem Kapitel

Die Versuchung des heiligen Antonius

Eine Szene wie aus einem schrecklichen Alptraum: Fischmäulige, bewaffnete und geflügelte Monster greifen einen alten, weißbärtigen Mann an, der hilflos auf dem Boden liegt. Der Bildtitel sagt uns, dass es sich um den heiligen Antonius handelt. Der Legende nach wurde er als frommer Einsiedler in der ägyptischen Wüste von schrecklichen Erscheinungen geplagt. Antonius wehrte sich mutig und blieb standhaft in seinem Glauben. Schauplatz dieser brutalen Szene ist ein Abhang in einer gebirgigen Landschaft. Im oberen Teil des Bildes gibt ein heller Himmel den Blick frei auf Gottvater in einem sonnenähnlichen Heiligenschein, einer →**Gloriole**.

Vor fast 500 Jahren, zu Beginn der →**Neuzeit**, malte der Künstler Matthias Grünewald dieses Bild. Mit seinem religiösen Thema und den ausdrucksstarken Formen und Farben ist es noch tief in der künstlerischen Auffassung der →**Gotik** des späten Mittelalters verwurzelt. Grünewald kannte und nutzte aber auch die neuen Darstellungstechniken der →**Renaissance**, die von italienischen Künstlern entwickelt worden waren → S. 20–35: Körperoberflächen und der Raum sind wirklichkeitsgetreu wiedergegeben.

Der *Isenheimer Altar*
Die Versuchung des heiligen Antonius war als Seitenflügel für einen großen →**Altar** → S. 48 bestimmt. Daraus ergibt sich das ungewöhnliche Format mit der überhöhten Ecke. Zusammen mit den anderen Altartafeln malte Matthias Grünewald es für die Kirche des Antoniter-Ordens in Isenheim/Elsass. Dieser *Isenheimer Altar* zählt zu den bedeutendsten Kunstwerken seiner Zeit. Der Altar lässt sich aufklappen, sodass man insgesamt drei verschiedene Ansichten sehen kann → 78, S. 49. Die einzelnen „Schauseiten" wurden ursprünglich an unterschiedlichen Tagen des Kirchenjahres gezeigt, um den Menschen die christliche Lehre durch Bilder nahezubringen. In der Kirche des Heil- und Pflegeordens der Antoniter erfüllten sie noch eine weitere wichtige Aufgabe: In einer Zeit mit schlimmen Krankheiten und Seuchen boten die Klöster oft die einzige Hilfe. Die kranken Menschen bekamen hier nicht nur eine gute medizinische Behandlung. Auch der Glaube an Gott sollte ihnen Kraft geben und die Leiden erträglicher machen. In Isenheim wurden die Kranken, die meist am sogenannten „Antoniusfeuer" → S. 38 litten, zuerst zum Altar geführt. Vor den Bildern Grünewalds beteten sie in der Hoffnung auf Heilung und Trost. Wir können uns heute kaum noch vorstellen, welchen tiefen Eindruck die großformatigen Gemälde auf die einfachen Leute gemacht haben müssen. Viele von ihnen kannten bis dahin nur kleine Andachtsbilder aus ihren Dorfkirchen. Jetzt sahen sie sich plötzlich einer völlig neuen und fremden Bildwelt gegenüber.

Die Versuchung des heiligen Antonius hat als Bildmotiv in der Kunst eine lange Tradition → S. 46. Grünewalds Isenheimer Gemälde zählt zu den Höhepunkten dieser Reihe. Die besondere Farbgebung und die eindringliche Ausdruckskraft seiner Bilder führten am Anfang des 20. Jahrhunderts zu einer wahren Grünewald-Begeisterung. Einige moderne Künstler hatten den in Vergessenheit geratenen Maler als Vorbild entdeckt und verhalfen seinem Werk zu neuen Ehren.

60 Joseph Harnest: Rekonstruktionszeichnung des *Isenheimer Altars* (3. Schauseite), rot markiert: das Versuchungsbild

Arbeitsanregungen
1 Erzähle eine spannende Geschichte, die den Dämonenangriff aus der Sicht des Einsiedlers Antonius beschreibt.

Die Legende des heiligen Antonius

61 *Antonius Eremita* (Ausschnitt), um 1450; München, Graphische Sammlung

62 Hans Wächtlin (1480/85–1526): *Antonius*; Holzschnitt; in: Hans von Gersdorff: *Feldtbuch der Wunderartzney*, Straßburg 1517

Antonius der Einsiedler

In der katholischen Kirche wird Antonius als Heiliger verehrt. Der Sohn ägyptischer Bauern wurde 251 n. Chr. geboren. Nach dem Tod der Eltern verschenkte er sein Erbe an Bedürftige, um in der Wüste ein einsames und einfaches Leben zu führen. Dort soll er im hohen Alter von 105 Jahren gestorben sein. Sein Zeitgenosse Athanasius beschreibt Antonius in seinen Schriften als tapferen Kämpfer gegen die Dämonen. Auch in der *Legenda Aurea*, einer mittelalterlichen Sammlung von Heiligengeschichten, wird der fromme Einsiedler gewürdigt. Die fantasievoll ausgeschmückten Berichte bewirkten, dass Antonius zum Vorbild für alle fromm und enthaltsam lebenden Klostergemeinschaften wurde.

Der Antoniter-Orden

Schon Ende des 4. Jahrhunderts entstand in Äthiopien und Ägypten eine Mönchsgemeinschaft, die nach dem Vorbild des heiligen Antonius lebte. 1095 gründete ein Adeliger in Frankreich eine neue Bruderschaft in dem kleinen Ort St. Antoine, wo die Gebeine des Eremiten aufbewahrt und von vielen Pilgern als →**Reliquien** verehrt wurden. Diese Mönchsgemeinschaft wandelte sich mit der Zeit in einen vom Papst anerkannten Orden, den Antoniter-Orden.

Das Antoniusfeuer

Die Menschen schätzten die Antoniter-Mönche besonders für ihre Heilerfolge beim sogenannten „Antoniusfeuer". Das war eine schreckliche Krankheit, die weit verbreitet war und durch den Verzehr von pilzbefallenem Getreide verursacht wurde. Die Vergiftung führte zu schmerzhaft brennenden Entzündungen an allen Körperteilen. Die Arme und Beine verfärbten sich, faulten und fielen ab. In der *Versuchung des heiligen Antonius* →83, S. 54 leidet die Figur, die in der unteren linken Bildecke dargestellt ist, an dieser Krankheit.

Für die Pflege ihrer Kranken sammelte die Ordensgemeinschaft überall im Land Spenden. Ihr Erkennungszeichen war ein Kreuz in Form des Buchstabens „T". Oft waren daran zwei Glöckchen angebracht. Dieses Kreuz malten die Mönche auch auf den Rücken ihrer Schweine, die überall im Land frei herumlaufen und sich von den Abfällen der Bauernhöfe ernähren durften. Gut gemästet wurden sie für die Ernährung der Mönche und Kranken im Kloster geschlachtet oder verkauft. Deshalb gehört das Schwein in vielen Bilddarstellungen zu den →**Attributen** des heiligen Antonius.

Die Versuchungen

Antonius war ein Mensch, der in seinem Glauben sehr standhaft war. Grünewalds Bild →83, S. 54 zeigt, wie er von dämonischen Ungeheuern gepeinigt wird. Dabei handelt es sich wohl um schreckliche Alpträume und Erscheinungen, unter denen der Heilige leiden musste. Hätte er sein entbehrungsreiches Einsiedlerleben und damit seine ganze Hingabe an Gott aufgegeben, wären die quälenden Dämonen wohl verschwunden. Antonius widerstand aber allen Prüfungen und Versuchungen, die ihn von seinem Glauben abbringen sollten.

Im Laufe der Jahrhunderte haben viele Künstler das Thema der Versuchungen dargestellt. Dabei nutzten sie unterschiedliche Textüberlieferungen als Anregung.

Die Antoniuslegende

Ich fürchte eure Schläge nicht; wenn ihr mich auch noch ärger quält, nichts wird mich trennen von der Liebe zu Christus.

Athanasius

Da erschienen die bösen Geister in mancherlei gräulicher Tiere Gestalt und verzerrten ihn abermals mit den Hörnern und Zähnen und Krallen gar jämmerlich.

Legenda Aurea

Der Herr vergaß auch da nicht seines Ringens, sondern kam zu seinem Beistand. Denn als Antonius aufblickte, sah er das Dach geöffnet, und ein Lichtstrahl kam auf ihn herab. Die Dämonen wurden plötzlich unsichtbar, die Pein in seinem Körper hörte sogleich auf, und das Haus war wieder unbeschädigt wie zuvor. Antonius aber merkte die Hilfe, atmete auf, er wurde von seinen Schmerzen erleichtert und fragte die Erscheinung: Wo warst du? Warum bist du nicht zu Anfang gekommen, um meine Qualen zu beenden? Und eine Stimme ertönte zu ihm: Antonius, ich war hier, aber ich wartete, um dein Kämpfen zu sehen. Da du den Streit bestanden hast, ohne zu unterliegen, werde ich dir immer hilfreich sein, und ich werde dich berühmt machen allerorten.

Athanasius

Einst kamen die Engel und führten Antonius hochauf in die Luft, da waren die Teufel auch da und wollten es wehren.

Legenda Aurea

Arbeitsanregungen

1 Auf welche Stelle der Antoniuslegende bezieht sich Grünewald bei seinem Versuchungsbild → 83, S. 54? Erarbeite Übereinstimmungen und Unterschiede zwischen dem Bildinhalt und dem Text der abgedruckten Zitate (Athanasius, *Legenda Aurea*).

2 a Beschreibe Martin Schongauers Darstellung des heiligen Antonius und der Dämonen → 63. Auf welche Stelle der Heiligenlegende bezieht sich Schongauer mit seinem Bild?
b Vergleiche Schongauers Darstellung mit der des *Isenheimer Altars* → 83, S. 54.

3 Welchen Versuchungen sind junge Menschen in der heutigen Zeit ausgesetzt? Beschreibe in einem Bild die Verführungen, denen du in deinem Alltag ausgesetzt bist und denen du gern widerstehen möchtest (Collage aus Foto- und Zeitschriftenmaterial oder am Computer, eventuell durch Zeichnung und Malerei überarbeitet und ergänzt).

63 Martin Schongauer (um 1450–1491): *Der heilige Antonius von Dämonen geplagt*, um 1470–75; Kupferstich, 31,2 × 23 cm; Berlin, Kupferstichkabinett SMB

Die Dämonen als Mischwesen

64 **Hans Baldung Grien (1484/85–1545):** *Die sieben Hauptsünden*, 1511; Holzschnitt; Karlsruhe, Kupferstichkabinett

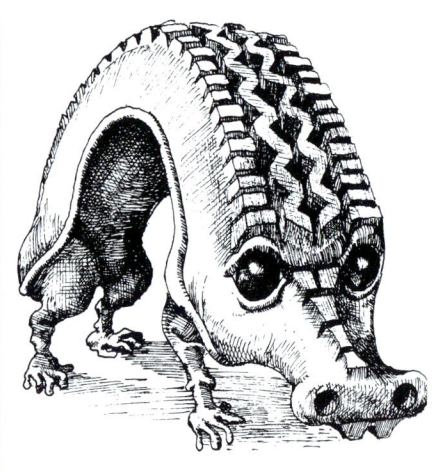

65 **Kurt Halbritter (1924–1978):** *Gürtelreifer*, 1975

Dämonenglaube

In früheren Zeiten glaubten die Menschen an Dämonen. Diese Fantasiegestalten konnten in ihrer Vorstellung böse und gefährlich, aber auch wohlwollend und hilfreich sein. Im Christentum änderte sich das Bild der Dämonen: Jetzt galten sie ausschließlich als Unheil bringende Höllenbewohner und Feinde Gottes. Martin Luther (1483–1546) übersetzte das griechische Wort „Daimon" später schlichtweg mit „Teufel".

Einen Höhepunkt fand der Glaube an Dämonen gegen Ende des Mittelalters. Die Künstler stellten sie fantasievoll als Ungeheuer dar. Oft waren diese Monster im Bild aus Teilen verschiedener Lebewesen (Tier, Mensch) und Gegenständen der Natur (Pflanzen, Äste) zusammengesetzt.

Dämonen in der Kunst

Matthias Grünewald zeigt die Furcht erregenden Dämonen, von denen Antonius heimgesucht wird, als Mischwesen verschiedener Tiere und von Tier und Mensch →83, S. 54. Die Angreifer wirken gerade deshalb so lebendig und unheimlich, weil die einzelnen Körperteile sehr naturgetreu beschrieben werden. Hans Baldung Grien (1484/85–1545) benutzte Dämonen zur Darstellung der sieben Hauptsünden, wie sie der Kirchenlehrer Thomas von Aquin (1225–1275) aufgelistet hat: Stolz, Geiz, Zorn, Neid, Unmäßigkeit, Trägheit und Unkeuschheit.

Auch moderne Künstler haben dämonische Ungeheuer dargestellt. Der englische Maler Francis Bacon (1909–1992) zeigt in seinem Werk alptraumartige Horrorwesen →67. In einigen Details zeigen sich Ähnlichkeiten mit menschlichen Körpern. Thomas Grünfeld (*1956) kombiniert präparierte, ausgestopfte Körperteile verschiedener Tiere zu neuen Kreaturen. *Misfit* →66 könnte aus der Dämonenhorde Grünewalds entlaufen oder aber das Ergebnis moderner Gentechnologie sein. In anderen aktuellen Werken kommen Verschmelzungen von Mensch und Maschine oder Computer vor. Die Künstler reagieren damit auf neue wissenschaftliche und technische Entwicklungen, deren Gefahren und Nutzen noch schwer einzuschätzen sind.

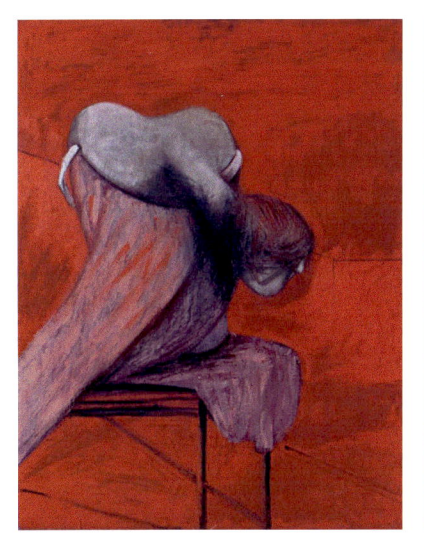

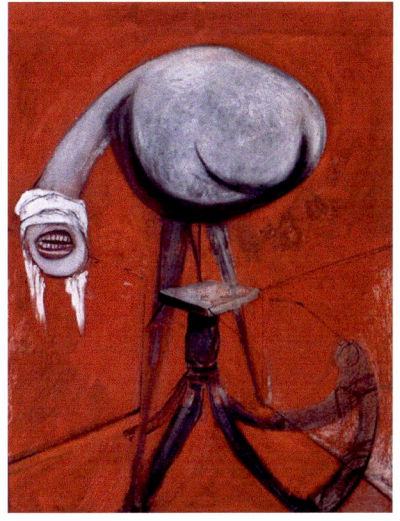

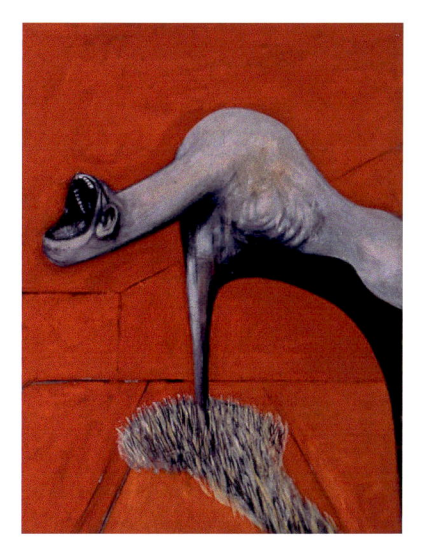

66 Francis Bacon (1909–1992): *Drei Studien zu Figuren am Fuße einer Kreuzigung*, 1944; Öl und Pastell auf Pressspanplatten, jede Tafel 94 x 74 cm; London, Tate Gallery

Arbeitsanregungen

1 Kunstwissenschaftler haben vermutet, dass Grünewald den Holzschnitt von Grien → 64 als Anregung für seine gemalten Dämonen → 83, S. 54 benutzt hat. Vergleiche die beiden Werke und diskutiere diese Auffassung.

2 Untersuche die Dämonen bei Grünewald → 83, S. 54.
   a Liste auf, welche Lebewesen du in ihnen erkennen kannst.
   b Beschreibe die Kleidungsstücke und Gegenstände, die sie tragen, und erkläre, was sie tun.

3 Übertrage eine Dämonengestalt des Bildes in eine Feder- oder Finelinerzeichnung, indem du ihre Körperoberfläche als Strukturzeichnung nachbildest. Ergänze dabei die im Bild verdeckten Partien.

4 Beschreibe die Mischwesen von Grünfeld → 66 und Bacon → 67. Überlege, welche Absicht die Künstler mit ihrer Darstellung verfolgt haben.

5 a Wie sehen die Dämonen des 21. Jahrhunderts aus? Suche Beispiele für Ungeheuer und Mischwesen in der heutigen Bildwelt (zum Beispiel Comic, Computerspiel).
   b Gestalte deine eigenen Vorstellungen von einem Dämon unserer Zeit als Collage oder als Zeichnung.

6 Gestalte ein plastisches Fantasietier als Mischung verschiedener Lebewesen und Gegenstände (zum Beispiel Tonfigur oder Objektmontage aus Abfallmaterialien, Fundstücken und Maschinenteilen).

7 Eine lustige Variante des Mischwesens zeigt Kurt Halbritter → 65. Zeichne ähnlich fantasievolle Wesen und beschreibe sie in einem witzigen Lexikontext.

67 Thomas Grünfeld (*1956): *Misfit*, 1997; Objekt aus präparierten Tierkörperteilen

Farbe

Technik

Matthias Grünewald malte die Bilder des *Isenheimer Altars* mit Tempera und Ölfarbe auf Holz. Bevor er mit der eigentlichen künstlerischen Gestaltung beginnen konnte, mussten Farben und Bilduntergründe sorgfältig vorbereitet werden → **Farbe**. Die Holztafeln wurden mit einer Schicht aus Kreide und Leim grundiert und fein geschliffen. Darauf übertrug der Künstler seine Vorzeichnung. Im anschließenden Arbeitsabschnitt – der Untermalung – setzte er Fläche für Fläche die verschiedenen Farben mit ihren unterschiedlichen Hell-Dunkel-Werten ein. Dann folgten viele durchscheinende Malschichten, die als → **Lasur** bezeichnet werden und dazu dienen, die Leuchtkraft der Farben zu erhöhen. Mit feinen Pinselstrichen ahmte Grünewald die Oberflächen der Bildgegenstände (zum Beispiel Fell, Holz) wirklichkeitsgetreu nach.

Auswahl und Wirkung der Farben

Grünewald beschreibt mit den Farben das wirkliche Aussehen der Dinge. Seine feinen, fließenden Hell-Dunkel-Abstufungen (zum Beispiel beim Faltenwurf der Kleider) erzeugen den Eindruck von Plastizität, von Körperlichkeit auf der Malfläche. Gleichzeitig steigert der Künstler die Wirkung seiner Bilder durch reinbunte, gesättigte Farbwerte und den Einsatz von → **Kontrasten**. So erzielt er die ausdrucksstarke Leuchtkraft, von der besonders die modernen Maler zu Beginn des 20. Jahrhunderts fasziniert waren. In der *Versuchung des heiligen Antonius* → 83, S. 54 zeigt Grünewald die zerstörte Hütte, vor der sich das Geschehen abspielt, wie im Schattenriss in dunklen Tönen. Damit verstärkt er die Trennung der freundlich-hellen Himmelsregion im Hintergrund von dem chaotischen Tumult im Vordergrund. Über dem Dachgiebel treffen Gut und Böse sogar in Gestalt der kämpfenden Flugwesen als dramatischer Hell-Dunkel-Kontrast aufeinander → 68.

Grünewald nutzt die Farb- und Luftperspektive, um Räumlichkeit zu erzeugen → S. 28: Der Hintergrund ist milchig blau, die Übergänge sind fließend („Verblassung" und „Verblauung"). Im Kontrast dazu grenzt Grünewald die Formen im unteren Bildraum klar voneinander ab und beschreibt sie detailliert und realistisch.

68   *Der Kampf Gut gegen Böse* (Detail aus der *Versuchung des heiligen Antonius* → 83, S. 54)

Farbe als Symbol: *Auferstehung Christi*

In einem anderen Flügelbild des Altars mit der Darstellung der Auferstehung Christi → 70 ist die Bedeutung der Farbe für die Bildwirkung noch auffälliger. Sie beschreibt auch hier die stofflichen Eigenschaften und die Körperlichkeit der Gegenstände. Doch in der Figur Christi und vor allem in der → **Gloriole** überlagert die symbolische Bedeutung der Farbe ihre beschreibende Aufgabe. Der Körper des Auferstehenden scheint von der Farbe und der Helligkeit der sonnengleichen Gloriole durchtränkt zu werden.

Malfarben

Pigmente
(= Farbpulver)
→ aus organischen (= tierischen oder pflanzlichen) Stoffen gewonnen: zum Beispiel Tintenfisch (= Sepia); Laus, Schnecke (= Rot); Pflanzen (zum Beispiel Indigoblau, Safrangelb)
→ aus zermahlenen anorganischen Stoffen: zum Beispiel Holzkohle, Kalk, roter und gelber Ocker, Lapislazuli (= Ultramarinblau)
→ aus synthetisch hergestellten Farbstoffen (seit dem 20. Jahrhundert)

Bindemittel
(sorgen für Haftung der Pigmente auf dem Bilduntergrund)
→ Wachs (erhitzt für Enkaustikmalerei)
→ Mohn-, Walnuss- oder Leinöl
→ Ei (mit Öl, Harz usw. für Tempera (= Mischfarbe aus wasserlöslichen und wasserunlöslichen Stoffen)
→ Knochenleim, Gummiarabikum oder moderner Kleister (für wasserlösliche Farben)
→ Acryl- und andere Kunstharzfarben (seit Mitte des 20. Jahrhunderts für die Kunst einsetzbar)

69   Zusammensetzung von Malfarben

Christus selbst ist die Quelle des strahlenden Leuchtens: „Ich bin das Licht …", heißt es im Johannes-Evangelium.

Die Farbigkeit der Gloriole geht fließend vom hellgelben Zentrum über orange Töne in die kalten grünlich blauen Töne der äußeren Kreise über. Der Emporschwebende zeigt seine roten Wundmale an den fast weißen Händen und Füßen. Die gezielte Auswahl leuchtender, warmer Töne im Kontrast zu kalten Blautönen (Kalt-Warm-Kontrast) und zum dunklen Umraum (Hell-Dunkel-Kontrast) steigert die Wirkung (→ **Kontrast**).

Arbeitsanregungen
1 a Beschreibe den Zusammenhang von Farbgebung und Bildwirkung in der Auferstehungsdarstellung → 70.
b Erprobe andere Farben und Farbkontraste für das Auferstehungsbild → 70. Übermale dazu Fotokopien (oder Nachzeichnungen) des Gemäldes oder bearbeite gescannte Darstellungen des Bildes am Computer. Vergleiche die Wirkung im Gespräch mit deinen Mitschülern.
2 Beobachte die Farben einer Kerzenflamme und vergleiche sie mit den Farben der → **Gloriole** → 70.
3 Male ein Landschaftsbild nach den Regeln der Farb- und Luftperspektive. Steigere die Tiefenwirkung durch eine farbintensive, detailreiche Vordergrundgestaltung als Kontrast zur verschwommenen aufgehellten Hintergrundpartie. Es ist auch möglich, im vorderen Bereich eine ausgeschnittene, aufgeklebte Figur (zum Beispiel aus Werbung oder Zeitschriften) zu „verstecken".
4 Stelle Farben selbst her. Orientiere dich an der grafischen Darstellung → 69 und sammle weitere Möglichkeiten, um Farbstoffe zu gewinnen. Kleister ist ein geeignetes Bindemittel. Auch Öl- und Temperafarben lassen sich nach Rezept selbst fertigen. Fragt dazu eure Lehrer und sammelt Informationen in Fachbüchern oder im Internet.

70 Matthias Grünewald: *Auferstehung Christi* (Ausschnitt aus dem *Isenheimer Altar*), 1512–1515; Öl auf Holz, 269 x 143 cm; Colmar, Musée d'Unterlinden

Webcode: KE1201906-043

Der Maler Matthias Grünewald und seine Zeit

71 Meister Bertram (um 1340–1414): *Die Erschaffung der Tiere* (linker Flügel des *Petri-Altars*), 1379; Öl auf Holz, 80 x 51 cm; Hamburg, Kunsthalle

Der Maler Mathis Gothard Nithart

Über den Maler des *Isenheimer Altars* wissen wir nur sehr wenig. Obwohl er zu den bedeutendsten Künstlern seiner Zeit gehörte und im Dienst hochrangiger Kirchenvertreter stand, geriet er schon kurz nach seinem Tod in Vergessenheit. Er hinterließ keine schriftlichen Mitteilungen, und es gibt keine Selbstporträts, die nachweislich aus seiner Hand stammen. Schon der Name „Grünewald", unter dem er schließlich wieder bekannt wurde, hat sich als falsch erwiesen. Durch neu entdeckte Dokumente konnte man die Signatur des Malers → **72** – und damit seinen Namen – als „Mathis Gothart Nithart" (oder „Neithart") entschlüsseln. Dennoch behielt man seinen inzwischen allgemein bekannten Namen „Matthias Grünewald" bei.

Lebensdaten

Heute geht die Forschung davon aus, dass Grünewald um 1480 in Würzburg oder Umgebung geboren wurde. Da die Gemälde des *Isenheimer Altars* zwischen 1512 und 1515 gemalt wurden, muss er zu dieser Zeit etwa 35 Jahre alt gewesen sein. Künstler waren damals, wie andere Berufsgruppen auch, in Zünften organisiert und an deren Regeln gebunden. Sicherlich lernte auch Matthias Grünewald sein Handwerk in einer Lehre von drei bis sechs Jahren, der sich drei Gesellenjahre anschlossen. Wahrscheinlich konnte er kurz nach 1500 seine Meisterprüfung ablegen. Bis heute wissen wir nichts über sein Elternhaus und ob er verheiratet war. Ein Adoptivsohn namens Endress (Andreas) wird im Testament des Künstlers als Alleinerbe aufgeführt. Die Stationen von Grünewalds Leben lassen sich am sichersten an den erhaltenen Werken ablesen, das sind ausnahmslos Altargemälde. Somit kommen Aschaffenburg, Frankfurt, Mainz, Isenheim und Halle als längere Aufenthaltsorte in Frage. Schriftliche Dokumente bezeugen, dass er im August 1528 in Halle starb.

Zeitgeschichtlicher Hintergrund

Matthias Grünewald lebte in einer unruhigen Zeit. An der Wende vom Mittelalter zur → **Renaissance** prallten unterschiedliche Weltauffassungen aufeinander. Im Bereich der christlichen Religion kündigten sich bahnbrechende Veränderungen an, die letztlich zur Spaltung der Kirche führten. Schon lange bevor Martin Luther 1517 seine Thesen veröffentlichte, drängten weite Teile der Bevölkerung auf eine Erneuerung der römisch-katholischen Kirche. Der moralische Niedergang vieler Würdenträger stand im Widerspruch zur tiefen Frömmigkeit der Menschen.

Die Empörung richtete sich aber auch gegen die ungerechten Herrschaftsverhältnisse. Die Bauern wollten nicht länger hinnehmen, dass sie Hunger und Not erleiden mussten, um die überhöhten Abgaben für Adel und Kirche zu erwirtschaften. Für ihren Protest suchten sie Rechtfertigung und Kraft in den Worten der Bibel und der beginnenden Reformation. So nennt man die von Martin Luther ausgehende Erneuerungsbewegung der christlichen Kirche zu Beginn des 16. Jahrhunderts, aus der die Bildung der protestantischen Kirche hervorgegangen ist. Die religiösen und po-

72 Signaturen Grünewalds

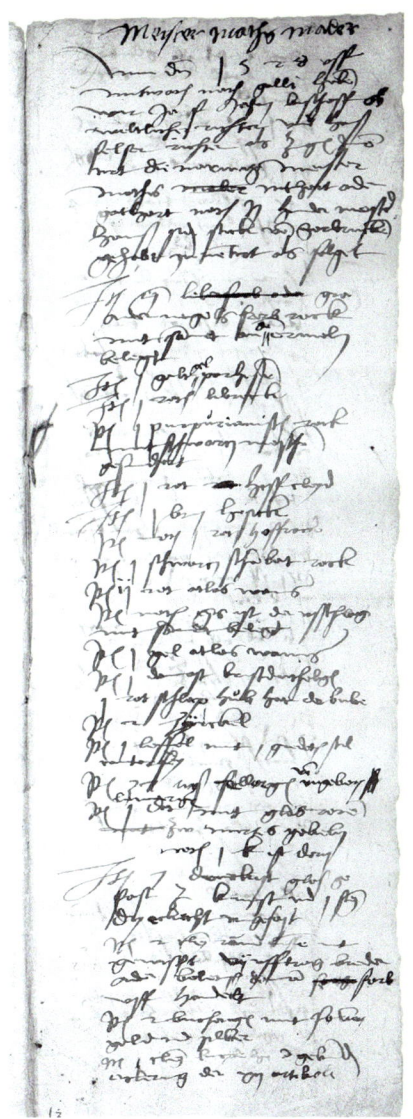

73 Nachlassinventar

Amtliches Verzeichnis von Grünewalds hinterlassenem Besitz (Nachlassinventar):
1. Kleider, Zirkel, Löffel mit „Conterfey", Pergamente, Glasrohre
2. Eine Kiste mit Malerpaletten, Blattgold und Blattsilber, einem Gebetbuch und Edelsteinen
3. Ein Lädchen (Kistchen) mit kleinen Pinseln
4. Eine Geldwaage und ein silberner Pokal
5. Eine Lade mit Haushaltsgeräten und Kleidung
6. Eine Lade mit einem Bild, Zeichnungen, einer Jesuskind-Statue, Farben und Bergwerks-Utensilien
7. Ein zugenageltes Lädchen: darin das Neue Testament von Luther und Lutherbücher
8./9. Zwei Laden mit Farben und Farben-Aufreibsteinen
10. Ein Kistchen mit Schmuck, Münzen, geweihter Medaille und Rosenkränzen
11. Farben in 24 Säckchen, Tüten und Briefen Einzeln aufgeführt: ein Bett, ein Kissen, ein Seifenkessel, ein Kompass, ein unfertiges Triptychon (dreiteiliges Altarbild), ein Farbenreibstein, ein weiterer Stein

litischen Probleme führten 1525 zum Bauernkrieg. Auch Bürger außerhalb der bäuerlichen Bevölkerung schlossen sich dem Protest an. Nachdem der Bauernaufstand blutig niedergeschlagen worden war, folgten brutale Strafgerichte für die Beteiligten.

Die Kunst einer neuen Zeit
Auch in der Kunst spiegelte sich die Umbruchstimmung wider. Der christliche Glaube als Grundlage aller mittelalterlichen Kultur sah im Leben auf der Erde nur eine Zwischenstation auf dem Weg zum himmlischen Jenseits. Die Kunst stand ganz im Dienste Gottes und beschäftigte sich nicht mit weltlichen Themen. Die darauf folgende Epoche der Renaissance markiert einen Wandel in allen kulturellen Lebensbereichen → S. 26. Das Weltverständnis war jetzt auf den Menschen ausgerichtet. Technische und wissenschaftliche Entwicklungen und Entdeckungsreisen zeigen das Interesse an der irdischen Wirklichkeit. Auch die bildenden Künstler orientierten sich in ihren Werken wieder an der Natur, wie es bereits in der → **Antike** üblich gewesen war. Sie entwickelten neue Abbildungstechniken, zum Beispiel die perspektivische Raumdarstellung, um die Welt wirklichkeitsgetreuer abbilden zu können → S. 28. Neben der sakralen Kunst, die sich mit religiösen Themen beschäftigt, gewannen profane Werke an Bedeutung. Sie zeigen weltliche, alltägliche Motive wie zum Beispiel Landschaften oder Porträts.

Arbeitsanregungen
1 Projekt/Gruppenarbeit: „Dokumentation zu Grünewald und seiner Zeit": Sammelt Bild- und Textinformationen zu den wichtigen historischen Ereignissen, die das Leben und die Kunst von Matthias Grünewald geprägt haben könnten. Stellt die gut geordneten Materialien im Rahmen einer Ausstellung den Mitschülern eurer Schule vor.

2 Das Nachlassverzeichnis, in dem der Besitz des Malers nach seinem Tode aufgelistet ist, gilt als ein sehr informatives Dokument, da die Gegenstände viel über ihren Eigentümer verraten. Untersuche das Verzeichnis wie ein Detektiv und stelle zusammen, was es über den Familien- und Bildungsstand, berufliche und private Tätigkeiten und politische und religiöse Überzeugungen aussagt.

3 Versetze dich in die Person von Matthias Grünewald, der sich schriftlich um einen neuen Auftrag bewirbt und über sein Leben und seine besonderen Fähigkeiten in der Malerei berichtet.

4 Vergleiche das gotische Gemälde von Meister Bertram → **71** mit dem Versuchungsbild von Grünewald → **83**, S. 54. Zähle Unterschiede und Gemeinsamkeiten auf (zum Beispiel Bildmotive, Technik, Farbgebung, Raumdarstellung, Verhältnis von Abbild und Wirklichkeit).

Die Versuchung des heiligen Antonius – ein Thema in der bildenden Kunst

74 Hieronymus Bosch (um 1450–1516): *Die Versuchung des heiligen Antonius* **(Mitteltafel)**, 1490–1505; Öl auf Holz, 131,5 x 119 cm; Lissabon, Museu Nacional de Arte

Die Versuchung des heiligen Antonius in der Kunst

Der Eremit Antonius lässt sich von den Mächten des Bösen nicht einschüchtern. Er widersteht tapfer allen Versuchen, ihn vom Glauben abzubringen. Sein mutiger Kampf hat die Menschen stets beeindruckt und fasziniert. Auch viele Künstler griffen das Thema der Versuchungen auf. Sie ließen sich bei ihren Bildern von unterschiedlichen Textstellen der Heiligenlegende anregen. Manchmal übernahmen sie auch Ideen und Motive ihrer Kollegen.

Hieronymus Boschs Versuchungsbild

Hieronymus Bosch (um 1450–1516) hat das Thema in einem →**Triptychon** dargestellt →**74**. Ein Triptychon ist ein Gemälde, das aus drei Tafeln besteht. Das Werk war wahrscheinlich als Bildaufsatz für einen Altar geplant. Es entstand etwa zur gleichen Zeit wie die Bilder von Grünewald für den *Isenheimer Altar*.

75 Max Ernst (1891–1976): *Die Versuchung des heiligen Antonius*, 1945;
Öl auf Leinwand, 108 × 128 cm; Duisburg, Wilhelm-Lehmbruck-Museum

Die Abbildung zeigt den Mittelteil des Triptychons mit einer unwirtlichen Ruinenlandschaft und einer Vielzahl seltsamer Figuren und Wesen: Die Versucher bieten alle Mittel auf, um den Eremiten vom rechten Weg abzubringen. Unbeeindruckt vom höllischen Treiben kniet Antonius als kleine Figur im Bildmittelpunkt. Mit segnender Geste schaut er aus dem Bild heraus zum Betrachter.

Versuchungsbild von Max Ernst
Das Gemälde von Max Ernst (1891–1976) zeigt eine moderne Variante des Motivs → 75. Das Bild erhielt 1946/47 den ersten Preis im Malwettbewerb einer amerikanischen Filmgesellschaft. In einem Film sollte eine farbige Großaufnahme zum Thema *Die Versuchungen des heiligen Antonius* erscheinen. Mit Max Ernst bewarben sich noch viele andere bekannte Künstler um das hohe Preisgeld. Ernsts Versuchungsdarstellung führt uns in eine fantastisch-dämonische Traumwelt. In einer düsteren Wasserlandschaft wird der Eremit von reptilienartigen Ungeheuern angefallen. Die verdrehte Figur des Heiligen in leuchtendem Rot beherrscht das Bild. Obwohl sich Max Ernsts Gemälde stark von den Werken der alten Meister unterscheidet, gibt es überraschende Übereinstimmungen mit dem Bild von Grünewald → 83, S. 54. So erscheint der Heilige in seiner Körperhaltung und seiner Position auf der Bildfläche wie eine spiegelverkehrte Nachbildung der spätmittelalterlichen Vorlage. Neben herkömmlicher Maltechnik wandte Max Ernst die Technik der → **Décalcomanie** an. Dabei presste er eine Glas- oder Holzplatte kräftig auf die noch nasse Farbe der Leinwand und zog sie anschließend vorsichtig ab. So ergaben sich interessante Farbstrukturen, die nach dem Trocknen weiterbearbeitet werden konnten.

Arbeitsanregungen
1 **a** Beschreibe die Darstellung der Versuchungen in den Werken von Hieronymus Bosch und Max Ernst → 74, → 75.
b Erkläre, auf welche Textstellen der Heiligengeschichte → S. 39 die beiden Künstler Bezug nehmen.
c Beschreibe, wie sie die Dämonen und wie sie den heilige Antonius darstellen.
2 Gestaltet in Partnerarbeit passende Seitenflügel zu dem Altarbild von Hieronymus Bosch → 74. Greift dabei auf die Lebensgeschichte oder die Legende des Heiligen zurück.
3 Finde heraus, welche Bildmotive Max Ernst von Grünewald übernommen hat → 75, → 83, S. 54. Beschreibe mögliche weitere Übereinstimmungen, aber auch die Unterschiede zwischen den Bildern.
4 Zeichne einzelne Ungeheuer bei Hieronymus Bosch und Max Ernst ab oder gestalte neue Monster aus Teilen unterschiedlichster Herkunft. Füge sie mit einem passenden Hintergrund zu einem fantastischen Bild zusammen.
5 Gestalte im Abklatschverfahren eine Fantasielandschaft. Trage dickflüssige Farbe auf eine Glasplatte auf. Drücke Papier darauf und ziehe es vorsichtig ab. Durch zeichnerische und malerische Überarbeitungen der Zufallsergebnisse kannst du Einzelheiten (zum Beispiel Bäume, Tiere, Ungeheuer) ergänzen.

Der *Isenheimer Altar*

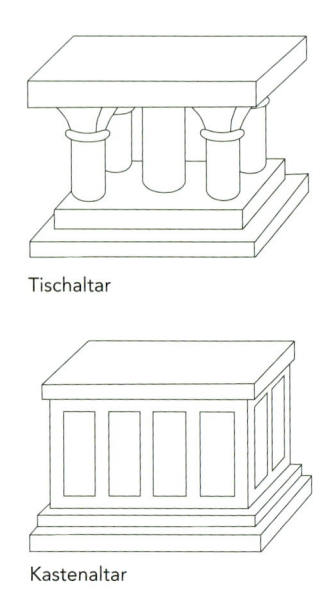

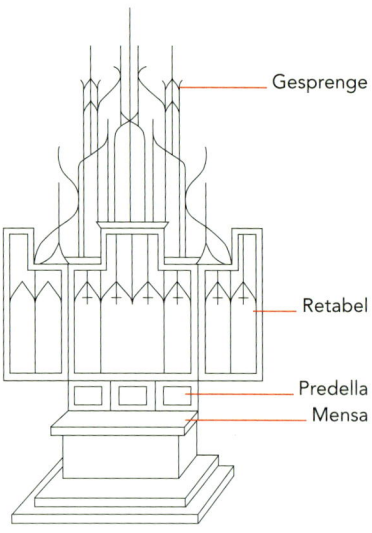

Tischaltar

Kastenaltar

Retabelaltar (13. Jahrhundert)

Gesprenge
Retabel
Predella
Mensa

Flügelaltar (spätgotisch, 16. Jahrhundert)

76 Formen des Altars

Der Altar und seine Bedeutung

Schon die frühen Hochkulturen benutzten einen tischartigen Aufbau als Weihestätte oder zum Verbrennen von Tieropfern. Hergestellt wurde er meist aus Stein, aber auch Holz und Metall konnten als Material verwendet werden. Gestaltung, Größe und Form hingen von den unterschiedlichen Arten der Götterverehrung ab. Der christliche → **Altar** ist ein Opfertisch in einem anderen Sinn. Brot und Wein am Altar erinnern an das letzte Mahl, das Jesus am Abend vor seinem Tod mit den Jüngern einnahm. Der Altar befindet sich in jeder christlichen Kirche an zentraler Stelle. Die künstlerische Ausgestaltung des Altars hat sich im Laufe der Zeit verändert →76. Im frühen Mittelalter wurde ein aufwändig gestalteter Aufsatz auf den Altartisch gestellt. Dieses sogenannte → **Retabel** ist als eine Art Rückwand mit dem Tisch fest verbunden. Diese geschnitzten und gemalten Bildaufsätze zeigen Themen aus dem Alten und Neuen Testament oder den Heiligenlegenden. Sie hatten die Aufgabe, Menschen zu belehren und in den Glauben einzuführen. Diese Kunstwerke erlebten einen Höhepunkt im spätgotischen Flügelaltar, zu dessen eindrucksvollsten Beispielen der *Isenheimer Altar* mit den Gemälden Grünewalds gehört. Man nennt ihn auch „Wandelaltar", weil durch das Öffnen und Schließen der Altarflügel die Bildansichten abgewandelt werden konnten.

Die Geschichte des *Isenheimer Altars*

In der kleinen Hospitalskirche des Antoniter-Klosters im Elsass sollte ein neuer Altar zu Ehren des heiligen Antonius und der Gottesmutter Maria entstehen. Die holzgeschnitzten Teile des Altars wurden bereits 1505 aufgestellt. In der Zeit von 1512 bis 1515 malte Matthias Grünewald in Isenheim die Gemäldetafeln. Sie ließen sich zu drei Schauseiten aufklappen und umblättern wie ein kostbares Bilderbuch →78. Die Isenheimer Altarbilder hatten zur Zeit ihrer Entstehung nicht nur die Aufgabe, Inhalte des christlichen Glaubens zu vermitteln. In der Hospitalskirche, besonders vor dem Altar, sollten die Kranken seelische Kraft und Hoffnung gewinnen. Dabei bekamen die Gläubigen an den verschiedenen Tagen im Kirchenjahr unterschiedliche Schauseiten gezeigt. Den größten Teil des Jahres war der Altar geschlossen, sodass der gemarterte und gekreuzigte Jesus zu sehen war →78. An Sonn- und Feiertagen zeigten die Antoniter die zweite Schauseite, das heißt, sie klappten die äußeren beiden Altarflügel auf (1. Öffnung) →78. An den Feiertagen des heiligen Antonius wurden auch die inneren beiden Altarflügel aufgeklappt (2. Öffnung), sodass jetzt die innerste, die dritte Schauseite mit dem Versuchungsbild und den Holzskulpturen zu sehen war →77.

3. Schauseite (2. Öffnung)

Am Namensfest des heiligen Antonius wurden alle Bildtafeln aufgeklappt. Auf dieser dritten Schauseite ist der Ordenspatron gleich in drei Darstellungen zu sehen. Die zwei gemalten Seitenflügel zeigen wichtige Szenen aus seinem Leben. Neben der Darstellung der Versuchung →83, S.54 sieht man auf der linken Seite Antonius zu Besuch beim Einsiedler Paulus. Dieser Heilige wurde der Legende nach von einem Raben mit Brot versorgt. In der Figur des Antonius porträtierte Grünewald höchstwahrscheinlich

77 Matthias Grünewald: *Isenheimer Altar*, **3. Schauseite**, 1512–1515; Seitenflügel: Öl auf Holz, Mittelteil und Predella: vergoldete Holzskulpturen; Colmar, Musée d'Unterlinden

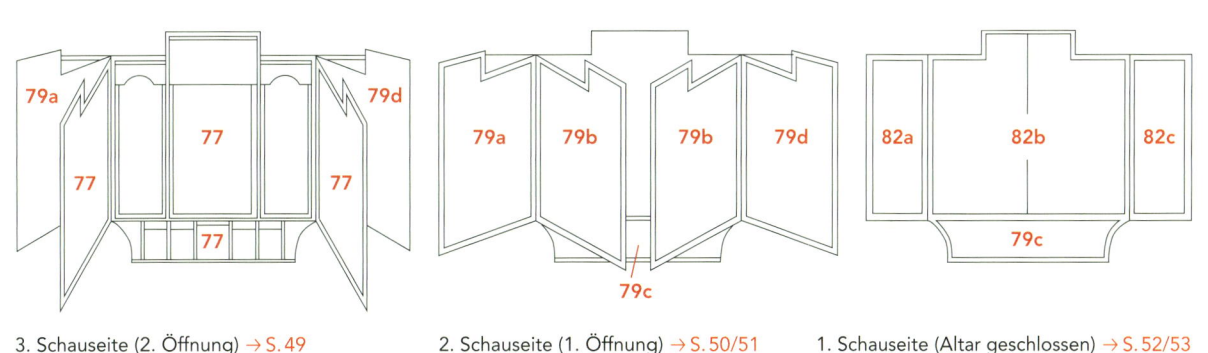

3. Schauseite (2. Öffnung) → S. 49

2. Schauseite (1. Öffnung) → S. 50/51

1. Schauseite (Altar geschlossen) → S. 52/53

78 Wandelbarkeit des *Isenheimer Altars*

den Altarstifter und Klostervorsteher Guido Guersi. Sein Wappenschild lehnt an dem Stein zur Linken der Figur. Im holzgeschnitzten → **Schrein** des Bildhauers Niclas Hagenauer (um 1445– um 1535) thront im Mittelteil der heilige Antonius als vergoldete Skulptur. Er wird eingerahmt vom heiligen Augustinus und vom heiligen Hieronymus. In der Predella, dem schmalen Verbindungsteil zwischen Altartisch und Schrein, sind Halbfiguren von Christus und den Aposteln aufgestellt.

Arbeitsanregungen

1 a Besucht verschiedene Kirchen in eurer Umgebung. Zeichnet oder fotografiert die Altäre. Vergleicht eure Ergebnisse miteinander (zum Beispiel Aufstellungsort, Aussehen des Altars).
b Besucht auch die Versammlungsorte anderer Religionsgemeinschaften (zum Beispiel Moscheen, Synagogen). Beschreibt den Raum und seine Einrichtung und fertigt Zeichnungen oder Fotos für eine Dokumentation in der Klasse an.

2 Fertige ein Papiermodell des *Isenheimer Altars* an. Experimentiere zuerst mit Fotokopien der abgebildeten Schauseiten → **78**, bevor du die einzelnen Bildflügel aneinanderheftest oder -klebst. Die 3. Schauseite muss um 141 % (DIN A4 auf DIN A3) vergrößert werden.

Webcode: KE1201906-049

Der *Isenheimer Altar* – die 2. Schauseite

Die Schauseite für die Sonn- und Feiertage muss die Gläubigen zu Grünewalds Zeit ungeheuer beeindruckt haben: Auf einer Breite von 5,90 m zeigt sie eine farbenfrohe Darstellung mit Szenen aus dem Leben von Jesus und seiner Mutter Maria.

Linker Bildflügel: *Verkündigung*
Der mit prächtigem, wehendem Gewand gekleidete Erzengel Gabriel verkündet der erschrockenen Maria die Geburt eines Sohnes, den sie vom Heiligen Geist empfangen werde. In Gestalt der Taube nähert sich dieser im Bild aus dem hinteren sonnendurchfluteten, kirchenähnlichen Raum → 80. Die Vorstellung von der jungfräulichen Empfängnis geht auf die Ankündigungen des Propheten Jesaja (8. Jahrhundert v. Chr.) zurück. Er ist deshalb in der linken oberen Ecke dargestellt.

Mittlere Bildtafeln: *Geburt Christi mit Engelskonzert*
Im linken Bildfeld der Mitteltafel erscheint Maria als Himmelskönigin mit leuchtendem Heiligenschein in einem reich verzierten, goldenen Pavillon. Zahlreiche Engel umgeben sie. Im Vordergrund hat Grünewald einen hell gekleideten Engel mit einer Bass-Viola platziert. Er stellt die Verbindung zu der großen Mariengestalt auf der rechten Bildseite her. Maria hält den neugeborenen Jesus in den Armen. Badezuber, Kinderwiege und Nachtgeschirr weisen auf die Geburt Christi, den Sohn Gottes, hin. Über der

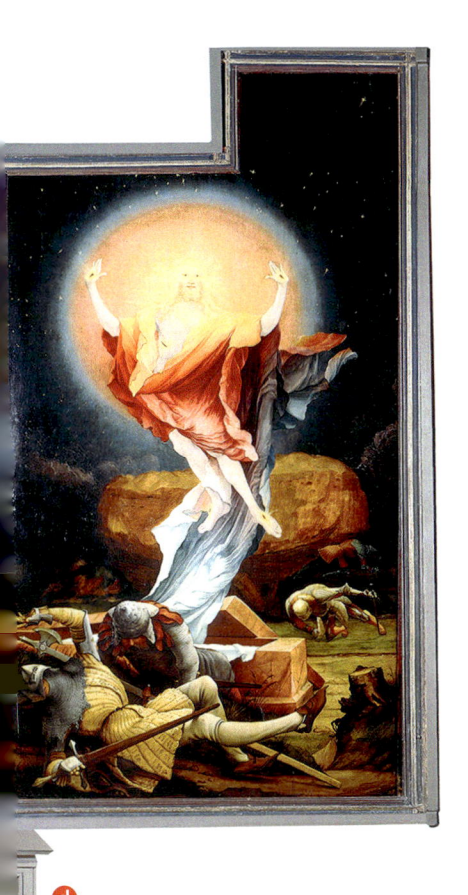

79 Matthias Grünewald: *Isenheimer Altar*, **2. Schauseite**, 1512–1515; Öl auf Holz; Colmar, Musée d'Unterlinden

a Verkündigung, linker Seitenflügel; 269 × 141 cm
b Geburt Christi und Engelskonzert, Mitteltafel; 269 × 341 cm
c Beweinung Jesu, Predella; 67 × 341 cm
d Auferstehung Christi, rechter Seitenflügel; 269 × 143 cm

80 Detail aus dem Verkündigungsbild (linker Flügel)

81 Detail aus der Mitteltafel

majestätischen Gottesmutter erscheint am Himmel Gottvater mit Zepter und Weltkugel als Weltenherrscher →**81**. In den Lichtstrahlen, die von ihm ausgehen, sind unzählige durchscheinende Engelsgestalten zu entdecken.

Predella: *Beweinung Jesu*
Die →**Predella** trennt den Altartisch von den großen Bildtafeln. Auf dem extremen Breitformat stellte Grünewald die Beweinung Jesu dar. Jesus liegt vor dem offenen Grab. Der Jünger Johannes, Maria und Maria Magdalena betrauern seinen Tod.

Rechter Bildflügel: *Auferstehung Christi*
Der rechte Gemäldeflügel zeigt die Auferstehung Jesu Christi. Eine explosionsartige Kraft hat die Grabwächter weggefegt und die schwere Grabplatte zur Seite geschleudert. Christus schwebt, umgeben von der riesigen sonnengleichen →**Gloriole**, über dem Grab. Seine Wundmale leuchten am blassen, fast durchscheinenden Körper.

Arbeitsanregungen

1 Vergleiche die Bilder der Seitenflügel mit den angegebenen Stellen im Neuen Testament (Verkündigung: Lukas 1,26–38. Auferstehung: Matthäus 28,1–10; Markus 16,1–8; Lukas 24,1–12; Johannes 20,1–10). Benenne Übereinstimmungen und Unterschiede zwischen den gemalten Darstellungen Grünewalds und den Texten der Evangelien. Achte auch auf Kleidung, Ausstattung des Bildraums und die gewählten Orte.
2 Vergleiche Grünewalds Verkündigungsdarstellung →**83**, S. 54 mit dem Bild von Sandro Botticelli zum gleichen Thema →**27**, S. 19.
3 Lies im Lukas-Evangelium (Lukas 2,1–20) den Bericht über die Geburt Christi nach. Beschreibe, wie Matthias Grünewald mit dem Thema „Geburt des Gottessohnes" umgeht.

Der *Isenheimer Altar* – die „Alltagsansicht": der geschlossene Altar

Der Altar wurde nur an hohen Feiertagen geöffnet. Deshalb nennt man die Ansicht auf den geschlossenen Altar die „Alltagsansicht". Diese erste Schauseite des *Isenheimer Altars* zeigt die wohl größte Kreuzigungsdarstellung der europäischen Kunstgeschichte. Die Ansicht der →**Predella** ändert sich gegenüber der zweiten Schauseite nicht.

Linker Flügel: *Der heilige Sebastian*
Den linken Altarflügel nimmt als Ganzfigur der heilige Sebastian ein. Der Legende nach wurde er wegen seines Glaubens als Märtyrer von Bogenschützen getötet. Sebastian gilt als Retter vor der Pest und anderen schlimmen Krankheiten. Er steht wie eine Skulptur auf einem steinernen, pflanzenumrankten Sockel. Im Fensterausschnitt schweben mehrere Engel über einer weiten Landschaft.

Rechter Flügel: *Der heilige Antonius*
Wie Sebastian steht auch der heilige Antonius auf einem Podest. Als Patron des Ordens wurde er von den Kranken des Isenheimer Hospitals vor allem beim Antoniusfeuer um Hilfe gebeten. Im Bild erscheint er in Gedanken versunken als bärtiger Greis. Er achtet nicht auf den kleinen Teufel, der hinter seinem Rücken gerade eine Fensterscheibe zerschlägt.

55 Der Philosophenkaiser – das Reiterstandbild des Kaisers Marc Aurel

84 Das Reiterstandbild des Kaisers Marc Aurel, um 180 n. Chr.; vergoldete Bronze, Höhe (ohne Sockel) 424 cm, Länge 348 cm; Rom, Kapitolsplatz

83 Matthias Grünewald: *Die Versuchung des heiligen Antonius* (rechter innerer Seitenflügel aus dem *Isenheimer Altar*), 1512–1515; Öl auf Holz, 265 × 139 cm; Colmar, Musée d'Unterlinden

82 Matthias Grünewald: *Isenheimer Altar*, 1. Schauseite (= der geschlossene Altar), 1512–1515; Öl auf Holz; Colmar, Musée d'Unterlinden

a Der heilige Sebastian, linker Seitenflügel; 232 × 76,5 cm
b Kreuzigung Christi, Mitteltafel; 269 × 307 cm (Predella: Beweinung Christi wie bei der 2. Schauseite)
c Der heilige Antonius, rechter Seitenflügel; 232 × 75 cm

Die Kreuzigung Christi in der Bibel

³³ Um zwölf Uhr mittags verfinsterte sich der Himmel über dem ganzen Land. Das dauerte bis um drei Uhr. ³⁴ Gegen drei Uhr schrie Jesus: „Eloï, eloï, lema sabachtani?" – das heißt übersetzt: „Mein Gott, mein Gott, warum hast du mich verlassen?" ³⁵ Einige von denen, die dabeistanden und es hörten, sagten: „Der ruft nach Elija!" ³⁶ Einer holte schnell einen Schwamm, tauchte ihn in Essig, steckte ihn auf eine Stange und wollte Jesus trinken lassen. Dabei sagte er: „Lasst mich machen! Wir wollen doch sehen, ob Elija kommt und ihn herunterholt." ³⁷ Aber Jesus schrie laut auf und starb. ³⁸ Da zerriss der Vorhang vor dem Allerheiligsten im Tempel von oben bis unten. ³⁹ Der römische Hauptmann aber, der dem Kreuz gegenüberstand und miterlebte, wie Jesus aufschrie und starb, sagte: „Dieser Mensch war wirklich Gottes Sohn!" ⁴⁰ Auch einige Frauen waren da, die alles aus der Ferne beobachteten, unter ihnen Maria aus Magdala und Maria, die Mutter von Jakobus dem Jüngeren und von Joses, sowie Salome. ⁴¹ Schon während seines Wirkens in Galiläa waren sie Jesus gefolgt und hatten für ihn gesorgt. Außer ihnen waren noch viele andere Frauen da, die mit Jesus nach Jerusalem gekommen waren."

Neues Testament, Markus 15,33–41

Mittelteil: *Kreuzigung*

Im Zentrum steht die riesige Darstellung der Kreuzigung Christi. Das Kreuz ist leicht nach rechts aus der Mittelachse gerückt; so fällt es nicht auf, dass diese Mitteltafel aus zwei Flügeln besteht. Die Rahmen der Flügel fallen mit der gemalten Kante des Holzkreuzes zusammen. Die große gemarterte Gestalt Jesu kommt dem Bildbetrachter sehr nah. Umso eindringlicher und realistischer vermittelt sich der grausame Todeskampf des Gekreuzigten. Der grünliche bleiche Körper ist übersät mit Wundmalen und erscheint unnatürlich verrenkt. Unter dem Kreuz stützt der Jünger Johannes die von Trauer und Schmerz überwältigte Mutter Maria, während Maria Magdalena mit gefalteten, flehend ausgestreckten Händen am Fuße des Kreuzes kniet. Neben ihr steht ein Salbgefäß mit der Zahl 1515, dem Jahr, in dem der Altar fertiggestellt wurde. Auf der anderen Seite des Kreuzes ist Johannes der Täufer dargestellt. Er weist mit einem überlangen Zeigefinger auf den Gekreuzigten als den Retter der Menschheit. Das kleine Lamm zu seinen Füßen trägt ein Kreuz. Blut fließt aus seinem Hals in einen Kelch. Diese Darstellung ist ein → **Symbol** für den Opfertod des Gottessohnes.

Die Landschaft im Hintergrund wird nur angedeutet und löst sich am Horizont ganz in der Dunkelheit auf. Grünewald beschreibt hier den grausamen Höhepunkt der Leidensgeschichte, wie die Evangelisten sie als → **Passion** Christi beschrieben haben.

Arbeitsanregungen

1 a Beschreibe die Wirkung, die die Darstellung des Kreuzestodes auf dich hat.
 b Überlege, wie die damaligen Besucher der Isenheimer Hospitalskirche das Gemälde wahrgenommen haben könnten: Schildere in einem erfundenen Reisebericht eines Kranken oder eines Pilgers den Besuch der Klosterkirche.
2 Skizziere in einer schnellen Umrisszeichnung die Menschen auf Grünewalds Kreuzigungsbild. Beschreibe das Aussehen des Gekreuzigten und der Personen unter dem Kreuz (zum Beispiel Körperhaltung, Kleidung, Größenverhältnisse, Stellung im Bild).
3 Suche andere Kreuzigungsdarstellungen (Religionsbuch, Kirche vor Ort, Museum, Kunstbücher, Internet). Beschreibe Unterschiede und Gemeinsamkeiten mit Grünewalds Werk.
4 Vergleiche die bildliche Darstellung Grünewalds mit dem Evangelientext. Wie setzt der Maler die Beschreibung um? Wo finden sich Abweichungen?

Der Philosophenkaiser – das Reiterstandbild des Kaisers Marc Aurel

In diesem Kapitel lernst du die einzige erhaltene lebensgroße Reiterstatue eines Kaisers aus der Zeit der römischen Antike kennen. Du erfährst manches über die Persönlichkeit des dargestellten Kaisers Marc Aurel, über den römischen Staat, die römische Kunst und über das Leben in der antiken Weltstadt Rom. Du lernst, wie Bronzestatuen gemacht werden und welche Bedeutung das Reiterstandbild in der Zeit nach der Antike hatte. Anschließend beschäftigst du dich mit modernen Denkmalprojekten. Denkmale werden an besonderen Orten aufgestellt. Du lernst zwei besonders eindrucksvolle und kunstvoll gestaltete Plätze in Rom und Paris kennen: den Kapitolsplatz und den Place Vendôme.

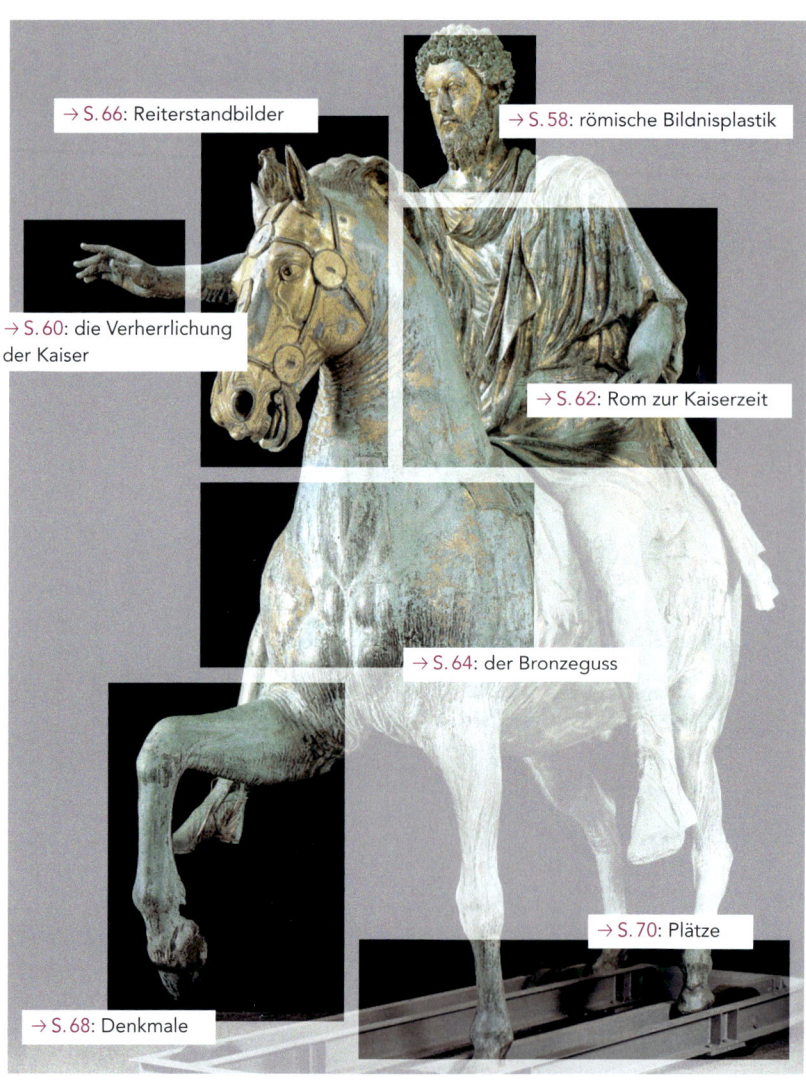

→ S. 66: Reiterstandbilder
→ S. 58: römische Bildnisplastik
→ S. 60: die Verherrlichung der Kaiser
→ S. 62: Rom zur Kaiserzeit
→ S. 64: der Bronzeguss
→ S. 70: Plätze
→ S. 68: Denkmale

85 **Das Reiterstandbild des Kaisers Marc Aurel**: die Themen in diesem Kapitel

Das Reiterstandbild des Kaisers Marc Aurel

Das Bronzestandbild des römischen Kaisers Marc Aurel ist das einzige lebensgroße Reitermonument aus dem antiken Rom, das erhalten geblieben ist. Weder sein ursprünglicher Standort noch der Name seines Bildhauers sind bekannt. Im Mittelalter stand es vor dem Palast des Papstes, seit dem 16. Jahrhundert auf dem Kapitolsplatz. 1997 wurde das Reiterstandbild wegen der Zerstörungsgefahr durch verschmutzte Luft ins Museum gebracht und durch eine Kopie ersetzt.

Lange dachte man, der Reiter sei Kaiser Konstantin, der den christlichen Glauben als Religion anerkannt hatte. Doch Vergleiche mit Kaiserporträts auf Münzen und Porträtbüsten zeigen eindeutig die Gesichtszüge Marc Aurels.

Der Kaiser zu Pferde

Der Kaiser sitzt ruhig und entspannt in herrscherlicher Haltung auf dem Pferd. Seine Beine hängen ohne Schenkeldruck über dem Pferdeleib. In seiner nach oben geöffneten Linken lagen ursprünglich die locker hängenden Zügel. Die Hand hielt außerdem noch eine kleine Statue der Friedensgöttin Minerva. Sie symbolisiert die Klugheit des Herrschers. Der rechte Arm des Kaisers ist zum majestätischen Gruß erhoben, die Hand geöffnet. Sein Blick begleitet die grüßende Hand, auch der Kopf des Pferdes ist in diese Richtung gewandt. Marc Aurel gebietet Frieden: Der Kaiser ist nicht mit dem Brustpanzer des Kriegers, sondern mit der kurzen gegürteten Tunika und dem Mantel des Herrschers gekleidet → S. 63. Statt der Feldherrnstiefel trägt er Senatorenschuhe. Das relativ kleine Pferd mit seinem edlen Kopf läuft auf schlanken sehnigen Beinen. Seine Lebendigkeit verdeutlicht sich in den geblähten Nüstern und den aufmerksam nach vorn gestellten Ohren.

Nach einer Beschreibung des Reiterdenkmals aus dem Mittelalter hat sich ursprünglich unter dem rechten Vorderhuf des Pferdes die gefesselte Gestalt eines sich unterwerfenden Königs befunden. Man kann vermuten, dass das Reiterdenkmal nach einem Sieg Marc Aurels über ein feindliches Heer errichtet worden war.

Der Kaiser Marc Aurel

Marcus Aurelius Antoninus, wie der Kaiser mit seinem vollen Namen hieß, lebte von 121 bis 180 n. Chr. Im Jahr 161 wurde er vom Senat und vom Volk zum Kaiser ausgerufen. Er galt als ein aufrichtiger und unbestechlicher Mensch und war ein gütiger und gerechter Herrscher. Der Kopf des Reiters zeigt die Züge des Kaisers →86. Das Gesicht ist unbewegt und strahlt Ruhe, Unerschütterlichkeit und auch Distanziertheit aus. Lockiges Haar und ein langer Bart umrahmen es. Marc Aurel war ein Philosoph und trug den langen Bart wie die griechischen Philosophen. Sein Gesichtsausdruck und seine Haltung zeigen einen bescheidenen Herrscher. In seinen philosophischen Selbstbetrachtungen ermahnt er sich: „Sieh zu, dass du nicht verkaiserst und dass der Purpur nicht auf dich abfärbt."

Aus dem philosophischen Tagebuch Marc Aurels:
„Unrecht tut oft derjenige, der etwas nicht tut, nicht nur der, der etwas tut."

„Wenn es sich nicht geziemt, tu es nicht; wenn es nicht wahr ist, sag es nicht. Denn über deinen Willen musst du Herr sein."

„Unerschütterliche Ruhe gegenüber den Ereignissen, die von außen kommen, und Gerechtigkeit im Handeln, soweit es in dir selber seinen Ursprung hat."

Arbeitsanregungen

1 Sprecht über die Äußerungen Marc Aurels. Überlegt, was sie über die Persönlichkeit des Kaisers aussagen.
2 Zeichne den Kopf Marc Aurels.
3 Fertige eine Kopie des Standbildes →84 an (ohne Sockel) und zeichne die gebeugte Gestalt des besiegten Königs unter den Pferdehuf.
4 Nenne mögliche Gründe, warum der Künstler das Pferd im Verhältnis zum Kaiser relativ klein gestaltet hat.
5 Überlegt, warum die Christen das heidnische Standbild nicht wie so viele andere eingeschmolzen haben.

86 **Kopf des Kaisers Marc Aurel** (Detail des Reiterstandbildes)

Das Bildnis in der römischen Plastik

87 **Porträt Alexander des Großen (Detail)**, um 350 v. Chr.; Marmor; München, Glyptothek

88 **Porträt des Marc Aurel**; Marmor; Rom, Museo Nazionale Romano

89 **Porträt des Julius Cäsar (sogenannter „Caesar Chiaramonti")**, 27–20 v. Chr.; Marmor, Höhe 56 cm; Rom, Vatikanisches Museum

90 **Porträt des Trajan**, um 117 n. Chr.; Marmor; Ostia, Museo Ostiense

Das Bildnis in der römischen Plastik

Nicht zu allen Zeiten wurde Wert darauf gelegt, Menschen im Bildnis möglichst wiedererkennbar darzustellen. Die Griechen idealisierten ihre Bildnisse, sodass sie nur annähernd der dargestellten Person entsprachen → 87. Erst die römischen Porträts der spätrepublikanischen Zeit (2. und 1. Jahrhundert v. Chr.) zeigen ungeschönt die individuellen Gesichtszüge der Dargestellten.

Unverkennbare Gesichtszüge

Das Reiterstandbild zeigt den Kaiser Marc Aurel mit ausgeprägten persönlichen Gesichtszügen. Durch Vergleiche mit anderen beschrifteten Bildnisbüsten des Kaisers kann man ihn eindeutig als Marc Aurel identifizieren → 86, S. 57, → 88. Es ist vor allem die Haartracht und der Philosophenbart, die ihn erkennbar machen.

Das Bild des Kaisers ist überall

Statuen des Kaisers wurden auf öffentlichen Plätzen und in den Hauptstraßen aufgestellt, → **Büsten** erinnerten in Bibliotheken, Theatern und öffentlichen Gebäuden an den Kaiser. Vorlage für die zahlreichen Porträts war ein von ihm genehmigtes Standardbildnis. Die Statuen und Porträtbüsten standen auf niedrigen Sockeln, sodass ihnen der Betrachter auf Augenhöhe gegenübertreten konnte. Darstellungen des Kaisers dienten in erster Linie den Interessen des Staates. Daher mussten sie neben den individuellen Gesichtszügen auch die römischen Herrschertugenden Tapferkeit, Milde, Gerechtigkeit und Frömmigkeit zeigen. Die Würde des kaiserlichen Amtes erforderte die Idealisierung der persönlichen Gesichtszüge. So vermittelt zum Beispiel der Kopf Julius Cäsars Klugheit und Ernsthaftigkeit, aber auch Entschiedenheit und Willensstärke → 89.

Die Bildnisse der Ahnen

Der Ahnenkult der Römer erforderte es, die Verstorbenen der Familie besonders zu ehren und zu verewigen. Deshalb bewahrten sie in ihren Häusern Totenmasken der Verstorbenen aus Wachs oder Ton auf → 92. In wohlhabenden Familien wurden Porträtköpfe und -büsten der Verstorbenen aus Marmor und → **Bronze** aufgestellt. Der Vorfahr sollte als Vorbild ständig gegenwärtig sein. Ein Beispiel hierfür ist die Statue eines Römers mit den Büsten zweier Ahnen in seinen Händen → 91.

Porträtbüsten

Auch für andere besonders verdiente Personen stellte man im antiken Rom Ehrenstatuen und Ehrenbüsten auf.

Die Darstellung des Menschen in Büstenform – nur der Kopf und die Schulterpartie – ist eine Erfindung der Römer. Bei den Griechen gab es ausschließlich ganzfigurige Darstellungen von Personen. Für sie war der Mensch eine untrennbare Einheit. Die Darstellung lediglich des Kopfes wäre für sie fast einer Enthauptung gleichgekommen. Die Römer hingegen beschränkten sich auf das Wesentlichste und Ausdrucksstärkste: den Kopf.

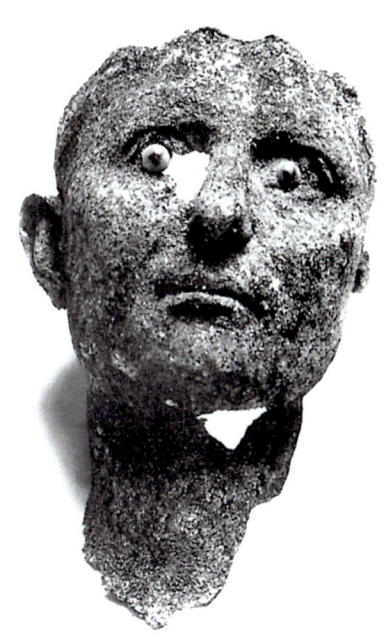

92 Wachskopf aus Cumae; Wachs mit Glasaugen; Neapel, Museo Archeologico Nazionale

Arbeitsanregungen

1 Vergleiche den Kopf des Reiterstandbildes → 84, S. 55, → 86, S. 57 mit dem Porträtkopf Marc Aurels → 88.
2 Partnerarbeit: Formt mit Gipsbinden Gesichtsmasken.
3 Erkläre, woran man die im Text geschilderten Eigenschaften bei dem Porträt Cäsars ablesen kann → 89.
4 Beschreibe und charakterisiere die Köpfe von Alexander und Trajan → 87, → 90. Suche Adjektive hierzu.
5 Zeichne dich selbst in der Pose des römischen Patriziers → 91 mit deinen Vorfahren. Orientiere dich an Fotos.

91 Statue eines Patriziers mit Ahnenbildnissen (sogenannter „Togatus Barberini"), 1. Jahrhundert n. Chr.; Marmor, Höhe 165 cm; Rom, Palazzo dei Conservatori

Die Verherrlichung der Kaiser

93 Triumphbogen für Kaiser Konstantin, Nordansicht, errichtet aus Anlass seines zehnjährigen Regierungsjubiläums, 312 n. Chr.; Marmor; Rom

Historische → **Reliefs** sind plastische Bilder, auf denen geschichtliche Ereignisse geschildert werden. Sie wurden an Triumphbögen und an Siegessäulen angebracht und dienten in der römischen Kaiserzeit (27 v. Chr.– 476 n. Chr.) der Verehrung der Kaiser.

Die kaiserlichen Tugenden

Religiöser Kult und militärische Stärke waren die Stützen des Römischen Reichs. Entsprechend galten Frömmigkeit und Mut, aber auch Milde und Freigebigkeit als die Tugenden des Herrschers. Der Kaiser sollte diese Qualitäten durch sein Auftreten, seinen Herrschaftsstil und durch seine Taten im Krieg und im Frieden ständig beweisen. Die an öffentlichen Orten angebrachten Reliefszenen sollten das Handeln des Kaisers schildern und dem Volk seine Tugenden vor Augen führen.

Triumphbögen

Wenn die Kaiser von ihren siegreichen Feldzügen nach Rom zurückkehrten, errichtete man ihnen häufig prachtvolle Triumphbögen →93. Die dort angebrachten Marmorreliefs schilderten in der Regel wie in einer Bildgeschichte
- den Aufbruch des Kaisers in den Krieg,
- seine Rolle als Befehlshaber im Krieg und sein Verhalten gegenüber den Feinden,
- die siegreiche Rückkehr nach Rom,
- den Triumphzug durch die Stadt mit den Gefangenen und der Beute.

94 *Rückkehr aus dem Krieg*, Relief an der Nordseite des Konstantinbogens, etwa 170 x 312 cm

95 *Der besiegte Gegner unterwirft sich*, Relief an der Nordseite des Konstantinbogens, etwa 170 x 312 cm

96 Ehrenbogen für Kaiser Marc Aurel (Detail: *Opferrelief*), um 170–180 n. Chr.; Marmor; Rom, Palazzo dei Conservatori

Auf manchen Reliefs befindet sich der Kaiser in Gesellschaft der Götter. Er ist Ausführender des göttlichen Willens und selbst gottgleich → 94.

Die Triumphbögen und Ehrensäulen, an denen solche historischen Reliefbilder angebracht waren, hatten die Wirkung heutiger Plakate: Sie sollten für den Kaiser werben. Die Bildkomposition ist leicht verständlich. Der Kaiser nimmt als verherrlichte Person stets eine herausragende Position ein.

Historische Reliefs

Die Relieftafel mit der Darstellung der Rückkehr des Herrschers aus dem Krieg → 94 stammt ursprünglich von einem Ehrenbogen für den Kaiser Marc Aurel. Sie war zusammen mit anderen Reliefs 312 n. Chr. in den Triumphbogen Konstantins des Großen eingefügt worden. Dabei hatte man lediglich den Porträtkopf des Kaisers umgearbeitet: Aus Marc Aurel wurde Kaiser Konstantin. Der siegreiche Feldherr wird vom Kriegsgott Mars (links) und der Göttin der kriegerischen Tapferkeit, Virtus (rechts), geleitet. Über ihm schwebt Victoria, die Göttin des Sieges.

Eine zweite Tafel vom Konstantinbogen zeigt einen Barbarenfürsten, der sich dem verzeihenden Kaiser unterwirft → 95. Im Hintergrund sind die Feldzeichen der siegreichen römischen Legionen aufgereiht.

Ein drittes Relief, das sich heute im Museum befindet, zeigt den Kaiser, wie er dem Gott Jupiter vor seinem Tempel ein Opfer darbringt → 96. Marc Aurel hat seine Toga um den Kopf gelegt, wie dies bei religiösen Handlungen üblich war. Er nähert sich der Gottheit mit bedecktem Haupt und streut aus einer Schale Weihrauch in die Flamme des Räucheraltars. Ein Flötenspieler begleitet sein Gebet. Der Opferdiener und das Opfertier stehen bereit.

Arbeitsanregungen

1 a Überlege, warum die Köpfe des Kaisers auf den Reliefs bei der Anbringung am Konstantinbogen verändert worden sind → 94, → 95. Beschreibe die Veränderungen.
b Finde Gründe dafür, warum die Reliefs aus dem Ehrenbogen für Marc Aurel in den Konstantinbogen eingefügt worden sind.
2 a Betrachte die Reliefs und zeige, welche der dargestellten Personen der Kaiser ist.
b Untersuche, wie der Kaiser in den Darstellungen charakterisiert ist (Körperhaltung, Beziehung zu anderen Menschen, Ort des Kaisers im Bild).
3 Gestalte ein Tonrelief mit einer Szene aus deinem Leben. Rolle dazu eine 1 cm dicke Tonplatte aus (20 x 20 cm) und modelliere darauf Figuren und Gegenstände. Verbinde die Figuren gut mit dem Untergrund.

Rom zur Kaiserzeit

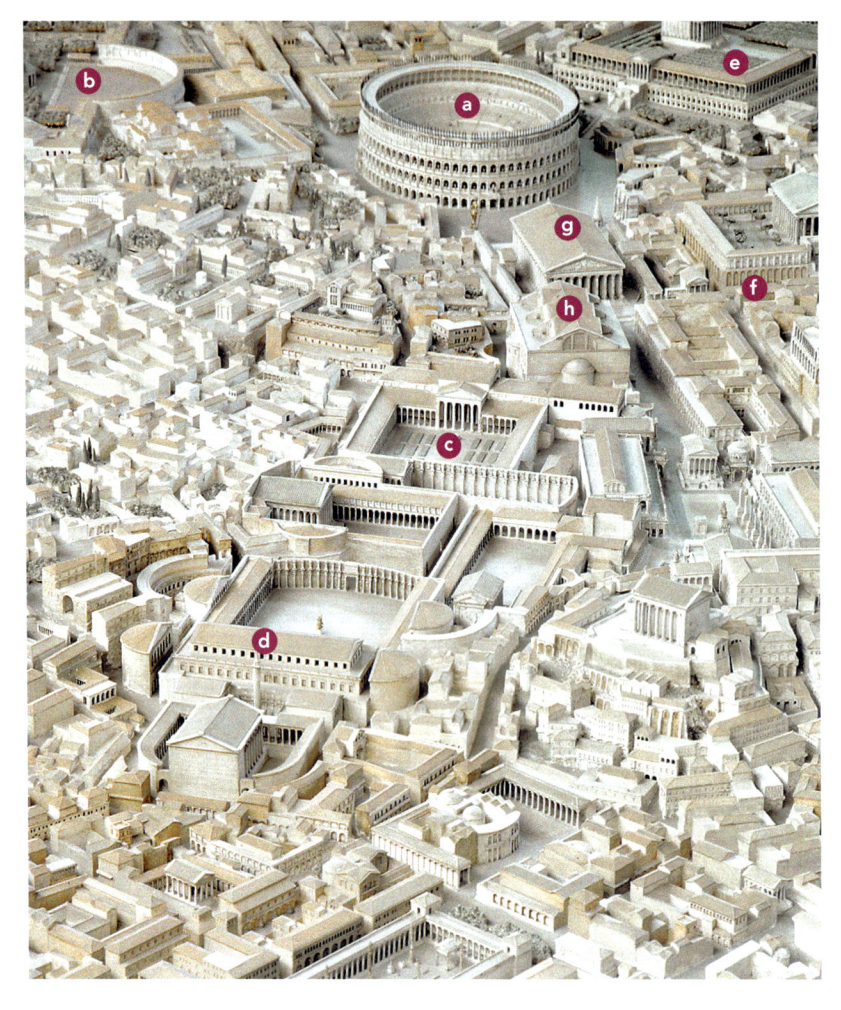

97 Rom zur Zeit Kaiser Konstantins (Modell), 306–337 n. Chr.; Rom, Museo della Civiltà Romana

a Kolosseum
b Thermen des Trajan
c Forum des Vespasian
d Forum des Trajan
e Tempel des Claudius
f Palast des Tiberius
g Venus-und-Roma-Tempel
h Konstantinsbasilika

Die Weltstadt Rom

Zur Zeit des Kaisers Marc Aurel war Rom eine Großstadt mit etwa 1 200 000 Einwohnern. Viele kilometerlange Wasserleitungen (= Aquädukte) brachten Trinkwasser aus Flüssen und Seen in die Stadt. Ein ausgeklügeltes Kanalsystem sorgte für die Beseitigung der Abwässer. An den Hafenanlagen gab es riesige Getreidespeicher, Brücken überquerten den Tiber. Die gewaltigen Versammlungs- und Marktplätze (= Foren) waren mit Tempeln, Säulenhallen, Markt- und Gerichtshallen (= Basiliken), Triumphbögen, Ehrenstatuen und Siegessäulen umgeben. Ein Verzeichnis aus der Zeit Kaiser Konstantins berichtet von 28 Bibliotheken, 11 Thermen (= große Bade- und Freizeithallen), fünf Zirkusanlagen (= Pferderennbahnen), sieben Foren, zehn Aquädukten, drei Theatern, einem Amphitheater (= für Gladiatorenkämpfe und Tierhetzen) und 856 Badehäusern. Die Kaiser und reiche Bürger gaben viel Geld für den Zeitvertreib des Volkes aus.

Der römische Geschichtsschreiber Ammianus Marcellinus berichtet: Nach seinem Einzug in Rom, der Heimstadt (dem Zentrum) des Reichs und der Tugenden, kam der Kaiser [Julian Apostata, er regierte 361–363 n. Chr. in Konstantinopel] zur Rednertribüne. Da setzte ihn das Forum (Romanum), das die ehemalige Macht so deutlich erkennen lässt, in Erstaunen. Nach welcher Seite er auch den Blick wandte, blendete ihn die Menge der Wunderdinge. […] Er meinte, alles, was er gerade sah, rage über alles andere heraus: […] die Bäder, so groß wie ganze Provinzen, der gewaltige Bau des Amphitheaters, […], das Pantheon, wie eine abgerundete Stadtgegend, gewölbt in hoher Schönheit, die hoch ragenden Säulen, […] die Standbilder früherer Kaiser tragen, der Tempel der Stadt, das Forum des Friedens, das Theater des Pompeius, das Odeon [Gebäude für Musik und Tanztheater], das Stadion sowie andere Zierden der Ewigen Stadt. Dann kam der Kaiser zum Trajansforum. […] Da blieb er wie vom Donner gerührt stehen, und seine Gedanken schweiften um die gigantischen Konstruktionen, die Worte nicht schildern können und die von Menschen nicht noch einmal erreicht werden können.

Anlegen der Toga   Tunika

Anlegen der Palla   Palla   Toga   Lacerna über Tunika   Paenula

98 Die Kleidung der Römer

Die Kleidung der Römer

Die Toga: Das Kleidungsstück des freien römischen Mannes war die Toga. Sie sollte bei allen offiziellen Anlässen getragen werden. Das halbkreisförmig geschnittene, weiße Wolltuch wurde in kunstvollen Falten über die Schultern und um den linken Arm gelegt. Die Toga der höchsten Beamten und Priester war mit einem breiten Purpurstreifen verziert. Trauernde trugen eine graue oder schwarze Toga. Da das Ankleiden der Toga aufwändig und das Tragen unbequem war, kam die Toga immer mehr aus der Mode.

Tunika und Palla: Im Alltag trugen die Römer und auch die Römerinnen die Tunika, ein schlichtes, aus zwei Teilen geschnittenes und zusammengenähtes weißes Woll- oder Leinenhemd, das um die Hüften gegürtet war. Beim Mann reichte die Tunika bis ans Knie, bei den Frauen bis an die Knöchel. Als Unterwäsche diente Männern wie Frauen der Lendenschurz. Vor allem Frauen trugen häufig zwei Tuniken übereinander, die untere als Leibwäsche, die obere als Oberbekleidung. Über der Tunika kleideten sich Frauen mit der Palla. Das rechteckig geschnittene, meist wollene Tuch wurde von der griechischen Mode übernommen. An Statuen ist das praktische Kleidungsstück selten zu sehen, weil es als „unrömisch" galt. Die Palla wurde in Gelb, Weiß, Schwarz und – je nach Vermögen – goldverziert getragen.

Paenula und Lacerna: Bei kaltem oder regnerischem Wetter zog man entweder die Paenula über, einen ponchoartigen, ärmellosen Mantel mit Kapuze aus dickem Wollstoff, oder die Lacerna, einen bis an die Knie reichenden Umhang, der an der Schulter mit einer Brosche geschlossen wurde.

Soldaten, Arbeiter und Sklaven trugen im Freien bei Kälte Strümpfe oder wickelten Wollbinden um die Beine. Die Füße waren mit Lederschuhen oder Sandalen bekleidet.

Arbeitsanregungen
1 Suche im Modell → 97 die genannten Gebäude auf.
2 Zeichne eine Gruppe von Römerinnen und Römern in ihrer Kleidung und gestalte sie farbig.

Webcode: KE1201906-063

Der Bronzeguss

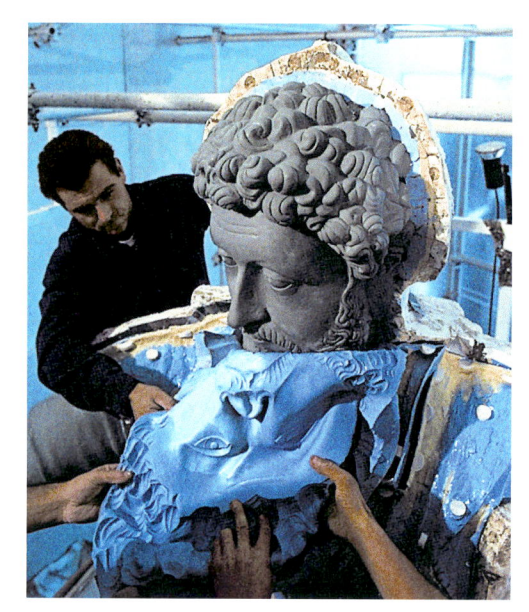

99 Die Haut aus Silikon und Kautschuk wird vorsichtig vom Modell gezogen

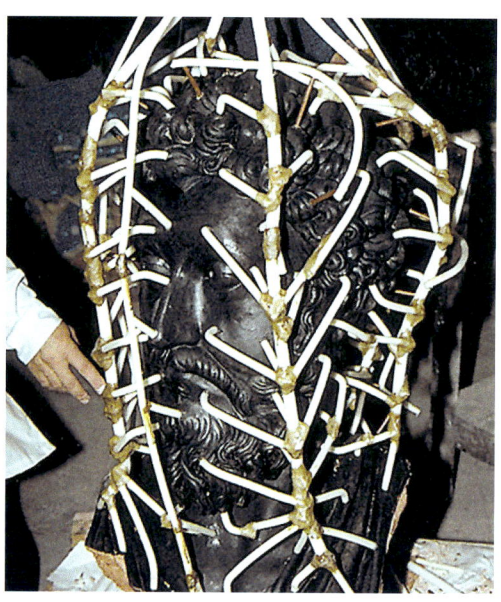

100 Wachsstangen werden angebracht: Sie bilden das Röhrensystem, durch das die Bronze fließen wird.

101 Der Tiegel mit der flüssigen Bronze wird an einer langen Stange zum Einfüllloch geführt.

102 Der gebrannte Lehm ist weitgehend vom Rohling entfernt worden.

Bronze ist eine Metalllegierung aus Kupfer und Zinn. Beim Reiterstandbild ist außerdem Blei beigemischt. Die Metalle müssen auf 1100–1200 Grad erhitzt werden, damit sie ausreichend dünnflüssig sind. Bronze zeichnet sich durch hohe Festigkeit und Elastizität aus. Zudem ist sie sehr witterungsbeständig.

Der Bronzehohlguss

Die meisten Bronzeplastiken werden als Hohlformen im Wachsausschmelzverfahren hergestellt. Bei großen Objekten wie dem Reiterstandbild werden einzelne Teilstücke angefertigt und anschließend miteinander verschweißt. Das Marc-Aurel-Denkmal besteht aus 31 Teilen. Den Vollguss wendet man nur bei kleinen Plastiken an, weil die Bronze beim Erkalten um 2% schrumpft und reißen kann. Außerdem spart man beim Hohlguss im Vergleich zum Vollguss sehr viel Material.

a in Plastilin modellierter Kopf 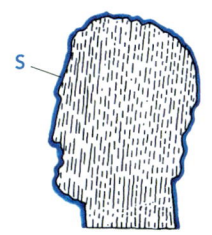   b Silikonkautschukhaut über dem Modellkopf 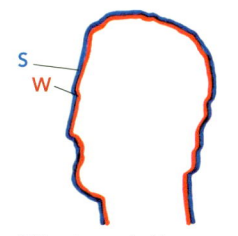   c Silikonkautschukhaut mit Wachsschicht 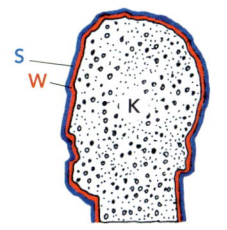   d Silikonkautschukhaut mit Wachsschicht und Kern

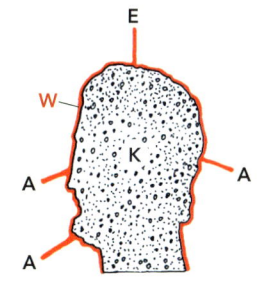

e Kern mit Wachsschicht (Silikonkautschukhaut ist entfernt) 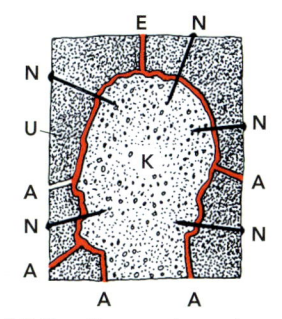   f äußere Ummantelung mit Röhrensystem und Nägeln über Wachsschicht und Kern   g Hohlraum zwischen Kern und Ummantelung nach Ausschmelzen    h gegossener Kopf

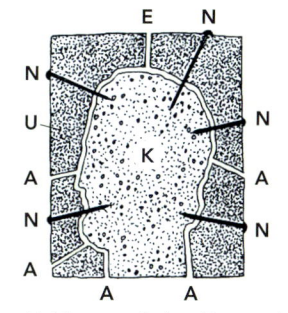

K = Kern, W = Wachs, U = Ummantelung, E = Einflusskanal, N = Nagel, A = Ausflusskanal, S = Silikonkautschuk

103   Schematische Darstellung des Bronzehohlgusses im Wachsausschmelzverfahren

Das Gussverfahren

Zur Herstellung der Denkmalkopie des Reiterstandbildes, die heute auf dem Kapitolsplatz steht, wurde die Skulptur im Maßstab 1:1 mit einer Knetmasse nachmodelliert. Die fertige Form unterteilte man in für den Guss geeignete Teilstücke (zum Beispiel Kopf, Bauch, Brust) →103 a. Diese Teilstücke wurden mit einer anderthalb Zentimeter dicken Schicht Silikonkautschuk (S) überzogen →103 b. Nach deren Aushärten konnte man sie vom Modell abziehen, ohne dass sie ihre Form verliert →99. Ihre Innenfläche wurde nun mit einer 5–8 mm starken Wachsschicht (W) bestrichen. Das entspricht der Stärke der späteren Bronzeschicht →103 c. In die Hohlform unter die Wachsschicht goss man einen Brei aus Lehm und Gips, den inneren Gusskern (K) →103 d. Nachdem sich der Kern erhärtet hatte, konnte man die Silikonkautschukform (S) von der Wachsschicht (W) abziehen und entfernen. Nun setzten die Fachleute an die Wachsfläche fingerdicke Wachsstangen an. Sie bildeten später das Röhrensystem zum Abfließen (A) des auszuschmelzenden flüssigen Wachses und zum Eingießen (E) des flüssigen Metalls →100, →103 e. Die Wachshaut mit den angesetzten Wachsstangen wurde sorgfältig mit einem Schamott-Lehm-Gemisch fest ummantelt (U). Die Ummantelung und den Kern fixierte man mit Bronzenägeln (N). Diese Nägel verhindern, dass der Kern beim Ausschmelzen der Wachshaut verrutscht →103 f. Der Block wurde nun im Ofen erhitzt, bis alles Wachs geschmolzen und ausgelaufen war →103 g. Anschließend ummantelte man ihn mit Eisenträgern und gehärtetem Eisendraht und vergrub ihn in der Erde, damit der Druck des flüssigen Metalls beim Guss den Block nicht sprengt. Nun wurde die Bronze in die Einfüllkanäle gegossen. Beim größten Teilstück, dem Rumpf des Kaisers, mussten acht Gießer 240 kg flüssiges Metall einfließen lassen. Entscheidend ist dabei, dass das flüssige Metall vor seinem Erstarren alle Hohlräume füllt und keine Luftblasen zurückbleiben. Für das Reiterdenkmal wurden insgesamt 2 600 kg Bronze verarbeitet. Nach dem Erkalten der Bronze entfernte man die Ummantelung (U) und den Kern (K) und sägte die in den Röhren erkalteten Bronzestäbe ab. Die einzelnen gereinigten Teilstücke versteifte man innen mit Eisenteilen und verschweißte sie anschließend miteinander. Schließlich wurde die rohe Oberfläche geglättet und poliert, damit sie den warmen, intensiven Farbton der Bronze erhielt →102, →103 h.

Arbeitsanregungen

1 Betrachte auf den Abbildungen →100 und →102 die Netze aus Wachs- und Bronzestäben und überlege, wie die Bronze geflossen ist.
2 Betrachte nacheinander die Abbildungen auf dieser Seite und beschreibe mit eigenen Worten die Entstehung einer Bronzeplastik.
3 Ordne die Fotos, die den Bronzeguss zeigen, der schematischen Darstellung des Gießverfahrens zu.

Ross und Reiter

104 *Jesus auf dem Palmesel*, um 1200; Tannenholz, Höhe 177 cm; Zürich, Landesmuseum

105 *Bamberger Reiter*, 1235–1237; Sandstein; Bamberg, Dom

106 Andrea del Verrocchio (1435–1488): *Reiterdenkmal des Bartolomeo Colleoni*, 1488; Bronze, Höhe 395 cm; Venedig, Campo SS. Giovanni e Paolo

107 Andreas Schlüter (um 1660–1714): *Reiterstandbild des Großen Kurfürsten*, 1698–1703; Bronze, Höhe (ohne Sockel) 290 cm; Berlin, Schloss Charlottenburg

108 Emil Hundrieser (1846–1911): *Kaiser-Wilhelm-Standbild*, 1897; Bronze, Höhe (ohne Sockel) 14 m; Koblenz, Deutsches Eck

109 Marino Marini (1901–1980): *Großer Reiter*, 1951–1953; polychromes Holz, Höhe 207 cm; Otterlo, Kröller-Müller-Museum

Die Tradition, Herrscher und besonders verdiente Männer mit Reiterstandbildern zu würdigen, reicht bis ins 6. vorchristliche Jahrhundert zurück. Schon die Griechen hatten die Technik des Bronzehohlgusses so weit entwickelt, dass sie lebensgroße Reiterstatuen gießen konnten. In der nachrömischen Zeit geriet die Bildhauerkunst und die Technik des Bronzegusses zunächst in Vergessenheit.

Jesus reitet auf dem Esel
Seit der Zeit der ottonischen Kaiser (um 1000) stellten Künstler Ereignisse aus dem Leben Jesu mit lebensgroßen Holzfiguren dar, die bei Prozessionen mitgeführt werden konnten. So entstanden auch zahlreiche geschnitzte Palmesel → 104. Sie zeigen, wie Jesus auf einer Eselin nach Jerusalem eingezogen ist. Am Palmsonntag, dem Sonntag vor Ostern, wurde die Jesusfigur auf dem Esel bei einer Prozession durch die Stadt gezogen, deshalb nennt man diese Figuren „Palmesel".

Der *Bamberger Reiter*: Kaiser Konstantin
Erst in der Zeit der Stauferkaiser (1138–1254) wurde das Thema des reitenden Herrschers wieder aufgegriffen. Um 1235 entstand der *Bamberger Reiter* → 105. Das Denkmal stellt wohl den römischen Kaiser Konstantin dar, der den staufischen Kaisern Vorbild war. Obwohl die Steinfigur vollplastisch geformt ist, war sie nicht als freistehende Plastik gedacht, sondern steht an der Innenwand des Bamberger Doms.

Reitende Heerführer
1447 schuf der Bildhauer Donatello (1386–1466) in Padua ein erstes überlebensgroßes Reiterstandbild aus Bronze, das auf einem freien Platz Aufstellung fand. Es sollte an den Feldherrn Gatamelata erinnern. Nur wenige Jahrzehnte später, 1488, gestaltete Andrea del Verrocchio (1435–1488) das bronzene Reiterbildnis des gerade verstorbenen venezianischen Feldherrn Colleoni → 106. Die fast 4 m hohe Reitergruppe steht auf einem doppelt so hohen Podest hoch über dem Boden des Platzes.

Das Herrscherdenkmal
Seit dem 16. Jahrhundert ließen sich die Fürsten und Könige Europas immer wieder in zahlreichen Reitermonumenten huldigen. 1696–1703 schuf der Bildhauer Andreas Schlüter (um 1660–1714) in Berlin im Auftrag des späteren preußischen Königs Friedrich I. das Reiterstandbild des Großen Kurfürsten Friedrich Wilhelm → 107. Den etwa 3 m hohen Sockel umgeben vier an Ketten gefesselte Sklaven. Das Standbild selbst ist etwa 4 m hoch.

Denkmale für Kaiser Wilhelm I.
Mit der Gründung des Zweiten Kaiserreichs 1871 in Deutschland und vor allem nach dem Tod Kaiser Wilhelms I. sollten Denkmale der Welt die nationale Einheit und die Stärke Deutschlands vorführen. Ein wahrer „Denkmalkult" brach aus: Innerhalb von knapp 25 Jahren wurden in Deutschland allein 57 Reiterstandbilder für Kaiser Wilhelm I. errichtet. Viele wurden nach dem Ende des Kaiserreichs wieder zerstört, während des Zweiten Weltkriegs eingeschmolzen oder durch Kriegshandlungen vernichtet. Das Kaiser-Wilhelm-Denkmal am Deutschen Eck in Koblenz ist als Einziges nach seiner Zerstörung wiederhergestellt worden → 108. Der Kaiser sitzt in seiner Feldherrnuniform auf dem schweren Schlachtross und wird von einem Friedensengel begleitet, der in seinen Händen die Reichskrone trägt. Das 14 m hohe Reiterstandbild erreicht zusammen mit Podest und Sockel eine Gesamthöhe von 37 m.

Ein Reiter von Marino Marini
Der italienische Bildhauer Marino Marini (1901–1980) schuf 1952 die Bronzeplastik eines Reiters → 109. Auch wenn sie keine Auftragsarbeit und nicht für die Aufstellung auf einem öffentlichen Platz gedacht war, wirkt sie wie ein Denkmal unserer Zeit. Marinis Reiterbildnis ist keine Heldendarstellung und keine heroische Würdigung einer bestimmten Person. Es charakterisiert die menschliche Tragödie des Zweiten Weltkriegs und ist auch für unsere Gegenwart aussagekräftig.

Arbeitsanregungen
1 Vergleiche das Standbild des Kaisers Marc Aurel mit dem *Bamberger Reiter* und dem Kaiser-Wilhelm-Standbild → 84, S. 55, → 105, → 108.

2 a Woran sieht man, dass Marinis Reiterbildnis → 109 kein Symbol der Macht ist? Vergleiche Marinis Reiterfigur mit dem Kaiser-Wilhelm-Denkmal → 108.
b Überlege, ob Marini mit seiner Reiterfigur auf die traditionellen Reiterstandbilder anspielt.

3 Vergleiche in den Darstellungen → 84, S. 55 und → 104 die Körperhaltungen von Marc Aurel und Jesus.

4 Baut in Gemeinschaftsarbeit mit Maschendraht, Zeitungspapier und Tapetenleim eine Reiterfigur. Bemalt sie und überzieht sie mit farblosem Lack. Stellt sie im Schulhof auf.

Denkmale

110 *Braunschweiger Löwe*, 1166; Bronze, Höhe 178 cm, Länge 279 cm, Braunschweig, Burgplatz

111 Ernst Rietschel (1804–1861): *Goethe-Schiller-Denkmal*, 1852–57; Bronze; Weimar

Denkmale sollen die Menschen an eine bestimmte Person, ein bestimmtes Geschehen oder eine bestimmte Tat erinnern. Um von möglichst vielen Menschen wahrgenommen zu werden, stehen sie an Orten, die häufig besucht werden: auf Plätzen, vor öffentlichen Gebäuden, in öffentlichen Anlagen. Vor der Französischen Revolution von 1789 waren Denkmale zumeist den Fürsten, Königen, Kaisern vorbehalten. Denkmale sollten dem Volk den Glanz und die Macht ihres Herrschers vor Augen führen.

Das Wappentier als Herrschersymbol

Im Jahre 1166 ließ Herzog Heinrich der Löwe auf dem Burgplatz in Braunschweig die überlebensgroße Bronzefigur eines kraftvollen Löwen aufstellen → 110. Der Löwe verdeutlichte seinen Anspruch auf Macht und Herrschaft.

Denkmale des Bürgertums

Im 19. Jahrhundert errichteten die Bürger Denkmale auch für bedeutende Männer der nationalen Geschichte, der Philosophie, Dichtung, Musik und Kunst. 1857 wurde vor dem Hoftheater in Weimar ein von Ernst Rietschel (1804–1861) gestaltetes Bronzedenkmal der beiden Dichter Johann Wolfgang von Goethe (1749–1832) und Friedrich Schiller (1759–1805) aufgestellt → 111. Der Aufstellungsort vor dem Nationaltheater hat Symbolcharakter: Hier waren viele ihrer Werke zuerst aufgeführt worden. Das Denkmal zeigt nicht nur die beiden großen Dichter vereint, sondern bringt auch die enge Freundschaft zum Ausdruck, die Goethe und Schiller seit 1794 miteinander verband. Die beiden Dichter sind naturgetreu mit individuellen Gesichtszügen und in zeitgenössischer Kleidung dargestellt. Gemeinsam halten sie den Lorbeerkranz, Zeichen ihres dichterischen Ruhmes.

Denkmale im Sozialismus und im Nationalsozialismus

Im 20. Jahrhundert wurden Denkmale auch zu Propagandazwecken eingesetzt: Diese Denkmale sollten nicht belehren und informieren, sondern agitieren und beeinflussen. Die 10 m hohe bronzene Figurengruppe eines Industriearbeiters und einer Bäuerin von Vera Muchina (1889–1953) → 112 bekrönte den Pavillon der Sowjetunion (heute Russland) auf der Weltausstellung 1937 in Paris, sollte also die Sowjetunion vor der Weltöffentlichkeit repräsentieren. Beide Figuren sind dargestellt als dynamisch ausschreitende junge Helden, deren Arbeitsgeräte sich zum Symbol „Hammer und Sichel" verbinden. Sie sollen die neue Weltordnung der noch jungen Sowjetunion veranschaulichen und stehen beispielhaft für die arbeitende Bevölkerung. Die arbeitende Klasse, Mann und Frau – das ist die Botschaft – garantieren ebenbürtig eine blühende Zukunft im Sozialismus.

112 Vera Muchina (1889–1953): *Industriearbeiter und Kolchosbäuerin*, 1935; Stahl, Höhe (ohne Sockel) 59 m; Moskau, Prospekt Mira

113 Frédéric-Auguste Bartholdi (1834–1904): *Freiheitsstatue*, 1886; Kupfer, Höhe (mit Sockel) 93 m; New York

Symbol der Freiheit

An der Hafeneinfahrt von New York empfängt den Schiffsreisenden die „Freiheitsstatue" →113: Die 46 m hohe, aus Kupfer getriebene Figur wurde von dem französischen Bildhauer Frédéric-Auguste Bartholdi (1834–1904) geschaffen. Sie steht weithin sichtbar auf einem 47 m hohen Granitsockel. Mit ihrer Rechten hält sie die Fackel der Freiheit empor. In ihrer Linken trägt sie die Unabhängigkeitserklärung der Vereinigten Staaten, unter ihren Füßen liegen die zerbrochenen Ketten der Sklaverei. Das Denkmal ist ein Geschenk des französischen Staates an die Vereinigten Staaten von Amerika und war 1885 aufgestellt worden. Heute ist es das Wahrzeichen von New York.

Arbeitsanregungen

1 **a** Beschreibe die Absicht der Bildhauerin, die das sowjetische Denkmal von 1937 schuf →112. Welche Gestaltungsmittel setzte sie ein?
b Stelle das Denkmal nach.
c Erläutere, wie es auf dich wirkt.
2 Heinrich der Löwe hat sein Wappentier auf den Sockel stellen lassen →110. Wie könnte ein Denkmal für dich selbst aussehen? Zeichne es. Beschrifte auch den Sockel.
3 Beschreibt die auf dem Denkmal von Rietschel →111 dargestellten Dichter. Sammelt Informationen über sie.
4 Sucht Denkmale in eurer Umgebung und dokumentiert sie zeichnerisch oder fotografisch. Tauscht eure Ergebnisse aus und erklärt euch gegenseitig, an wen oder woran die Denkmale erinnern sollen.
5 Fertige aus Ton das Modell eines Denkmals für einen Musik-, Film- oder Sportstar. Suche nach einer Form, die seine besonderen Leistungen deutlich macht.

Webcode: KE1201906-069

Plätze

114 Etienne Dupérac (um 1525–1601/1604): *Kapitolsplatz* nach dem Plan Michelangelos, 1569; Kupferstich, 37,5 × 54,8 cm; München, Graphische Sammlung

115 Der *Kapitolsplatz* in Rom mit dem Reiterstandbild Marc Aurels

Städtische Plätze sind Mittelpunkte des öffentlichen Lebens. Noch heute erinnern Namen wie „Getreidemarkt" oder „Rossmarkt" an ihre frühere Bestimmung. Während sich das Aussehen der meisten Plätze im Laufe der Geschichte erst allmählich entwickelt hat, wurden andere Plätze und deren beabsichtigte Wirkung systematisch geplant.

Der *Kapitolsplatz*

Der *Kapitolsplatz* in Rom →115 mit dem Reiterstandbild des Kaisers Marc Aurel →84, S. 55 gehört zu den schönsten Plätzen der Welt. Er liegt auf dem kapitolinischen Hügel, dem ehemaligen politischen Zentrum des Römischen Reiches. Man erreicht den Platz über eine breite und lange Freitreppe, die an ihrem oberen Ende von zwei antiken Skulpturengruppen aus Marmor begrenzt wird. Der Platz, in dessen Mitte auf einem Sockel das Reiterstandbild steht, wird von drei Bauwerken umschlossen. Die im Original ursprünglich vergoldete Bronzestatue ist für die Größe des Platzes eigentlich etwas zu klein. Doch wird die Wirkung des Reiters durch die Gestaltung des Bodens gesteigert: Ein großes, durch flache Stufen leicht erhöhtes Oval mit strahlenförmigem Ornament steigt in sanfter Wölbung zum Denkmalsockel an. Der Ort um den Reiter scheint dadurch dem Kaiser vorbehalten zu sein. Der Kaiser ist geometrischer und geistiger Mittelpunkt.

Michelangelo plant den Kapitolsplatz

1538 hatte Papst Paul III. das seit 700 Jahren vor dem alten Palast des Papstes stehende Reiterstandbild dem Senat von Rom geschenkt und seine Aufstellung vor dem Kapitol angeordnet. Michelangelo Buonarroti (1475–1564) erhielt den Auftrag zur Platzgestaltung. Er entwarf den Denkmalsockel, das Oval des Bodens und

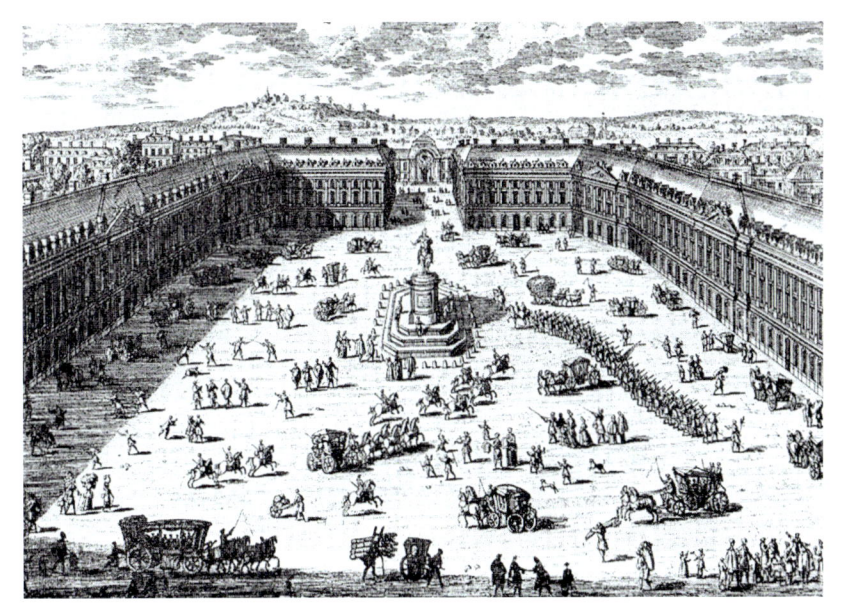

116 Jean Le Pautre (1618–1682): *Place Vendôme* nach dem Entwurf von Jules Hardouin-Mansart; Kupferstich

117 *Place Vendôme*, Fassaden

die Freitreppe zum Platz. Außerdem gestaltete er die Fassaden der Gebäude. Das heutige Erscheinungsbild des Platzes entspricht weitgehend der Planung Michelangelos, auch wenn die Bauarbeiten zu großen Teilen erst nach seinem Tod ausgeführt worden sind →114.

Die Place Vendôme
Auch die *Place Vendôme* in Paris ist ein auf dem Reißbrett konstruierter Platz. Der französische König Ludwig XIV. plante seine Stadt sehr bewusst zu seiner eigenen Verherrlichung. 1685 beauftragte er den Architekten Jules Hardouin-Mansart (1646–1708), einen Entwurf vorzulegen. In den Gebäuden sollten die königlichen Akademien, die Münze, die königliche Bibliothek und ein Hotel für ausländische Gesandte untergebracht werden. Doch der König geriet 1688 nach einem Krieg in Geldschwierigkeiten und verkaufte das Gelände an die Stadt. Zugleich machte er Auflagen für die Platzgestaltung: Im Zentrum des Platzes sollte ein Reiterstandbild des Königs aufgestellt werden. Die Fassaden der Häuser mussten nach dem Plan seines Architekten einheitlich erscheinen.

Die Fassadenfront
1701 hatte Hardouin-Mansart die durchgehende Fassadenfront der Bauten fertiggestellt. Die Häuser selbst wurden erst gebaut, als sich Käufer für die Grundstücke gefunden hatten.

Adelige und reiche Pariser Bürger errichteten dort ihre Wohnungen. Hinter der einheitlichen Fassade des Platzes konnten sie ihre individuellen Baupläne verwirklichen. Der Platz bildet ein großes Rechteck, dessen Ecken abgeschrägt sind →116. Zwei Straßen führen durch die Schmalseiten auf den Platz. Das höhere Hauptgeschoss („Etage Noble") der Gebäude ruht auf einem Sockelgeschoss mit →**Arkaden** für die Verkaufsräume. Darüber liegt ein zweites, niedrigeres Obergeschoss. →**Kolossalpilaster** verbinden die beiden Geschosse. →**Fenstergauben** über jeder Fensterachse lockern die lange Dachfront auf und schaffen zusätzlichen Wohnraum →117.

Das Denkmal als politische Aussage
Das Reiterstandbild des Königs wurde 1789 in der Französischen Revolution zerstört. 1810 ersetzte es Kaiser Napoleon durch eine 44 m hohe Säule mit Bronzereliefs, die vom Sieg in der Schlacht bei Austerlitz berichten. Auf der Säulenspitze ließ sich Napoleon mit einer Skulptur als antiken römischen Kaiser darstellen. Die Figur wurde 1814 nach Napoleons Niederlage eingeschmolzen. 1833 stellte man das Standbild Napoleons ein zweites Mal auf die Säule. Bei einem Aufstand 1870 stürzten die Bürger die Säule als →**Symbol** des Militarismus. Nach der Niederschlagung des Aufstandes wurde die Säule mit der Napoleonstatue erneut aufgerichtet. Der Platz wird heute nach dem Duc de Vendôme benannt, auf dessen Grundstück der König den Platz hatte errichten lassen.

Arbeitsanregungen
1 Vergleiche die beiden Platzkonzepte. Erkläre, welche Funktion das Denkmal jeweils im Verhältnis zum Platz hat.
2 Suche einen zentralen Platz in deiner Nähe. Skizziere und fotografiere ihn. Beschreibe die Wirkung, die der Platz auf dich hat.
3 Klebe eine Fotokopie des Reiterdenkmals auf ein Zeichenblatt und gestalte zeichnerisch einen neuen Platz.
4 Gestalte deinen Schulhof in einem Entwurf so um, dass er ein würdiger Platz mit einem Denkmal wird.

„Träumt sie oder zählt sie die Minuten?" – Edward Hopper: *New York Movie*

→ S. 78: amerikanische Kunst zur Zeit Hoppers

→ S. 86: Hopper und der Film

→ S. 88: amerikanische Kunst nach Hopper

→ S. 74: Entstehungsprozess von *New York Movie*

→ S. 84: die Welt als Theater, das Leben als Bühne

→ S. 82: Menschen im Café: Hoppers Vorbilder

→ S. 80: Licht und Schatten: Hoppers Vorläufer

→ S. 76: Hopper, ein Realist?

118 Edward Hopper: *New York Movie*: die Themen in diesem Kapitel

New York Movie

New York Movie → 155, S. 90 zeigt die Vorliebe des amerikanischen Malers Edward Hopper für die Welt des Theaters und des Kinos: „Wenn ich nicht in der Stimmung zum Malen bin, gehe ich eine Woche lang oder noch länger ins Kino", berichtete er einem Freund. Bei seiner Malerei ging Hopper wie ein Regisseur vor: Er setzte die Figuren wie auf einer Bühne in Szene, lenkte mit dem Licht gezielt die Aufmerksamkeit des Betrachters und verwendete Blickwinkel, die eher typisch für den Film seiner Zeit waren. Seine Bildthemen fand er im amerikanischen Alltag: Menschen im Büro, Menschen nachts an der Bar oder in Hotelzimmern. Seine Figuren scheinen oft einsam zu sein oder in Gedanken ganz weit weg. Hopper vermittelt in seinen Bildern das amerikanische Lebensgefühl seiner Zeit.

In *New York Movie* blickt man in das Innere eines Großstadtkinos während der Filmvorführung. Obwohl in dem gezeigten Kino zahlreiche Besucher versammelt sind, interessiert den Maler nicht die Menschenmenge – sie bleibt im Dunkeln des Kinosaals verborgen. Hopper konzentriert sich auf eine Person: auf die Platzanweiserin in Uniform, die in der Nähe des Aufgangs zu den Logenplätzen unter einer Lampe steht. Sie lehnt an der Wand ohne jeden Kontakt zu den Menschen in den Kinosesseln vor ihr. Sie ist in sich versunken und dem Geschehen um sie herum entrückt. Eine Atmosphäre der Stille umgibt sie, obwohl es im Saal sicherlich laut zugeht. „Träumt sie oder zählt sie die Minuten?", so titelte ein Zeitungsartikel zu Hoppers Gemälde (Dietmar Schings am 4. Mai 2002 in der *Süddeutschen Zeitung*).

In diesem Kapitel erfährst du viel über einen amerikanischen Maler, der wie die meisten von uns die Welt des Films sehr schätzte: Edward Hopper. So zeigt sein berühmtes Gemälde *New York Movie* eines der damals sogenannten „Lichtspielhäuser" während der Filmvorführung – aber ebenso die bedrückt wirkende Platzanweiserin am Rande. Du lernst Hoppers Lebensweg als Künstler kennen, auch die Einflüsse und Vorbilder, die ihm halfen, seine eigenen Vorstellungen zu entwickeln. Viele Beispiele machen seine Arbeitsweise deutlich, wie er etwa Beobachtungen zeichnerisch festhielt und für seine realistischen Bilder verwendete. Bildvergleiche und Texterläuterungen helfen dir, die Bedeutungen seiner Motive – wie Büros, Bühnen oder Bars – zu verstehen. Zum Schluss lernst du das Werk anderer amerikanischer Künstler kennen, die wie Hopper Film und Kino zum Thema ihrer Arbeiten machten: Während er sich noch für die einsame Unbekannte am Rande des Kinosaals interessiert hatte, fühlten sich Künstler der 1960er-Jahre eher vom Glamour der Filmindustrie Hollywoods und ihrer berühmten Leinwandstars angezogen.

119 Edward Hopper: *Selbstporträt*, 1925–30; Öl auf Leinwand, 63,6 x 51,7 cm; New York, Whitney Museum of American Art

120 Edgar Degas (1834–1917): *Selbstporträt*, 1857/58; Öl auf Papier, auf Leinwand aufgezogen, 26 x 19 cm; Williamstown (Mass.), Clark Art Institute

Der Künstler Edward Hopper

Edward Hopper war ein in sich gekehrter und schweigsamer Mensch und führte zusammen mit seiner Frau ein zurückgezogenes und unauffälliges Leben. Auch zu seinen Werken hat er sich nur sehr selten geäußert. Kennzeichnend ist seine stetige und – vor allem seit den 1920er-Jahren – von keinen großen stilistischen Veränderungen gekennzeichnete Arbeitsweise. Im Einzelnen zeigen sich folgende wichtige Stationen in seinem Leben als Maler:

- **1882** geboren in der Kleinstadt Nyack im Staat New York
- **1899–1900** Studium der Illustration an einer New Yorker Kunstschule für Werbung
- **1900–1906** Studium der Malerei an der New York School of Art
- **1906** Aufenthalt in Paris, Reisen nach England, Deutschland, Holland, Belgien; Hopper arbeitete als Werbezeichner und Illustrator
- **1908** zweite Europareise (Paris); Hopper lebte in New York, malte nur gelegentlich
- **1910** dritte Europareise; Hopper besuchte Frankreich und Spanien, malte vorzugsweise im Freien
- **1911** Verkauf des ersten Bildes
- **1920** erste Einzelausstellung; Hopper malte nun vorwiegend Architekturen, aber auch Szenen in Innenräumen
- **1925** Hopper gab seine Tätigkeit als Illustrator auf
- **1929** zunehmende Verkaufserfolge trotz Weltwirtschaftskrise
- **1933** erste Werkschau im Museum of Modern Art, New York
- **1934** Bau des Atelierhauses in South Truro (Massachusetts), dort Sommeraufenthalte
- **1950** Ehrendoktorwürde des Art Institute of Chicago und Mitglied der Gruppe Reality
- **1960** Alfred Hitchcock verwendet Hoppers Bild *House by the railroad* als Vorlage für das Haus eines Serienmörders in seinen Film *Psycho*
- **1967** Tod Edward Hoppers
- **1981** erste umfassende Ausstellung von Hoppers Werk in Deutschland

Arbeitsanregungen

1. „Träumt sie oder zählt sie die Minuten?" Betrachte das Bild *New York Movie* →155, S. 90. Versetze dich in die Platzanweiserin und schreibe auf, was sie denken könnte.
2. Gliedere den Lebenslauf von Edward Hopper in „Phasen einer Künstlerkarriere", finde passende Überschriften zu den jeweiligen Abschnitten und ordne ihnen entsprechende Werke aus diesem Kapitel zu.
3. Beschreibe das Selbstporträt Hoppers →119. Vergleiche die Stimmung seines Bildes mit der in dem Gemälde von Edgar Degas (1834–1917), an dessen Werken Hopper sich in Paris geschult hat →120.

Betrachtungen von fern und nah – Erinnerungen an ein Bild

121 Edward Hopper: Vorstudie zu *New York Movie*, 1939; Kreide auf Papier, 38,4 × 19,7 cm; New York, Whitney Museum of American Art

122 Edward Hopper: Vorstudie zu *New York Movie*, 1939; Kreide auf Papier, 38,4 × 19,7 cm; New York, Whitney Museum of American Art

Zu *New York Movie*, einem seiner berühmtesten Bilder, hat sich Edward Hopper kaum geäußert. Und doch ist dieses Werk immer wieder von anderen neu befragt und gedeutet worden. Ein amerikanischer Schriftsteller erinnert sich lebhaft an seine ersten Begegnungen mit dem Gemälde als Jugendlicher:

Leonard Michaels über *New York Movie*
Ich war sechzehn, im letzten Jahr der High School, als ich das Bild zum ersten Mal sah. Ich hatte wenig Geld und auch sonst keine Besitztümer, doch ins Museum konnte ich gehen. Wenn ich mit dem Gemälde allein war, hatte ich das Gefühl, von ihm Besitz zu ergreifen oder ergriffen zu werden. […] Für mich erzählte *Kino in New York* [= *New York Movie*] von dieser seltsamen Wechselwirkung, von einem Leben in Sehnsucht, ausgelöst durch das Kino. […]

In den 1940er- und 1950er-Jahren war Einsamkeit leichter zu haben als heute. Ich erinnere mich, mit *Kino in New York* allein zu sein, die Einsamkeit zu spüren, die dem Gemälde innewohnt. Hopper hat öffentliche Orte gemalt, Orte der Begegnung, doch es ist kaum jemand oder niemand zugegen. […]

Jedes Mal, wenn ich die Frau in *Kino in New York* betrachtete, in ihrer blauen Uniform und den eleganten, hochhackigen Schuhen, fiel mir auf, dass die Schuhe zu elegant sind für die Einlassertracht. Sie verraten Sehnsucht. Gegen Mitternacht, wenn die letzte Vorstellung zu Ende ist, zieht sie die Uniform aus.

123 Edward Hopper: Vorstudie zu *New York Movie*, 1939; Kreide auf Papier, 38,1 × 27,9 cm; New York, Whitney Museum of American Art

124 Edward Hopper: Vorstudie zu *New York Movie*, 1939; Kreide auf Papier, 38 × 28 cm; New York, Whitney Museum of American Art

Die Ehefrau des Künstlers, Josephine Hopper, war selbst Malerin. Sie hatte einen genauen Einblick in die Arbeitsweise ihres Mannes, auch bei seinen Vorstudien zu dem Ölbild *New York Movie*; bei einigen der Zeichnungen stand sie Modell für die Figur der Platzanweiserin. Am 1. Januar 1939 notierte sie in ihrem Tagebuch:

Jo Hopper über *New York Movie*
Edward [Hopper] ringt im Atelier mit einem dunklen Kinointerieur. Es ist ein so schwieriges Thema. Dunkel ist immer schwierig. Beim Arbeiten nicht vor Ort zu sein – & nicht einmal ein bestimmtes Kino zu nehmen – Teile von allem. Bisher scheint es mir noch nicht so dunkel. Ich nehme an, er wird alles platzieren & gestalten, ehe er es verdunkelt. Er wird schon alles da haben & wissen, wo was ist – so wie wir wissen, wo wir unsere Sachen im Dunkeln finden können. Ich halte lieber Abstand.

Arbeitsanregungen
1 Betrachte *New York Movie* → **155**, S. 90 einige Zeit und notiere Ideen und Fragen zu dem Bild in einem Ideenstern: An was musst du denken? Worüber möchtest du mehr erfahren? Gehe anschließend das Kapitel durch und finde heraus, ob die Themen auf den einzelnen Seiten dir zu deinen Stichworten weitere Informationen bieten können. Ergänze die Stichpunkte deines Ideensterns entsprechend.
2 Lies dir die beiden Texte auf dieser Seite gründlich durch. Schreibe auf, was du über das Bild und über dessen Entstehung erfährst.
3 Vergleiche *New York Movie* mit eigenen Eindrücken und Erinnerungen von und an Kinos. Erläutere, wie Hopper in *New York Movie* das Kino beschreibt. Achte dabei auf die Stimmung, die das Bild vermittelt.
4 Erläutere den Entstehungsprozess anhand von Hoppers Zeichnungen. Informiere dich dazu auch auf → S. 84.
5 Zeichne deinen Vordermann im Klassenraum von hinten, eventuell auch – möglichst unbemerkt – deinen Kunstlehrer.

Webcode: KE1201906-075

Wirklichkeit in der Malerei – Edward Hopper, ein Realist?

125 Edward Hopper: Vorstudie zu *Lighthouse Hill*, 1927; Kreide und Kohle auf Papier, 38,1 x 56 cm; New York, Whitney Museum of American Art

Die Gemälde
Edward Hopper war ein genauer Beobachter der Wirklichkeit. Seine Gemälde zeigen Ansichten und Szenen, die als typisch für Amerika gelten. Sie geben eine eindringliche Vorstellung von den Landschaften und Straßen, von den Restaurants und den Hotelzimmern. Manche dieser Bilder sind heute so bekannt und beliebt, dass sie unsere Vorstellung vom Leben in Amerika entscheidend mitgeprägt haben.

Die Studien
Hopper bereitete seine Werke sorgfältig vor. So malte er häufig → **Aquarelle** von Landschaften oder von Bauwerken direkt vor Ort. Diese konnte er später als Vorlage für Gemälde verwenden. In zahlreichen Studien klärte er auch die Details zu *New York Movie* → S. 74/75. Bei einigen Zeichnungen experimentierte er mit unterschiedlichen Ansichten des Motivs, auch mit verschiedenem Lichteinfall. Es existieren ungefähr 50 Vorzeichnungen, aus denen er schließlich das Gemälde entwickelte.

Die Motive
Viele Bilder Hoppers lassen sich zu seinem Leben in Beziehung setzen. Er war ständig auf der Suche nach neuen Motiven für seine Werke. Sie zeigen daher häufig Orte, an denen er gelebt hat oder zu denen er gereist ist. Hopper griff oft scheinbar unbedeutende Situationen, Eindrücke und Stimmungen auf und machte sie zum Thema seiner Bilder. Er beobachtete etwa Menschen in der Großstadt und verdeutlichte in seinen Bildern ihre Einsamkeit. So ist seine Kunst zugleich auch Ausdruck seiner persönlichen Einstellungen und Erfahrungen.

Der künstlerische Ansatz
Hopper wird häufig als Realist (von lateinisch: „realis" = „die Sache betreffend") bezeichnet (→ **Realismus**). Realisten streben nach Wirklichkeitstreue und Lebensnähe in ihrer Kunst. Sie beschränken ihre Darstellungen bewusst auf die sichtbare Welt, ohne diese künstlerisch nach einem Ideal zu formen. Der Maler Gustave Courbet (1819–1877) etwa forderte sogar, dass die „Malerei nur in der Wiedergabe der für den Künstler sicht- und tastbaren Dinge" bestehen dürfe.

Drei Zitate aus verschiedenen Zeiten machen deutlich, wie man Hoppers Auffassung von Kunst verstehen kann.

> Anfang und Ende aller künstlerischen Aktivität ist die Wiedergabe der Welt um mich durch die Welt in mir.
>
> Johann Wolfgang von Goethe, 1774

> Es ist sehr gut, abzumalen, was man sieht. Es ist sehr viel besser, zu malen, was man in seinem Gedächtnis zurückbehalten hat. […] Man reproduziert allein das, was zwingend ist, das heißt das Notwendige.
>
> Edgar Degas

> Die einzige Qualität, die in der Kunst von Dauer ist, ist eine persönliche Sicht der Welt.
>
> Edward Hopper, 1951

Arbeitsanregungen
1. **a** Informiere dich über den Begriff „Realismus" und notiere das Wesentliche.
   b Vergleicht in der Schule eure Ergebnisse und findet eine gemeinsame Erklärung für „Realismus".
2. Suche in diesem Buch ein Beispiel für ein Bild, das nicht zum Realismus gehört. Begründe deine Meinung durch einen Vergleich mit einem Werk von Edward Hopper.
3. Die Kunsthistorikerin Gail Levin hat die Motive Hoppers aufgesucht und sie in Fotos wie *Lighthouse Hill* nachträglich festgehalten → **127**. Vergleiche Hoppers Gemälde → **126** mit der Fotografie und beschreibe, wie der Maler den Leuchtturm sieht.

126 Edward Hopper: *Lighthouse Hill*, 1927; Öl auf Leinwand, 71,8 x 100,3 cm;
Dallas, Museum of Fine Arts

4 Vergleiche die Vorzeichnung zu *Lighthouse Hill* mit dem Gemälde → 125, → 126 und beschreibe den Entstehungsprozess.
5 Betrachte die Vorzeichnungen zu *New York Movie* → S. 74/75. Vergleiche die Vorzeichnungen mit dem Gemälde und beschreibe, welche Rolle das genaue Beobachten für Hopper spielt. Erkläre anschließend, wie Hopper seine Beobachtungen in seinen Bildern umsetzt.
6 Bringe die Zitate auf dieser Seite in Verbindung mit *New York Movie*: Welches trifft am ehesten zu?
7 Malt ein Motiv, zum Beispiel eine Landschaft, möglichst naturgetreu ab. Vergleicht eure Bilder und sprecht darüber, was ihr beim Vergleich eurer Bilder feststellt.

127 Gail Levin: *Lighthouse Hill*, 1997; Fotografie

Kleinstadt und Großstadt – amerikanische Kunst zur Zeit Edward Hoppers

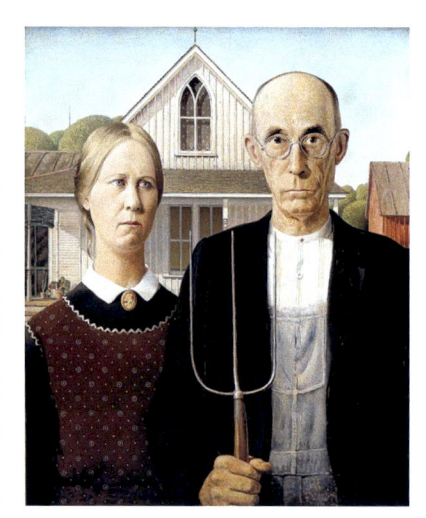

128 Walker Evans (1903–1975): *Bud Fields und seine Familie*, Alabama, 1936; Fotografie

129 Grant Wood (1892–1942): *American Gothic*, 1930; Öl auf Holz, 74,3 × 62,4 cm; Chicago, The Art Institute

Bilder vom Land

In den Vereinigten Staaten gab es immer schon große Gegensätze zwischen den Kleinstädten auf dem Land und den gigantischen Großstädten wie New York. Die Landflucht der 1920er-Jahre und der große Börsenkrach von 1929 verschärften zu Hoppers Zeit diese Unterschiede noch. Ganze Landstriche lagen nun brach, viele Farmer verarmten. Die amerikanische Regierung beauftragte Fotografen wie Walker Evans (1903–1975) mit der Dokumentation der teilweise elenden Zustände. Evans Bilder zählen zur dokumentarischen Fotografie, die mithilfe der Kamera soziale Verhältnisse festhalten und offenlegen will. Noch heute lässt sich beobachten, wie erst die Veröffentlichung solcher Bilder in den Medien Probleme bewusst macht und Anteilnahme auslöst. So können Fotos dazu beitragen, Verbesserung gesellschaftlicher Missstände in Gang zu setzen. Tatsächlich führten Aufnahmen wie die des Baumwollfarmpächters Bud Fields und seiner Familie →128 dazu, dass der amerikanische Senat finanzielle Hilfsmaßnahmen zugunsten der betroffenen Landbevölkerung beschloss.

Grant Wood (1892–1942) zeigt eine andere Seite des Lebens auf dem Lande. Er verstand sein Bild *American Gothic* →129 als Porträt typischer Menschen aus den Kleinstädten von Iowa, wo er aufwuchs. Das Haus im Hintergrund des Gemäldes ist im damaligen neugotischen Holzhausstil errichtet, der sich an mittelalterlichen Vorbildern orientierte. Modell standen Wood seine Schwester und der Zahnarzt einer Nachbargemeinde.

Bilder von der Stadt

Die Vereinigten Staaten von Amerika galten vielen (und gelten noch heute) als „Land der unbegrenzten Möglichkeiten". Zu ihren markantesten Symbolen zählen die riesigen Wolkenkratzer, besonders die der Skyline von New York.

Der amerikanische Künstler Andreas Feininger (1906–1999) fotografierte 1947 den Stadtteil Manhattan vom Wasser aus: So sahen Einwanderer, die in dieser Zeit zahlreich mit dem Schiff ankamen, New York zum ersten Mal →130. Viele Europäer wanderten mit großen Hoffnungen nach Amerika aus und erhielten mit dieser Ansicht einen ersten überwältigenden Eindruck von ihrem Ziel.

Auch die Malerin Georgia O'Keefe (1887–1986) zeigt in mehreren Bildern New Yorker Stadtansichten →131. Sie wählte dazu in *Shelton Hotel* den Blick aus ihrem Appartement im 30. Stockwerk. Damit war sie eine der ersten, die das damals noch typisch amerikanische Motiv des Wolkenkratzers für die Kunst aufgriff.

130 Andreas Feininger (1906–1999): *Midtown Manhattan*, 1947; Fotografie, Gelatinesilber, 26 x 37 cm; Köln, Museum Ludwig

131 Georgia O'Keefe (1887–1986): *Shelton Hotel, New York, No. 1*, 1926; Öl auf Leinwand, 81,5 x 49 cm; Minneapolis, Regis Corporation

Zu dieser Zeit waren die meisten amerikanischen Maler noch stark von den künstlerischen Entwicklungen in Europa beeinflusst. Erst nach dem siegreich beendeten Ersten Weltkrieg und einem gestärkten nationalen Selbstbewusstsein entwickelte sich in den USA eine eigenständige Strömung, der → **Präzisionismus**. Er zeigt zumeist menschenleere Ansichten von Hochhäusern oder Maschinen mit Hilfe einer kühlen und scharf umreißenden Darstellungsweise.

Trotz mancher künstlerischen Verwandtschaft mit diesem Stil verfolgte Hopper seinen eigenen Weg, von dem er sich auch durch neue künstlerische Entwicklungen nicht abbringen ließ – wie etwa die ungegenständliche abstrakte Malerei nach dem Zweiten Weltkrieg. Gleichwohl empfindet man noch heute sein Schaffen als modern und sieht in seinen Werken Sinnbilder des amerikanischen Lebens.

Der Kunsthistoriker Wieland Schmied über Hoppers Stil:
Hoppers Arbeit an seinem Stil […] lässt sich mit der jener amerikanischen Schriftsteller seiner Epoche vergleichen, die sich – wie Ernest Hemingway – systematisch darum bemühten, glanzvolle Sätze aus ihren Texten zugunsten des exakten Ausdrucks zu tilgen, die sich darum bemühten, kurze Sätze zu formulieren und möglichst alle Adjektive zu vermeiden […]. Aussparen, Weglassen, Verknappen, das war ihre oberste Devise, gerade weil es sie drängte, so viel zu sagen. Auf ähnliche Weise ist Hopper zu seinen Bildern gekommen.

Arbeitsanregungen

1 Versetze in Gedanken die Leute aus den Porträts auf dieser Seite in die beiden Stadtdarstellungen. Schreibe einen Dialog, in dem sich die Personen über ihre jeweiligen Eindrücke unterhalten.

2 Betrachte die Platzanweiserin in *New York Movie* → **155**, S. 90 und notiere ihre möglichen Gedanken.

3 Vergleiche jeweils Foto und Gemälde auf dieser Seite. Beschreibe, was die Fotografie im Unterschied zum Gemälde zeigen kann und was das Gemälde im Unterschied zur Fotografie ausdrücken und vermitteln kann.

4 Nehmt als Gruppenarbeit ein Foto auf, das eine ähnliche Stimmung vermittelt wie *New York Movie* → **155**, S. 90: Einsamkeit, Verlorenheit oder Ähnliches. Inszeniert und fotografiert es an einem Ort eurer Wahl. Legt eure künstlerischen Absichten und Überlegungen dazu schriftlich dar.

Licht und Schatten –
New York Movie und die historischen Vorläufer

132 Georges de la Tour (1593–1652): *Die büßende Maria Magdalena*, um 1640; Öl auf Leinwand, 113 × 92,7 cm; Paris, Musée du Louvre

133 Johann Heinrich Wilhelm Tischbein (1751–1829): *Der lange Schatten*, um 1805; Aquarell über Federzeichnung, 36,7 × 23,4 cm; Oldenburg, Landesmuseum

Die Frau im Licht
In Hoppers Bild *New York Movie* →155, S. 90 spielt die Lichtführung eine wichtige Rolle: Eigentlich steht sie abseits, die Platzanweiserin rechts im Bild. Doch die Lampe unmittelbar über ihr beleuchtet sie von hinten und schafft einen eigenen Raum innerhalb des dunklen Kinosaals. Hopper rückt durch diese Lichtregie die in sich gekehrte Platzanweiserin ins Zentrum unserer Aufmerksamkeit.

Vorläufer Hoppers
Das Motiv der in Gedanken versunkenen Frau mit ihrem aufgestützten Kopf oder die besondere Lichtführung haben auch andere Künstler vor Hopper ähnlich dargestellt. Vielleicht kannte Hopper vergleichbare Bilder sogar – er ist oft in Europa gewesen und interessierte sich sehr für die französische Kunst des vergangenen Jahrhunderts.

Georges de la Tour
Bereits Georges de la Tour (1593–1652) malte eine verwandte Szene: Maria Magdalena →132, die sich von den Menschen zurückgezogen hatte und einsam als Büßerin lebte. Der Künstler zeigt sie, wie sie über die Vergänglichkeit des Menschen und den Sinn des Lebens nachdenkt. Sie ist der Schwermut, der Melancholie, verfallen und hat unwillkürlich den ihr schwer gewordenen Kopf in die Linke gestützt. Das Bild ist geprägt durch eine spannungsreiche Hell-Dunkel-Malerei, die um 1600 in Italien entstand. Geschickt setzt der Künstler die Kerze als einzige Lichtquelle ein. Auf diese Weise konzentriert er die Aufmerksamkeit des Betrachters auf das beleuchtete Gesicht der Frau und die wenigen, aber aussagekräftigen Dinge vor ihr.

Johann Heinrich Wilhelm Tischbein
In *Der lange Schatten* →133 von Johann Heinrich Wilhelm Tischbein (1751–1829) steht ein Mann nachdenklich vor einem Kamin, in dem ein helles Feuer brennt. Der Schlagschatten des Mannes auf Boden und Wand bewirkt die besondere Atmosphäre des Raumes. Auf diese Weise verdeutlicht der Maler die innere Stimmung des Mannes: Das Licht galt dem Maler als die Kraft, die die Farben in der

134 Georg Friedrich Kersting (1785–1847): *Junge Frau beim Schein einer Lampe nähend*, 1825; Öl auf Leinwand, 40,3 x 34,2 cm; München, Neue Pinakothek

135 Jean-Auguste-Dominique Ingres (1780–1860): *Porträt Louise d'Haussonville*, 1845; Öl auf Leinwand, 136 x 92 cm; New York, The Frick Collection

Natur und die Ideen im menschlichen Geist erweckt. Der eigene Schatten jedoch sei der ernste Begleiter dieses Lichts. Er leite den Menschen zur Selbsterkenntnis und nähme deshalb Trübnis und Trauer von der Seele.

Georg Friedrich Kersting

Als → **Interieur**, als Innenraumbild, gestaltete Georg Friedrich Kersting (1785–1847) sein Werk *Junge Frau, beim Schein einer Lampe nähend* → **134**. Man sieht in ein bürgerliches Wohnzimmer der → **Biedermeier**-Zeit, als man vor allem das beschauliche Leben im Privaten schätzte. Die Licht- und Schattenspiele an der Wand gleichen denen auf Hoppers Bild und umgrenzen den Raum, der der Frau im Gemälde zugewiesen ist.

Jean-Auguste-Dominique Ingres

Der französische Maler Jean-Auguste-Dominique Ingres (1780–1860) wählte in seinem Porträt *Louise d' Haussonville* → **135** eine Hand- und Kopfstellung, die der auf Hoppers Bild vergleichbar ist. Ingres lenkt den Blick des Betrachters auf das Gesicht der vornehmen jungen Frau: Der aufgestützte Arm und die Finger der Hand weisen förmlich darauf hin.

Arbeitsanregungen

1. Verdeutliche in einer Tabelle Gemeinsamkeiten und Unterschiede zwischen den Bildern auf dieser Seite und Hoppers *New York Movie* → **155**, S. 90 (Stichworte: Art und Ort der Lichtquelle, Lichteinfall und Schattenverteilung, Verhältnis von Körper- und Schlagschatten, Wirkung der Lichtregie und der Schattenzonen …).
2. Erfinde eine Geschichte zu einem der vier Bilder. Was ist zuvor passiert? Was wird geschehen?
3. Experimentiert mit einer Lampe, die das Gesicht unterschiedlich beleuchtet. Haltet die verschiedenen Wirkungen in Fotos fest und beschreibt sie.
4. Zeichne mit dem Bleistift Stillleben einfacher Gegenstände (zum Beispiel Obst und Gemüse oder Tassen). Schattiere dabei sorgfältig die allmählichen Übergänge vom Licht zu den dunkelsten Stellen.

Menschen im Café – Hopper und seine Vorbilder

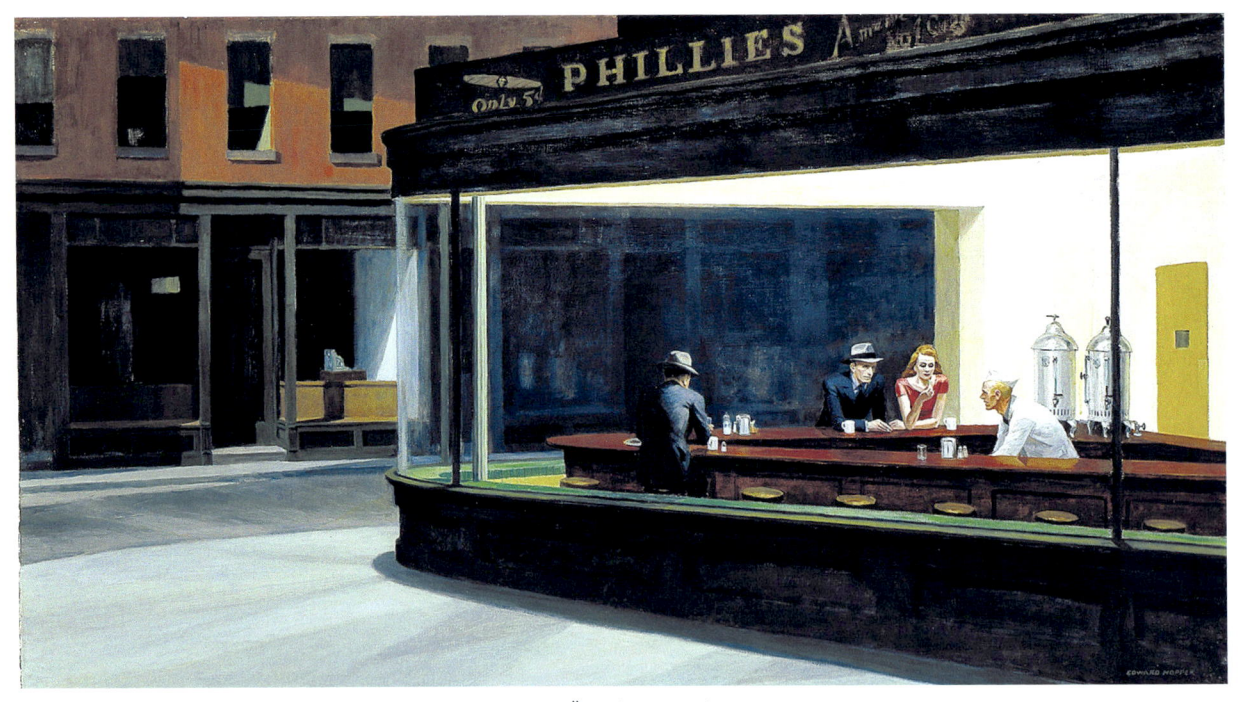

136 Edward Hopper: *Nighthawks (Nachtschwärmer)*, 1942; Öl auf Leinwand, 76,2 × 144 cm; Chicago, The Art Institute

Das Schweigen der Hopper-Figuren
Hoppers Bilder zeigen Momente, in denen das tägliche hektische Treiben unvermittelt von den Menschen abgefallen ist. Plötzlich sind sie mit sich und ihrer Einsamkeit allein. So versteht ein Kunsthistoriker Hoppers Gemälde als bildhaften Ausdruck des Schweigens und der Distanz: „Der Mensch ist […] in einer stummen Innerlichkeit verloren, hat nur noch die Dinge um sich und merkt nicht, dass er ihnen gleich geworden ist, reduziert auf eine Funktion." (Heinz Liesbrock, 1988)

Der Schauplatz: nächtliche Bars und Cafés
Immer wieder hat Hopper Szenen aus Restaurants oder Lokalen aufgegriffen. Dazu studierte er auf seinen Zeichnungen sogar die dort eingesetzten Kaffeemaschinen. Wenn er die Kellner oder die Gäste darstellte, wusste er, dass der Betrachter seiner Bilder auch die Gefühle und die zwischenmenschlichen Beziehungen ablesen wollte. Hopper jedoch verlieh den Gesichtern bewusst keinen eindeutigen Ausdruck. Da die Personen ihre Gefühle nicht offen zeigen, ist der Betrachter gefordert, diese aus der Situation und der Stimmung heraus zu erfassen.

Nighthawks
So zeigt Hopper im Gemälde *Automat* →139 eine junge Frau, die in einem grell beleuchteten Café zu nachtschlafender Zeit allein vor einer Tasse Kaffee sitzt. Sie scheint in privaten Gedanken verloren – was sie aber denkt, bleibt der Einbildungskraft des Betrachters überlassen.

Einsam hocken auch die Menschen in *Nighthawks* →136 in der Nachtbar – obwohl sie nicht allein sind.

Vorbilder
Dem Bild von Edgar Degas (1834–1917) gab der Absinth seinen Namen →137. Dieses damals recht preiswerte alkoholische Getränk kann bei übermäßigem Genuss besonders schwere Schäden verursachen. Hopper war begeistert von Degas, einem Maler des →**Impressionismus**, und bekannte 1962: „Ich glaube, ich bin noch immer Impressionist."

Sonja →138 von Christian Schad (1894–1982) repräsentiert einen neuen Frauentyp, der erst in den 1920er-Jahren aufkam: die berufstätige und selbstbewusste Frau, die in der Öffentlichkeit schick und unabhängig auftrat. Schad traf diese Damen in den Berliner Nachtclubs und porträtierte in ihnen ähnlich wie Hopper ein modernes Lebensgefühl.

137 Edgar Degas (1834–1917): *Der Absinth*, 1875/76; Öl auf Leinwand, 82 × 68 cm; Paris, Musée d'Orsay

138 Christian Schad (1894–1982): *Sonja*, 1928; Öl auf Leinwand, 90 × 60 cm; Privatbesitz

139 Edward Hopper: *Automat*, 1927; Öl auf Leinwand, 71,4 × 91,4 cm; Des Moines (Iowa), Art Center

Arbeitsanregungen

1. **a** Sammle zu jedem der Bilder passende Adjektive und Substantive. Entwickle mit deren Hilfe ein kurzes Gedicht zu jedem Bild.
   b Trage dein Gedicht der Klasse vor. Vergleicht eure Werke miteinander.
2. Untersuche die verschiedenen Malweisen von Degas, Schad und Hopper. Beschreibe die Besonderheiten jedes Malers.
3. Belege am Bild, wieso *Nighthawks* →136 als Sinnbild „des Schweigens und der Distanz" gedeutet werden kann.
4. Porträtiere deinen Tischnachbarn als „Schüler in der Klasse".

Webcode: KE1201906-083

Kino und Schauspiel – die Welt als Theater, das Leben als Bühne

Der Raum in *New York Movie*
Edward Hopper besuchte häufig die Kinos seiner Stadt, aber auch die Theater und die Oper. Er war fasziniert von der erfundenen Welt auf der Bühne oder auf der Kinoleinwand. In *New York Movie* → 155, S. 90 läuft ein Film in Schwarz-Weiß. Farbfilme kamen erst in den 1940er-Jahren in die Kinos.

Bei der Arbeit an *New York Movie* fertigte Hopper auch Skizzen im „Palace Theatre", einem beliebten Kino → 140. Insgesamt gibt es ungefähr 50 Zeichnungen, die als Vorstudien zu diesem Bild dienten. Für die Figur der Platzanweiserin posierte – wie auch sonst oft in seinen Bildern – seine Ehefrau Josephine. Aus ihren Aufzeichnung wissen wir, dass einzelne Vorstudien im Flur ihrer Wohnung entstanden, der eine ähnliche Raumsituation bot wie der entsprechende Ausschnitt in *New York Movie* → S. 75.

Die links stark in die Tiefe fluchtende Perspektive des Gemäldes → 155, S. 90 lenkt den Blick weit in den Zuschauerraum des Kinos hinein. Rechts hingegen wird die Sicht des Betrachters bereits im Vordergrund durch den Treppenaufgang abgeblockt. Beide Bezirke stehen fast unvermittelt nebeneinander. So drückt der zweigeteilte Raum die Spannungen aus, die zwischen der linken und der rechten Hälfte des Bildes bestehen.

Hopper und das Leben vor und auf der Bühne
Edward Hopper hatte ein besonderes Interesse an den stillen Momenten, die normalerweise kaum oder gar nicht wahrgenommen werden. In *New York Movie* ist es die Selbstvergessenheit der Platzanweiserin, in *Parkett, 2. Reihe rechts* → 141 ist es die besondere Atmosphäre vor der Aufführung im noch fast leeren Theater. Der Standpunkt des Betrachters befindet sich hinten in dem leicht ansteigenden Parkett. Von dieser Distanz aus blickt er auf die wenigen Zuschauer und beobachtet unbemerkt das Geschehen vor ihm. Ein solcher Abstand zu seinen Motiven, besonders zu den Figuren auf den Gemälden, ist typisch für Hopper.

140 Weegee (eigentlich: Arthur Fellig, 1866–1968): *Palace Theatre*, 1945; Fotografie

141 Edward Hopper: *Parkett, 2. Reihe rechts*, 1927; Öl auf Leinwand, 102,2 × 122,5 cm; Toledo (Ohio), Museum of Art

In *Zwei Komödianten* →142 stellt Hopper sich und seine Ehefrau, eine ehemalige Schauspielerin und Malerin, in starker Untersicht auf der Bühne dar. Er wählt den Moment, kurz bevor sie sich zum Abschied vor dem Publikum verneigen. Sie zeigen sich als Komödianten in den traditionellen Kostümen von Pierrot und Pierrette, Figuren der Commedia dell'Arte, des italienischen Stegreiftheaters. *Zwei Komödianten* ist eines der letzten Bilder Hoppers vor seinem Tod, vielleicht der Abschiedsgruß des Malers von seiner Bühne.

Arbeitsanregungen

1 Beschreibe, was die linke Bildhälfte von *New York Movie* →155, S. 90 zeigt. Beschreibe anschließend die rechte Bildhälfte.
2 Ermittle in einer perspektivischen Zeichnung die Fluchtlinien und den möglichen Fluchtpunkt von *New York Movie* →155, S. 90 (siehe dazu auch →S. 30/31).
3 Informiere dich über die Figuren der italienischen Commedia dell'Arte (zum Beispiel in *Kunst entdecken, Bd. 1*). Suche nach Vorbildern zu Hoppers Bild *Zwei Komödianten* →142 und berichte darüber.
4 Kunsthistoriker sehen in Hoppers Werken Einflüsse aus dem Theater (zum Beispiel Posen und Gesten, Bühnenbild …) und von Kinofilmen (Bildformat und -ausschnitt, Blickwinkel …). Überprüfe diesen Zusammenhang an Bildern Hoppers in diesem Kapitel und begründe deine Feststellungen.
5 Der Künstler Max Beckmann (1884–1950) sah in der Welt ein Theater, die Menschen spielten seiner Meinung nach ihre Rolle auf der Bühne des Lebens →143. Vergleiche Beckmanns Bild von der Bühne des Lebens mit Hoppers Bühnendarstellung →142. Überlege, welche Bedeutung die Bühne in Hoppers Bild hat.

142 **Edward Hopper: *Zwei Komödianten***, 1965; Öl auf Leinwand, 73,7 x 101,6 cm; Privatbesitz

143 **Max Beckmann (1884–1950): *Der Vorhang hebt sich***, 1923; Kaltnadelradierung, 29,9 x 21,7 cm; Frankfurt/Main, Städelsches Kunstinstitut, Graphische Sammlung

Hopper und der amerikanische Film

144 Alfred Hitchcock (1899–1980): *Der Fall Paradine* (Filmstill), 1947 (mit Gregory Peck und Alida Valli)

145 Alfred Hitchcock: *Verdacht* (Filmstill), 1941 (mit Joan Fontaine und Gary Grant)

146 Edward Hopper: Karteikarte mit Skizze und Angaben zu *Office at Night*, Sammlung Lloyd Goodrich

147 Edward Hopper: *Office at Night*, 1940; Öl auf Leinwand, 56,2 × 63,5 cm; Minneapolis, Walker Art Center

148 Edward Hopper: *House by the Railroad*, 1925; Öl auf Leinwand, 61 x 73,7 cm; New York, Museum of Modern Art

149 Alfred Hitchcock: *Psycho* (Filmstill), 1960 (mit Anthony Perkins)

Hollywood

Seit den 1930er-Jahren beherrschen amerikanische Filme die Kinoleinwände, wobei die Zeit von 1932 bis 1946 als Hollywoods glanzvollste Ära gilt. In dieser Zeit entstand auch Hoppers Gemälde *New York Movie* →155, S. 90. Der Film hatte sich von einer Rummelplatzattraktion zu einer mächtigen Industrie entwickelt (noch gab es das Fernsehen nicht). Kinos wurden zu großen Filmpalästen ausgebaut, wie auch in Hoppers *New York Movie*. Seine Platzanweiserin steht vor dem Aufgang zu den teuren Logenplätzen. Um 1930 wurde der Tonfilm eingeführt; zu sehen waren Schwarz-Weiß-Filme, die zum Teil einen realistischen, harten Stil zeigten.

Von Alfred Hitchcock bis Marx Brothers – Filme in den 1940er-Jahren

Berühmte Meisterwerke der 1940er-Jahre sind die spannungsgeladenen Filme von Alfred Hitchcock (1899–1980), heitere Musicalfilme mit dem Tanzpaar Ginger Rogers und Fred Astaire und Komödien voller Wortwitz, etwa mit den Marx Brothers. Neben Horrorfilmen und Western gab es auch das heute noch berühmte Liebesdrama *Vom Winde verweht* (1939).

Hopper und die Kinofilme

Edward Hopper, ein häufiger Kinobesucher, zog realistische Szenen allzu fantastischen Werken vor. Inwieweit er direkte Anregungen aus Filmen für seine Gemälde bezog, ist nicht bekannt. Viele seiner Bilder erinnern jedoch an Szenen aus Hollywood-Filmen →144, →145. Vergleichbar sind bei Hopper die Figuren in Szene gesetzt, vergleichbar ist auch Gestaltung und Beleuchtung der Räume in Hoppers Bildern.

Auf Karteikarten notierte er Einzelheiten seiner Bilder, so auch bei *Office at Night* →146, →147. In Skizzen hatte Hopper zuvor probiert, wie er die beiden Personen im Innenraum zueinander platzieren sollte. Das Ergebnis im Ölbild lässt eine Spannung zwischen der attraktiven Frau und dem jungen Mann erahnen, der sie zu ignorieren scheint.

Umgekehrt haben Hoppers Gemälde auch die Filmemacher fasziniert: Alfred Hitchcock verwendet Hoppers Bild *House by the Railroad* als Vorlage für das Haus eines Serienmörders in seinen Film *Psycho* →148, →149.

Arbeitsanregungen

1 Charakterisiere das Verhältnis zwischen Mann und Frau in den jeweiligen Abbildungen.

2 Beschreibe die Rolle des Lichts für die verschiedenen Szenen.

3 Vergleiche Hoppers Gemälde *Office at Night* →147 mit den beiden Szenen aus Hitchcock-Filmen →144 und →145. Erkläre, worin die Ähnlichkeiten zwischen Hoppers Bild und den typischen Hollywoodszenen bestehen. Überprüfe die Aussage, Hoppers Bilder seien von Filmen beeinflusst worden.

4 Übertrage das schwarz-weiße Filmbild aus dem Hintergrund von *New York Movie* →155, S. 90 in Bleistift auf die rechte Hälfte deines Zeichenblocks. Ergänze es zu einer Filmszene.

5 Die Jungen entwerfen in einer Reihe von Skizzen eine kurze Filmszene: „Einem Mann begegnet an der Haustür eine Frau, die er attraktiv findet." Die Mädchen zeichnen eine Folge zu dem Thema: „Einer Frau begegnet an der Haustür ein Mann, den sie attraktiv findet."

„Hollywood" – Hoppers künstlerische Erben

150 Richard Estes (*1936): *Victory Theatre*, 1968; Öl auf Holz, 82,6 × 61 cm; Boston, Privatbesitz

151 Edward Ruscha (*1937): *Großes Markenzeichen mit acht Scheinwerfern*, 1962; Öl auf Leinwand, 170 × 339 cm; New York, Whitney Museum of American Art

Edward Hopper hat in ganz charakteristischer Weise das amerikanische Lebensgefühl zum Thema seiner Bilder gemacht. Er hat damit zahlreiche jüngere Künstler, besonders in den USA, beeinflusst und der gegenständlichen Kunst zu neuem Glanz verholfen.

Richard Estes und die Fotorealisten
Der Amerikaner Richard Estes (*1936) zeigt in seinem Gemälde die Fassade des *Victory Theatre* → **150** in scharfem Licht. Er verwendet bei seiner Arbeit Fotografien, doch durch seine nüchterne und detailgenaue Darstellung wirken die Dinge „überreal", schärfer gesehen, als jede Kamera sie wiedergeben könnte. Estes zählt zu den Fotorealisten, die sich seit Ende der 1960er-Jahre ausschnitthaften, alltäglichen Motiven widmeten (→ **Fotorealismus**).

Pop Art
Edward Ruscha (*1937) lebte lange Zeit in Los Angeles mit Blick auf den Mount Hollywood und seinen berühmten Schriftzug aus monumentalen Buchstaben. So regte ihn auch die Welt des Films zu seinem Wortbild an → **151**. Ruscha zählt zur → **Pop Art**, die stark durch die amerikanische Lebensweise geprägt ist. Die Pop Art machte in den 1960er-Jahren die oberflächlichen Erscheinungen unserer Konsumgesellschaft zum Thema der Kunst, waren doch Medien und Werbung, Lifestyle-Produkte und Stars zu den modernen Leitbildern geworden.

Ein häufiges Motiv der Pop Art waren berühmte Filmstars wie Marilyn Monroe. Sie galt als das Sexsymbol ihrer Zeit, bereits 1962 jedoch nahm sie sich das Leben. Andy Warhol (1927–1987) vervielfältigte das Gesicht des Stars dutzendfach zu einer großformatigen Bilderwand → **152**.

James Rosenquist (*1933), ein anderer Künstler der amerikanischen Pop Art, malte sein Bild nach einem Reklameausschnitt, der die Schauspielerin Joan Crawford zeigt → **153**. Rosenquist betont die Künstlichkeit und Klischeehaftigkeit der Werbung, aber er verurteilt sie nicht.

Nouveau Réalisme
Mimmo Rotella (1918–2006) aus Italien war ein Vertreter des → **Nouveau Réalisme** (franz.: „Neuer Realismus"). Diese Gruppe europäischer Künstler wollte die Wirklichkeit erfassen, indem sie Teile aus dem Alltag nicht bloß abbildete, sondern direkt in ihren Werken verwendete, wie gesammelte Dinge, aber auch Abfälle. Bei Rotella sind es Werbeplakate, wie sie auf Litfaßsäulen oder Wände geklebt werden → **154**. Seine aus zerfetzten Plakaten entwickelten Bilder nennt man „Décollagen". Statt Papier aufzukleben – wie in einer Collage –, macht er durch Abrisse (Décollagen) die unter der Oberfläche verborgenen, überklebten Plakate sichtbar. Schicht für Schicht lassen sich auf diese Weise im Alltäglichen neue Realitäten entdecken.

91 Spott und Kritik – Hannah Höch: *Schnitt mit dem Küchenmesser Dada*

156 Hannah Höch: *Schnitt mit dem Küchenmesser Dada durch die letzte Weimarer Bierbauchkulturepoche Deutschlands*, 1919/1920; Collage, 114 × 90 cm; Berlin, Neue Nationalgalerie SMB

155   Edward Hopper: *New York Movie*, 1939; Öl auf Leinwand, 81,9 x 101,9 cm;
New York, Museum of Modern Art

152 Andy Warhol (1927–1987): *Fünfundzwanzig Marilyns*, 1962; Siebdruck auf Leinwand, 205,7 x 169,5 cm; Stockholm, Moderna Muset

153 James Rosenquist (*1933): *Untitled (Joan Crawford says)*, 1964; Öl auf Leinwand, 92 x 78 cm; Köln, Museum Ludwig

154 Mimmo Rotella (*1918): *Marilyn*, 1963; Décollage, 135 x 92 cm; Stuttgart, Staatsgalerie

Arbeitsanregungen
1 Vergleiche Technik, Darstellungsweise und Ausdruck der Bilder auf dieser Seite.
2 Sammelt Darstellungen von den genannten Schauspielerinnen und vergleicht sie mit den Kunstwerken.
3 Stelle mithilfe von Werbung aus Zeitschriften eine (Dé-)Collage zum Thema „Film- und Fernsehwelt" her im Format DIN A4. Vergrößere diese Vorlage als exakt gemaltes Bild auf DIN A2.

Spott und Kritik – Hannah Höch: *Schnitt mit dem Küchenmesser Dada*

In diesem Kapitel lernst du die Künstlerin Hannah Höch kennen, deren Collage *Der Schnitt mit dem Küchenmesser Dada* → 156 zu den wichtigsten Werken der Dada-Kunst gehört. Du erfährst, wie Hannah Höch die Collage gemacht hat und welche Bilder ihr als Vorlagen dienten. Außerdem kannst du einen Blick auf Collagen anderer Künstler werfen und sehen, welche Möglichkeiten es gibt, Collagen herzustellen und dass die Collage oft als Mittel genutzt worden ist, um politische Kritik zu üben. In diesem Zusammenhang lernst du viel darüber, was „Dadaismus" eigentlich ist. Hannah Höch war übrigens die einzige Künstlerin im Kreis der Berliner Dadaisten, Anlass genug zu untersuchen, warum es in der Vergangenheit nur so wenig Künstlerinnen gab und wie das heute ist.

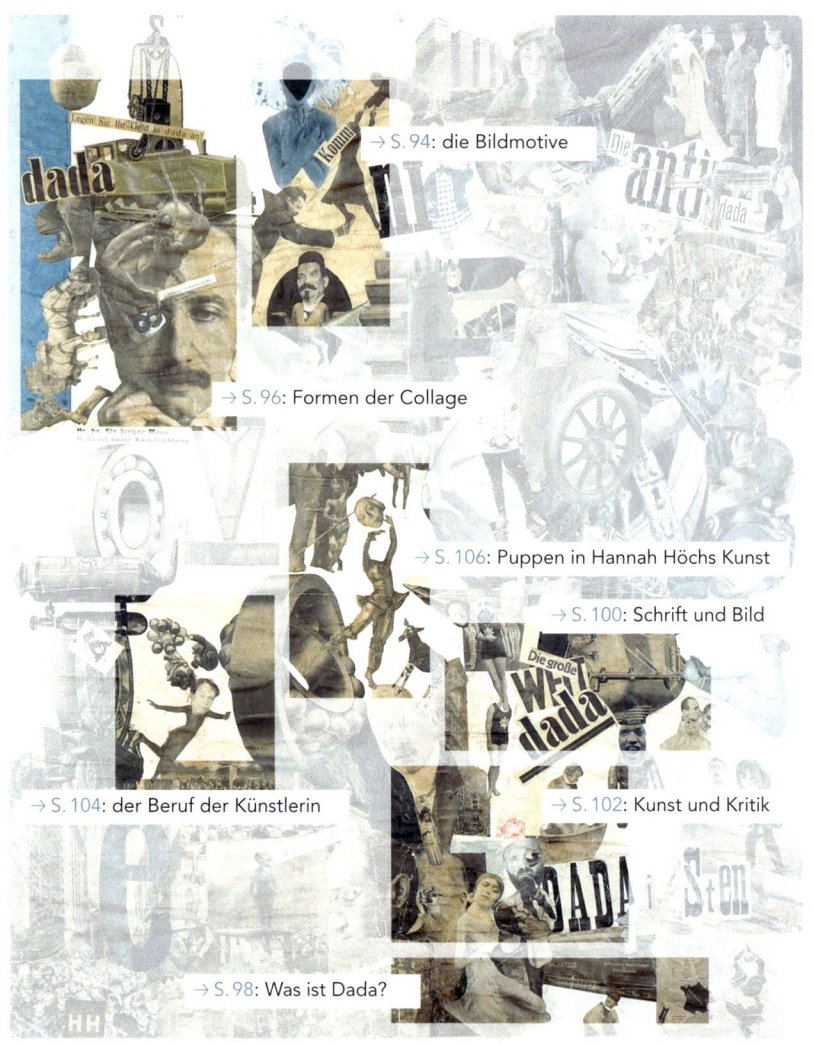

→ S. 94: die Bildmotive
→ S. 96: Formen der Collage
→ S. 106: Puppen in Hannah Höchs Kunst
→ S. 100: Schrift und Bild
→ S. 104: der Beruf der Künstlerin
→ S. 102: Kunst und Kritik
→ S. 98: Was ist Dada?

157 Hannah Höch: *Schnitt mit dem Küchenmesser Dada*: die Themen in diesem Kapitel

Der Schnitt mit dem Küchenmesser Dada

Der Schnitt mit dem Küchenmesser Dada → 156 ist auf den ersten Blick eine verwirrende Anhäufung seltsamer Figuren, Gegenstände und Buchstaben, die offensichtlich aus Teilen von Fotografien oder Zeitungsbildern ausgeschnitten und neu zusammengesetzt worden ist. Ein solches Bild, das aus unterschiedlichen zusammengeklebten Elementen besteht, nennt man → **Collage** (von französisch: „coller" = „kleben"). Im *Schnitt mit dem Küchenmesser Dada* setzt sich Hannah Höch mit den Verhältnissen in der „Weimarer Republik" auseinander. Diese erste demokratische Epoche in Deutschland begann nach dem Ende des Ersten Weltkriegs 1919 und endete mit Hitlers Machtergreifung 1933. Bei der Untersuchung der Bildmotive erkennt man viele bekannte Persönlichkeiten von damals wieder. Sie lebten in einer unruhigen Zeit mit großen politischen und gesellschaftlichen Veränderungen. Einerseits waren die Menschen fasziniert von neuen Maschinen und wissenschaftlichen Entwicklungen. Auf der anderen Seite hatte die Zerstörungskraft der Technik während des Ersten Weltkriegs viele Bürger zutiefst schockiert. In diese Zeit „platzten" die Dadaisten mit ihren chaotischen, witzigen Werken und Aktionen: Als gesellschaftskritische Bewegung wollten sie mit ihrer Kunst auch politisch wirken (→ **Dada**). In Hannah Höchs Collage klingen die kritischen Töne bereits im Titel an: Mit dem abfälligen Begriff „Bierbauch" verspottet sie die Männerkultur der Weimarer Republik. Diese hatte den Frauen im Jahr 1919 zwar das Wahlrecht beschert, aber eine wirkliche Gleichberechtigung war noch längst nicht erreicht. In die rechte untere Ecke der Collage hat die Künstlerin eine kleine Landkarte eingefügt, die die Verbreitung des Frauenstimmrechts in Europa zeigt.

Das Leben von Hannah Höch

- **1889** wurde Johanne Höch als Älteste von fünf Geschwistern in Gotha geboren. Sie besuchte die „Höhere Töchterschule".
- **1912** begann sie ein Studium an der Kunstgewerbeschule in Berlin.
- **1915** begegnete sie dem Künstler Raoul Hausmann, mit dem sie in den folgenden Jahren eine intensive und konfliktreiche Freundschaft verband.
- **1916** nahm sie neben dem Studium eine Tätigkeit als Entwurfszeichnerin im Ullstein-Verlag auf, die sie bis **1926** beibehielt, um Geld zu verdienen.
- **1917** formierte sich in Berlin eine Dada-Gruppe, in der Hannah Höch von Anfang an aktiv mitarbeitete → S. 98.
- **1920** wurde die „Erste Internationale Dada-Messe" veranstaltet. Höch zeigte neben ihren Dada-Puppen → 185, S. 106 auch den *Schnitt mit dem Küchenmesser Dada* und vier weitere Werke.
- **1926** lernte sie die niederländische Schriftstellerin Til Brugman kennen, mit der sie fast zehn Jahre zusammen lebte.
- Ab **1933** zählte sie in der Nazidiktatur zu den „entarteten Künstlern" und hatte Ausstellungsverbot. Ihr gelang es, viele Werke der Dada-Kollegen zu verstecken und dadurch vor der Zerstörung zu retten.
- **1938** heiratete sie einen wesentlich jüngeren Mann. Die Ehe wurde bereits **1944** geschieden.
- Ab **1946** wurden Höchs Arbeiten wieder in vielen Gruppen- und Einzelausstellungen gezeigt.
- **1965** wurde sie als Professorin an die Akademie der Künste (Berlin) berufen, an der sie selbst als junge Frau nicht studieren durfte.
- **1978** starb Hannah Höch in Berlin.

158 Hannah Höch: *Lebensbild* (Ausschnitt), 1970–1972; Collage, 130 × 150 cm; Privatbesitz

Arbeitsanregungen

1 Sammle alle Substantive, die Hannah Höch im Titel der Collage verwendet hat, und schreibe (als Wortkette) Ideen und Vorstellungen auf, die du mit den Begriffen verknüpfst.
2 In dem Werk *Lebensbild* → 158, von der die Abbildung nur einen Ausschnitt wiedergibt, hat die Künstlerin ihr eigenes Leben und Werk rückblickend als Collage dargestellt → S. 96. Gestalte selbst eine Collage aus fotokopierten Fotos und anderem Material oder mit geeigneten Bildbearbeitungs- und Präsentationsprogrammen am Computer, um die verschiedenen Bereiche und Stationen deines Lebens zu zeigen.

Herkunft und Bedeutung der Bildmotive

159 Kompositionsskizze: Bildschwerpunkte, Architekturmotive

Geordnetes Chaos
Hannah Höchs Collage *Schnitt mit dem Küchenmesser Dada* → 156, S. 91 wirkt auf den ersten Blick chaotisch. Die unzähligen Einzelteile drängen den Betrachter zu genauem Hinsehen und verleiten ihn zum Rätseln und Entschlüsseln. Eine nähere Untersuchung macht deutlich, dass sich die Bildteile in wenige Motivgruppen einordnen lassen: Menschen, Maschinen, Architektur, Tiere und Schrift → 159. Auch kann man die → **Komposition** erkennen: Um einen hellen Mittelpunkt herum gruppieren sich vier Bildbereiche. Die über- und aneinandermontierten Teile bilden rechts oben und links unten Verdichtungen. Die beiden anderen diagonal angeordneten Bereiche zeigen locker angeordnete Einzelfiguren auf einem flächigen, hellen Bildhintergrund.

Der vierteilige Aufbau wird auch durch den Inhalt bestimmt: Im rechten oberen Bildteil versammeln sich um die große Figur Kaiser Wilhelms II. verschiedene Politiker und Vertreter des Militärs („Die antidadaistische Bewegung" – so die Inschrift). In der entgegengesetzten Ecke drängen sich die Menschenmassen. Sie werden aufgefordert: „Tretet dada bei." Den linken oberen Bildbereich beherrscht das Porträtfoto des Physikers Albert Einstein. Schräg gegenüber tummeln sich in der unteren rechten Bildhälfte neben bekannten Persönlichkeiten der damaligen Zeit auch die Kollegen aus der Dada-Bewegung („Die große dada Welt").

Menschen
Eine merkwürdige Gesellschaft hat sich auf dem Blatt versammelt: halslose Ungeheuer, mehrgeschlechtliche Mischwesen, Gestalten mit verzerrten Körperproportionen. Sie bewegen sich tänzelnd oder fliegend über die Bildfläche, balancieren auf den Köpfen der anderen und bilden Menschenketten, andere wirken unbewegt. Es sind aber keine Fantasiegestalten, die uns hier begegnen. Die Künstlerin hat Bilder von prominenten und weniger bekannten realen Menschen ihrer Zeit eingefügt. Sie montiert durch Ausschneiden und Zusammenkleben Persönlichkeiten aus den unterschiedlichen Bereichen der Gesellschaft zusammen. Auf engstem Raum treffen die Vertreter aus Politik, Unterhaltung, Sport, Kunst und Wissenschaft aufeinander.

Der Künstlerin hat es sichtlich Spaß gemacht, die Figuren in ihrem Sinne neu zu kombinieren. Mehrere Berliner Künstlerfreunde erscheinen als Babys. Zwei Kollegen kleben wie siamesische Zwillinge auf dem Rumpf einer Balletttänzerin. Im Schnurrbart des Kaisers turnen zwei Sportler. Ein Säugling samt Wanne ersetzt sein Auge. Nach dem Kaiser bildet der Kopf von Albert Einstein den zweitgrößten Bestandteil der Collage. Dem Physikerhirn entschlüpft gerade ein riesiges Insekt. Im Bildzentrum jongliert eine damals sehr erfolgreiche Berliner Tänzerin mit dem Kopf von Käthe Kollwitz. Trotz der vielen körperlichen Berührungen scheinen die Menschen kaum Kontakt zueinander zu haben. Sie blicken aneinander vorbei, aus dem Bild heraus. Die Kinder, die Höch links unten in die Wallstreet vor der New Yorker Börse eingefügt hat, wirken wie ein stummer Protest gegen die Armut der Nachkriegsjahre.

Technik
Mit den technischen Elementen der Collage wird der Eindruck von Bewegung erzeugt. Wir erkennen Zahnräder, Kugellager und Teile von Flugzeugen, Eisenbahnen, Autos und Schiffen. In der damaligen Zeit waren sie der Inbegriff des Fortschritts. Aber nicht alle Menschen reagierten begeistert auf die neuen technischen und wissenschaftlichen Entwicklungen. Viele hatten Angst um ihre Arbeitsplätze und fühlten sich bedroht. Auch das grausame Massensterben im Ersten Weltkrieg war durch die neue Maschinentechnik erst möglich geworden. Die Dadaisten gehörten zu den Künstlern, die sich kritisch mit den Entwicklungen der modernen Zeit auseinandersetzten → S. 98.

Gebäude und Straßen
Als Architekturmotive wählte die Künstlerin vor allem New Yorker Bauwerke aus: das damals größte Hotelgebäude (Mitte oben), das Hochhaus der New York Times (Mitte, unteres Bilddrittel) und die Wallstreet als Inbegriff finanzieller Macht (links unten). Dieser Blick nach Amerika weist auf eine typische Erscheinung der Nachkriegszeit hin. Im Bereich der Wirtschaft, der Politik und der Kultur galten die USA vielen Europäern als Vorbild.

Arbeitsanregungen
1 Stellt eine Liste von Verben zu der Collage von Höch zusammen und vergleicht die Ergebnisse untereinander.

2 Ungefähr zehn Tiere hat Hannah Höch in die Collage eingefügt. Versuche sie mithilfe eines Tierlexikons zu erkennen. Überlege, welchem Bereich der Tierwelt sie sich zuordnen lassen und was das bedeuten könnte.

3 In der *Gezeichneten Personenerklärung* hat die Künstlerin die prominenten Persönlichkeiten ihrer Collage erklärt → 160.
a Suche die skizzierten Porträts in der Fotomontage.
b Sammle in Nachschlagewerken Informationen zu den abgebildeten Personen.

4 Die Kunstwissenschaftlerin Jula Dech hat die Herkunft von vielen Collagemotiven klären können. Suche die hier abgebildeten Motive → 161 im *Schnitt mit dem Küchenmesser Dada* → 156, S. 91. Erläutere, wie Höch die gedruckten Vorlagen in ihrer Collage verwendet hat und welche Wirkung sie damit erzielen wollte.

5 Gestalte eine Collage als „Schnitt" durch deine Epoche mit den Themen und Persönlichkeiten, die heute das Geschehen und Denken beeinflussen.

160 Hannah Höch: *Gezeichnete Personenerklärung zur Collage*; Berlin, Nationalgalerie

161 **Bildvorlagen für Höchs Collage:** Berlin, Berlinische Galerie, Hannah-Höch-Archiv

Formen und Möglichkeiten der Collage

162 Max Ernst (1891–1976): Tafel 113 aus dem Collage-Roman *Une semaine de bonté*, 1934

Um 1912 begannen die Künstler Georges Braque (1882–1963) und Pablo Picasso (1881–1973) damit, flache Materialien wie Zeitungs- und Tapetenausschnitte oder Textilien in ihre Bilder zu kleben. Dieses Verfahren nennt man „Collage".

Collage als Technik
Das Wort „Collage" leitet sich vom französischen Verb „coller" ab, das mit „leimen" oder „kleben" übersetzt werden kann. Ursprünglich und im engeren Wortsinn sind damit geklebte Papierarbeiten gemeint. Collage dient heute als Oberbegriff für alle Werke, bei denen vorgefundene, vorgefertigte flache oder plastische Materialien neu kombiniert und zusammengefügt werden.

Dies kann auch durch Binden, Heften, Nähen, Nageln oder Schweißen geschehen. Deshalb spricht man auch von „Montage", ein Begriff, der aus dem Bereich der industriellen Produktion stammt.

„Prinzip Collage"
Die Collage ist nicht nur ein technisches Verfahren, sondern auch ein Gestaltungsprinzip: Es ermöglicht, dass wirkliche Gegenstände (wie Zeitungsausschnitte oder Stoff) direkt ins Werk übernommen werden. Außerdem erlaubt die Collage das Zusammenfügen ursprünglich nicht zusammengehörender Teile zu einem Ganzen. So entstehen neue inhaltliche Aussagen. Dieses Verfahren wird ähnlich auch in der Literatur und in der Musik genutzt. Es gibt viele Formen des „Prinzips Collage":

– **Assemblage:** Die Assemblage ist ein Materialbild, bei dem nicht nur flache Elemente, sondern auch dreidimensionale Gegenstände verwendet werden. Daniel Spoerri (*1930) hält in seinen *Fallenbildern* alltägliche Situationen (etwa ein Essen mit Freunden) fest → 163. Er befestigt alle Gegenstände, wie er sie in einem bestimmten Moment vorfindet, auf ihrer Unterlage (zum Beispiel das benutzte Geschirr auf dem Tisch). Sie werden in ihrer zufälligen Anordnung dauerhaft eingefangen.
– **Décollage:** Bei der Décollage werden übereinandergeklebte Papiere wieder stückweise abgerissen, sodass verborgene Schichten erscheinen. So haben einige Künstler verwitterte und beschädigte Plakatwände gesammelt und im Atelier gezielt weiterbearbeitet. Durch die Zerstörung entsteht ein neues Bild. Es verweist auf die Wirklichkeit unserer Großstädte, die Schnelllebigkeit der Werbung und Unterhaltungsindustrie → 154, S. 89, → 164.
– **Fotomontage:** Dienen fotografische Vorlagen als Collagematerial, sprechen wir von Fotomontagen. Sie können durch Ausschneiden und Zusammenkleben oder durch die Bearbeitung im Fotolabor hergestellt werden. Im *Schnitt mit dem Küchenmesser Dada* → 156, S. 91 stammt das montierte Bildmaterial aus technischen Prospekten, Illustrierten, Zeitungen und privaten Fotografien. Die aufgeklebten Buchstaben und Textzeilen kommen durchweg aus Zeitschriften und Flugblättern der Dada-Bewegung.
– **Digitalcollage:** Bei der Digitalcollage ersetzen Werkzeuge und Techniken der verschiedenen Bearbeitungsprogramme Schere und Kleber und erweitern die Ausdrucksmöglichkeiten enorm.

164 Wolf Vostell (1932–1998): *Coca-Cola*, 1961; Papier auf Hartfaserplatte, 2-teilig, 210 x 310 cm; Köln, Museum Ludwig

165 Kurt Schwitters (1887–1948): *Merzbild 25 A. Das Sternenbild*, 1920; Montage, Collage, Öl auf Leinwand, 104,5 x 79 cm; Düsseldorf, Kunstsammlung Nordrhein-Westfalen

163 Daniel Spoerri (*1930): *Roberts Tisch*, 1961; Holzplatte mit aufmontierten Gegenständen, 200 x 50 cm; Köln, Museum Ludwig

Arbeitsanregungen

1 Untersuche, aus welchen Bereichen das Material der hier abgebildeten Collagen und Assemblagen stammt.
2 Beschreibe die abgebildeten Bildbeispiele und stelle fest, zu welcher Art von Collage sie gehören. Begründe deine Zuordnung.
3 Vergleiche die Arbeiten von Spoerri und Schwitters bezüglich der verwendeten Materialien, der Anordnung und Technik → 163, → 165. Versuche die Werke zu deuten.
4 Gestalte ein Materialbild aus Alltagsobjekten und Abfallmaterial zum Thema „Schule" in bewusster Anordnung oder als zufälliges „Fallenbild".
5 Musik und Geräusche aus unterschiedlichen Bereichen können neu kombiniert werden. Gestalte eine Klangcollage mit entsprechenden Programmen am Computer. Lass dich dabei von einem Bild dieses Kapitels anregen.
6 Füge vorgefundenes Textmaterial (Zeitungsschlagzeilen, Klassenbucheinträge und Ähnliches.) zu einem Gedicht zusammen. Trage die Ergebnisse laut vor.

Was ist Dada?

166 Dada-Plakat

Eine Gruppe junger Männer und Frauen stürmt auf die Bühne. Mit Trillerpfeifen, Knallerbsen und Trommeln machen sie einen nervtötenden Lärm, dann folgen laute Sprechgesänge. Einige Personen tragen Masken, andere gestikulieren wild und schneiden Grimassen. Das Publikum wird derb beschimpft, schließlich prügeln wütende Zuschauer die Akteure von der Bühne. So oder so ähnlich könnten die wilden Aktionen der Dada-Künstler abgelaufen sein, von denen um 1920 ganz Berlin sprach. Auch Hannah Höch gehörte zu dieser Künstlergruppe. Sie schrieb: „Dada ist kein Bluff. Wenn nichts in dieser Zeit Zukunft hat, so wird unser Lachen noch Zukunft haben."

Die Entstehung von Dada
Die Dada-Bewegung entstand 1916, während des Ersten Weltkriegs, in der neutralen Schweiz. Im *Cabaret Voltaire*, einem Theater in Zürich, versammelten sich junge Künstler aus den gegeneinander kämpfenden Ländern (vor allem aus Frankreich, England, Deutschland). Gemeinsam suchten sie nach Möglichkeiten, gegen den Krieg zu protestieren. Dabei wurden neue künstlerische Ausdrucksweisen entwickelt, die sich schnell in den Großstädten Europas (Berlin, Köln, Hannover, Paris) und in New York verbreiteten. Die junge Kunstrichtung gab sich den Namen „Dada". Dieser spaßige und alberne Fantasiebegriff spiegelt bereits die Unsinnigkeit und Spielfreude wider, die diese Bewegung zu ihrem Programm machte.

Kunst als „Anti-Kunst"
Die Arbeit der Dada-Künstler richtete sich gegen alles, was man bisher unter Kunst verstand. In ihr sahen sie eine Flucht aus der ungeliebten Wirklichkeit. Handwerkliche Perfektion und alles Beschönigende oder Persönliche wurde verhöhnt. Durch die Einbeziehung des Zufalls und mit Gemeinschaftswerken protestierten die Dadaisten gegen das Bild vom Künstler als unverwechselbarem Genie. Kunst zeigte sich nicht mehr nur in Gemälden oder Skulpturen – Kunst wurde zur Aktion: Groteske Aufführungen, Geräuschcollagen, Lautgedichte, Plakatgestaltung und die Einbeziehung von Alltags- und Abfallmaterial gehörten zu den neuen Ausdrucksformen der Dada-Bewegung. Mit ihren Aktionen wollten die Dadaisten das Publikum aufrütteln und zum Nachdenken anregen.

Dada-Bewegung in Berlin
Zu den wichtigsten Vertretern der Berliner Gruppe gehörten Raoul Hausmann, Johannes Baader, John Heartfield, George Grosz und Hannah Höch. 1920 veranstaltete die Gruppe die sogenannte *Erste internationale Dada-Messe* → 167. Auch Höchs Fotomontage wurde hier gezeigt. „Die Dada-Bewegung war der totale Aufstand gegen alle Gewohnheiten. […] Dada war der Konflikt mit ALLEM", schrieb Raoul Hausmann im Rückblick auf die kurze Zeit, in der Dada aktiv war.

Die deutschen Dadaisten und besonders die Berliner Gruppe reagierten mit ihren Aktionen und Werken auf die unmittelbare Zeitgeschichte mit ihren gewaltigen Veränderungen: den verheerenden Massenmord auf den Schlachtfeldern des Ersten Weltkriegs, den rasanten technischen Fortschritt im Maschinenzeitalter, den Zusammenbruch des Kaiserreichs, die sozialistische Revolution in Russland und die Weimarer Republik als erste demokratische Republik in Deutschland. Durch ihre Kritik und den Verstoß gegen alle bisherigen Maßstäbe und Ordnungen wollten die Dada-Künstler den Weg frei machen für eine neue und bessere Zukunft.

Arbeitsanregungen
1 Erläutere, warum Hannah Höchs Collage → 156, S. 91 zur Dada-Kunst gezählt werden kann.
2 Übersetzt als Gruppenarbeit die Collage in Sprache und Klänge. Orientiert euch beim Vortrag an den experimentellen Literaturformen der Dadaisten (zum Beispiel Simultandichtung: Vortrag in Verbindung mit spontaner übertriebener Gestik, Lautpoesie, Geräuschcollage oder Klangcollage am Computer → 168).
3 a Beschreibe Raoul Hausmanns Werk → 170 und erläutere, was er mit seinem *Mechanischen Kopf* aussagen wollte.
b Gestalte einen Kopf als Collage oder Assemblage, der etwas über „den Geist *unserer* Zeit" verrät.
4 Veranstaltet ein Dada-Fest mit witzigen Dekorationen, Aufführungen und ungewöhnlichen Getränken und Snacks.
5 Plant in der Gruppe Aktionen, die zum Mitmachen, Nachdenken und Lachen anregen. Ihr könnt die Aufführungen mit Fotos oder Filmen dokumentieren und in einer Ausstellung oder im Internet veröffentlichen.

Webcode: KE1201906-098

167   Eröffnung der *1. Internationalen Dada-Messe*, Berlin, 5. Juli 1920; Fotografie

KARAWANE
jolifanto bambla ô falli bambla
grossiga m'pfa habla horem
égiga goramen
higo bloiko russula huju
hollaka hollala
anlogo bung
blago bung
blago bung
bosso fataka
ü üü ü
schampa wulla wussa ólobo
hej tatta gôrèm
eschige zunbada
wulubu ssubudu uluw ssubudu
tumba ba- umf
kusagauma
ba - umf

(1917)
Hugo Ball

168   Hugo Ball (1886–1927): *Karawane*, 1917; Lautgedicht

169   Hugo Ball trägt im *Cabaret Voltaire* ein Lautgedicht vor, 23. Juni 1916; Fotografie

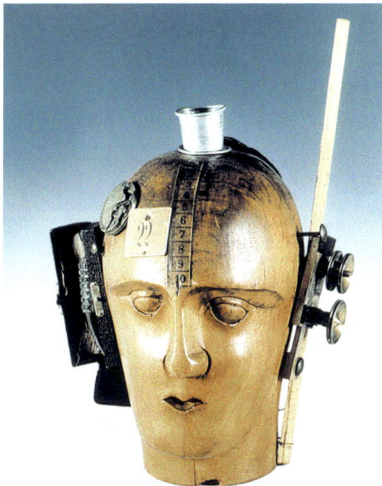

170   Raoul Hausmann (1886–1971): *Der Geist unserer Zeit (mechanischer Kopf)*, 1919/20; Objektmontage auf hölzernem Perückenkopf, 32,5 × 21 × 20 cm; Paris, Musée national d'art moderne, Centre Georges Pompidou

Schrift und Bild

DIE TRICHTER

Zwei Trichter wandeln durch die Nacht.
Durch ihres Rumpfs verengten Schacht
fließt weißes Mondlicht
still und heiter
auf ihren
Waldweg
u. s.
w.

171 **Christian Morgenstern (1871–1914):** *Die Trichter*, 1905; Figurengedicht

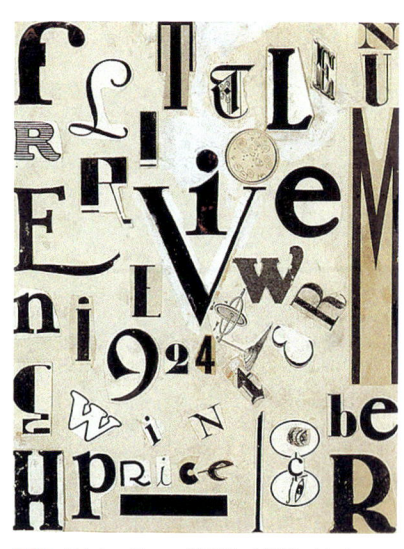

172 **Tristan Tzara (1896–1963):** *Little Review*, 1924; Collage, 24 × 19 cm; Berlin, Galerie Berison

Die Verbindung von Schrift und Bild hat eine lange Tradition in der Kunst. Nicht nur haben Bilder immer schon Texte illustriert, immer wieder finden sich in bildnerischen Werken auch Texte oder einzelne Wörter, die zusätzliche Informationen liefern. Eine Mischform von Literatur und Kunst sind Figurengedichte. Dabei wird die Schrift in einer Form angeordnet, die in einem Zusammenhang mit dem lesbaren Inhalt steht → 171.

Text im Bild – Text als Bild

Seit Anfang des 20. Jahrhunderts verstärkte sich die gegenseitige Durchdringung von bildender Kunst und Literatur. Pablo Picasso und Georges Braque etwa fügten ab 1910 in ihre Gemälde Buchstaben und Worte ein oder klebten gedruckte Schriftelemente auf. Im Bild verweisen die eingefügten Texte auf die Realität, zum Beispiel auf die Zeitung. Viele Künstler wählten Buchstaben und Zahlen auch wegen ihrer Form und ihres grafischen Erscheinungsbildes zum Bildmotiv. Dabei müssen sich die Buchstaben nicht unbedingt zu sinnvollen Wörtern verbinden → 172. In Carlo Carràs (1881–1966) *Manifestazione Intervenista* → 173 erzeugt die spiralförmig kreisende Anordnung der übermalten Papierausschnitte den Eindruck von Dynamik und Bewegung. Die Schrift ist nicht mehr in gewohnter Leserichtung entzifferbar. Die Wortfetzen und Buchstabenfolgen lassen den Eindruck von Geräuschen und lautem Lärm („Trrrr", „HUHUHU") aufkommen.

Dada und Sprache

Die Einbeziehung der Sprache gehörte zu den künstlerischen Schwerpunkten der Dadaisten. Mit Buchstabengedichten und -bildern, Lautmalerei und Sprechgesang erweiterten sie die Möglichkeiten der Literatur und der Kunst. Den gestalterischen Umgang mit Schriftzeichen nennt man „Typografie". Zusammen mit dem Layout, der bewussten Text- und Bildanordnung, verleiht sie den Dada-Zeitschriften, -Flugblättern und -Plakaten neuartige Ausdruckswerte → 166, S. 98, → 168, S. 99. Die Werbegrafik hat viele Gestaltungsideen der Dadaisten übernommen.

Auch in Hannah Höchs Collage spielt Textmaterial eine wichtige Rolle → 156, S. 91: Einzelbuchstaben, Silben, Wörter und ganze Sätze sind über das Blatt verteilt. Die Wörter erscheinen als Schlagzeile, in der Art einer Sprechblase, als Werbebotschaft („Legen Sie ihr Geld in Dada an.") oder sie bezeichnen das aufgeklebte Personal („DADA i Sten"). Alle Gestaltungsmöglichkeiten der gedruckten Schrift werden bewusst eingesetzt und variiert: Schriftart, Abstand, Strichstärke, Größe, Groß- und Kleinschreibung. Bis auf die Signatur („H. H.") sind alle Buchstaben gedruckten Vorlagen entnommen worden. Dabei handelte es sich fast ausschließlich um Dada-Zeitschriften. So kommt das Wort „dada" gleich zehnmal vor und wird – als Wort-Bild – zum bestimmenden Element der Collage.

Sprache in der zeitgenössischen Kunst

Werke, die Sprache und Kunst verbinden, finden sich seit Anfang des letzten Jahrhunderts immer wieder. Im Werk von Carlfriedrich Claus (1930–1998) zum Beispiel → 174 weisen die Schriftzeichen auf Sprache hin, aber man kann sie nur teilweise oder gar nicht mehr entziffern.

173 Carlo Carrà (1881–1966): *Manifestazione Interventista*, 1914; Collage auf Karton, 39 x 68 cm; Mailand, Sammlung Mattioli

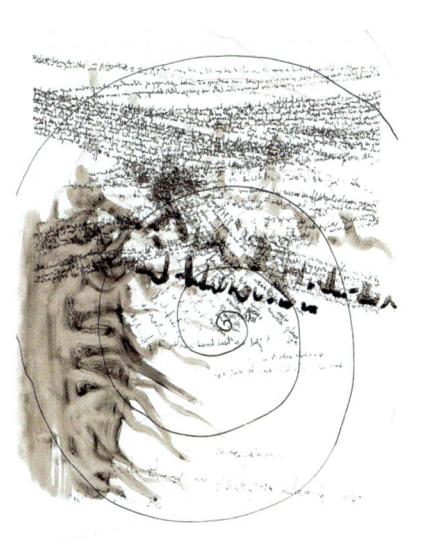

174 Carlfriedrich Claus (1930–1998): *Kern-Infektion des Subjektfaktors mit Acedia*, 1990–1992; schwarze Tusche, Feder, Pinsel, Finger-, Acrylfarbe, roter Kugelschreiber, 29 x 21 cm

175 Timm Ulrichs (*1940): *Zwischen den Zeilen*, 1987/88; Bronzeskulptur in zwei Teilen, 75 x 294 x 10 cm (Wand), 28 x 258 x 135 cm (Boden); Mülheim, Stadtbücherei Styrum

Arbeitsanregungen

1 Gestalte ein Figurengedicht zu einem Thema deiner Wahl.
2 Suche im Buch weitere Kunstwerke, auf denen sich Schrift befindet. Schreibe einige Texte ab und erläutere die Aufgabe, die sie im Bild haben.
3 Der Künstler Timm Ulrichs (*1940) geht spielerisch mit Sprache und ihrer Bedeutung um. Beschreibe die Bronzeskulptur → 175 und überlege, worin die Aussageabsicht Ulrichs bestehen könnte.
4 Gestalte eine Schriftcollage. Lass dich dabei von den abgebildeten Werken anregen. Du kannst dein Material aus gedruckten Medien ausschneiden und aufkleben oder die erweiterten technischen Möglichkeiten des Computers nutzen.

Kunst und Kritik

176 George Grosz (1893–1959): *Die Stützen der Gesellschaft*, 1926; Öl auf Leinwand, 200 x 108 cm; Berlin, Neue Nationalgalerie SMB

Kunst und Macht

Über Jahrhunderte waren Künstler abhängig von den Aufträgen des Adels und der Kirche. Sie arbeiteten nach strengen Vorgaben und konnten es sich nicht leisten, mit den mächtigen Kunden in Konflikt zu geraten. Nur wenige Künstler wagten es, in ihren Werken soziale, politische oder kirchliche Missstände zu kritisieren. Oft geschah dies in versteckter Form. Zu den kritischen Malern und Grafikern der Vergangenheit zählten William Hogarth (1697–1764) in England, der Spanier Francisco de Goya (1746–1828) und der Franzose Honoré Daumier (1808–1879). Neben ihren Auftragsarbeiten zum Broterwerb schufen sie Werke, in denen sie Gewalt und Krieg anprangerten oder ungerechte (politische) Verhältnisse kritisierten. Dabei lebten sie in ständiger Angst vor Verbot und Bestrafung.

Kritik durch Kunst: *Die Stützen der Gesellschaft*

Je mehr Freiheiten ein Gesellschaftssystem seinen Bürgern gewährt, umso stärker können sich die Künstler offen kritisch äußern. So traten in Deutschland während der ersten frei gewählten Weimarer Republik Maler und Grafiker mit politischem Anspruch hervor. Viele von ihnen waren Vertreter und Freunde der Dada-Bewegung. So auch George Grosz (1893–1959), der in dem Gemälde *Die Stützen der Gesellschaft* →176 die Missstände in der jungen Demokratie geißelt. Den Juristen im Vordergrund charakterisieren die Paragrafen, die aus seinem aufgesägten Schädel schweben. Die Narben von Schnittverletzungen im Gesicht werden als „Schmisse" bezeichnet. Zusammen mit dem Florett weisen sie darauf hin, dass er zu einer „schlagenden Verbindung" gehört. Das sind Studentenvereinigungen, in denen die Mitglieder gegeneinander fechten. Das

Hakenkreuzabzeichen an der Krawatte kennzeichnet ihn als Mitglied der Nationalsozialistischen Partei, die nur wenige Jahre später die Demokratie in Deutschland beendete. Schräg links hinter ihm steht ein Mann mit einem Nachttopf auf dem Kopf. Der Palmwedel als Zeichen des Friedens ist blutrot eingefärbt. Die Zeitungen und der Stift in seiner Hand weisen ihn als Vertreter der Presse aus. Die fette Männergestalt rechts hält ein Fähnchen in den Farben der untergegangenen Monarchie. Die Aufschrift „Sozialismus ist Arbeit" ist eine hetzerische Parole gegen Streik und Protest. Es könnte sich um einen Parlamentarier handeln, denn unter seinem linken Arm taucht ein Gebäudeteil des Reichstags auf. Die offene Schädeldecke gibt den Blick frei auf einen dampfenden Kothaufen. Von unverhältnismäßiger Größe erscheint eine Figur im Hintergrund, die mit schwarzem Talar und Käppchen bekleidet ist. Ob es sich um einen Vertreter der Kirche oder der Justiz handelt, lässt sich nicht genau sagen. Von den blutigen Kämpfen hinter seinem Rücken verschließt er die Augen und wendet sich teilnahmslos ab. Diese ehrenwerten Herren, das zeigt Grosz hier hellsichtig, stützen die Gesellschaft nicht, sondern tragen zu ihrem Untergang bei.

Millionen stehen hinter mir
Auch der Künstler John Heartfield (eigentlich Helmut Herzfeld, 1891–1961), ein enger Freund von George Grosz, setzte seine Kunst als politisches Mittel ein → 177. Er wies in seinen Fotomontagen auf politische Missstände hin und ermutigte die Menschen zu Protest und Veränderung. Seine Werke wurden in Zeitungen und als Plakate veröffentlicht und verbreitet. In den Montagen nutzte er die neuen fotografischen Techniken seiner Zeit, wie Einblendung und Doppelbelichtung, um Motive verschiedenster Herkunft neu zu kombinieren. Auch setzte er Modelle ein.

177 John Heartfield (1891–1961): *Der Sinn des Hitlergrußes*, 1932; Fotomontage

Sie wurden in bestimmten Körperhaltungen fotografiert und gezielt den anderen Bildmotiven angepasst. In dem Titelbild für die Berliner Arbeiter-Illustrierte-Zeitung *A-I-Z* kritisiert er die mächtigen Geldgeber aus der Industrie, die mit ihrer Unterstützung den Aufstieg der Nationalsozialisten erst möglich gemacht haben.

Arbeitsanregungen
1 Kritik durch Kunst kann unterschiedlich funktionieren: Sie kann in Bildern gesellschaftliche Missstände zeigen und anprangern, sie kann Protest, Klage, Anklage, Richtigstellung sein. Beschreibe die Absicht der Künstler bei den hier abgebildeten Werken und untersuche die künstlerischen Mittel, die sie für ihre Zwecke eingesetzt haben.
2 George Grosz hat in seinem Bild Stilmittel der Karikatur eingesetzt, um durch Übertreibung und Verzerrung die wahren Zustände seiner Zeit zu enthüllen → 176. Erkläre, wie und in welchen Bereichen der Künstler von der Wirklichkeit abweicht und was er damit bezweckt.
3 Zeichne kritisch-witzige Karikaturen von Vertretern verschiedener Berufsgruppen.

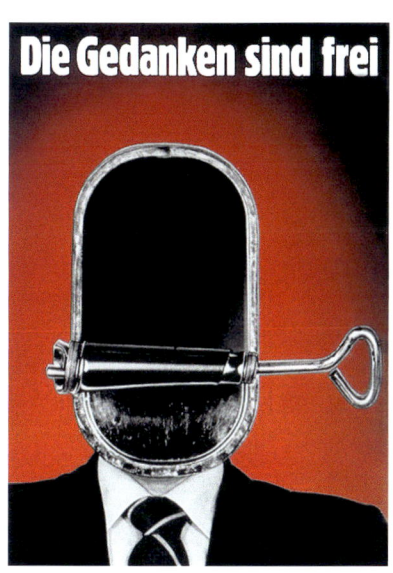

178 Klaus Staeck (*1938): *Die Gedanken sind frei*, 1979; Fotomontage/Plakat

4 Beschreibe Heartfields Vorgehen bei der Gestaltung der hier abgebildeten Montage → 177: Überlege, woher die Bild- und Textelemente stammen könnten. Erkläre, wie sich Heartfields Montagetechnik von Hannah Höchs Verfahren im *Schnitt mit dem Küchenmesser Dada* → 156, S. 91 unterscheidet.
5 Ein wichtiger Vertreter kritischer Kunst der späteren Nachkriegszeit ist Klaus Staeck. Mit seinen Plakaten, Postkarten, Büchern und Aufklebern erreicht er hohe Auflagen. Beschreibe die abgebildete Arbeit → 178: Welche Absicht verfolgt Staeck mit seiner Montage?
6 Gestalte eine Collage (geklebt oder digital) im Stil von Heartfield und Staeck, in der du dich kritisch mit einem aktuellen gesellschaftlichen Problem auseinandersetzt → S. 96.

Der Beruf der Künstlerin

179 Guda: *Initial-D mit Selbstporträt*, 12. Jahrhundert; Buchmalerei; Frankfurt/Main, Stadt- und Universitätsbibliothek

180 Sofonisba Anguissola (1532–1625): *Selbstbildnis als Madonnenmalerin*, 1556; Öl auf Leinwand, 66 x 57 cm; Lancut Muzeum Zamet

181 Artemisia Gentileschi (1583–1653): *Selbstbildnis als La Pittura*, 1630–1637; Öl auf Leinwand, 96 x 73,7 cm; Windsor, Königliche Sammlung

Hannah Höch war die einzige Frau in der Berliner Künstlerrunde der Dadaisten. Das ist sicher kein Zufall. Auch wer dieses Buch durchblättert oder sich in Museen umsieht, findet nur verhältnismäßig wenige Werke von Künstlerinnen aus vergangenen Jahrhunderten. Das liegt vor allem daran, dass es für Frauen lange Zeit nahezu unmöglich war, einen Beruf zu erlernen.

Männer konnten seit der → **Renaissance** an Akademien und Hochschulen studieren und bekamen bei guten Leistungen oft eine öffentliche oder private Förderung. Künstlerischer Unterricht für Mädchen und Frauen musste bis ins 19. Jahrhundert fast ausnahmslos privat organisiert werden. Selten war die Ausbildung als Vorbereitung für einen eigenen Beruf gedacht. Eine echte Chance hatte nur, wer früh Talent zeigte und mit einem Maler oder Bildhauer eng verwandt war, damit der Unterricht innerhalb der Familie erteilt werden konnte. Mit der Gründung von kostenpflichtigen Kunstschulen speziell für Frauen verbesserte sich die Ausbildungssituation. Aber es dauerte bis zur Wende zum 20. Jahrhundert, ehe in Europa weibliche Studierende an staatlichen Kunsthochschulen aufgenommen wurden. Auch Hannah Höch musste auf die Hochschule für Kunstgewerbe ausweichen, da die Berliner Kunstakademie erst ab 1919 Frauen als Studierende zuließ.

Antike und Mittelalter

Trotz der Einschränkungen gab es zu allen Zeiten aktive Künstlerinnen, die sich über sämtliche Hindernisse hinwegsetzten und große Erfolge verbuchen konnten. Bereits der römische Schriftsteller Plinius d. Ä. (um 23–79 n. Chr.) berichtet von gefeierten Malerinnen in der Antike. Im Mittelalter arbeiteten Frauen in den künstlerischen Werkstätten der Familienbetriebe mit. In den Klostergemeinschaften der Zeit schufen gebildete Ordensschwestern wie Hildegard von Bingen (1089–1179) anspruchsvolle Buch- und Tafelmalerei. Die Nonne Guda (tätig um 1150) verzierte die → **Initiale** D mit ihrem Porträt → 179. Es gilt als eines der ersten erhaltenen Selbstbildnisse überhaupt.

Renaissance

In der → **Renaissance** galten Künstlerinnen als bewunderte Ausnahmen. Der Italiener Giorgio Vasari (1511–1574) erwähnt in seinen Lebensbeschreibungen berühmter Künstler 14 erfolgreiche Frauen. Auch sie waren fast ausnahmslos Töchter von Malern. Nur Sofonisba Anguissola (1532–1625) → 180 erlernte ihren Beruf außerhalb der Familie. Ihr Vater war der Überzeugung, dass Mädchen eine gute Ausbildung brauchen, und schickte die talentierte Tochter zu anerkannten Künstlern in die Lehre. Ihre Malerei verschaffte ihr später zahlreiche Aufträge und eine Anstellung am spanischen Hof.

Barock

Erfolgreiche Malerinnen des 17. Jahrhunderts wie Rosalba Carriera, Mary Beale, Judith Leyster oder Maria Sibylla Merian spezialisierten sich auf bestimmte Gattungen, zum Beispiel → **Stillleben** oder → **Porträt**. Am höchsten wurden allerdings → **Historienbilder** geschätzt. Sie setzten ein großes handwerkliches Können und technische Fähigkeiten in Aktzeichnung und → **Perspektive** voraus.

182 Adélaide Labille-Guiard (1749–1803): *Selbstporträt mit zwei Schülerinnen* (Ausschnitt), 1785; Öl auf Leinwand, 210 x 151 cm; New York, Metropolitan Museum of Art

183 Gabriele Münter (1877–1962): *Selbstporträt an der Staffelei*, 1911; Öl auf Pappe, 37,5 x 30 cm; Stuttgart, Privatsammlung

184 Rosemarie Trockel (*1952): *Fan 1*, 1993; Scannerprint auf Leinwand, 150 x 150 cm; Köln, Galerie Sprüth

Das waren jedoch Ausbildungsbereiche, die den meisten Frauen verwehrt waren. Artemisia Gentileschi (1583–1653) gehörte zu den wenigen Künstlerinnen, die großformatige Gemälde mit religiösen und geschichtlichen Themen schufen. Ihr Können verdankt sie der Ausbildung durch ihren Vater, der ein Meister der Historienmalerei war. Im Selbstbildnis setzt sie ihre Person als Verbildlichung der Malerei ein → 181. Solche Motive mit einer übertragbaren Bedeutung werden → **Allegorien** genannt.

18. und 19. Jahrhundert

Durch die verbesserten Ausbildungsmöglichkeiten auch außerhalb der Familie wuchs die Zahl professioneller Künstlerinnen im 18. und 19. Jahrhundert. Sie unterrichteten gelegentlich auch selbst, wie das Porträt von Adélaide Labille-Guiard (1749–1803) zeigt → 182.

Gabriele Münter (1877–1962) → 183 und ihre Kolleginnen Käthe Kollwitz und Paula Modersohn-Becker (1876–1907) besuchten am Ende des 19. Jahrhunderts spezielle Kunstschulen für Frauen.

20. Jahrhundert und Gegenwart

Mit der Öffnung der staatlichen Hochschulen stand einer guten und kostenlosen Ausbildung für Frauen offiziell nichts mehr im Wege. Durch die gesetzlich festgeschriebene Gleichberechtigung und die schrittweise Angleichung der gesellschaftlichen Rollen von Männern und Frauen steigerten sich im Laufe des 20. Jahrhunderts die Erfolgschancen von Künstlerinnen.

Heute liegt der Anteil von weiblichen Studierenden an Akademien und Hochschulen bei über 50 %, und es gab wohl noch nie so viele gut ausgebildete Frauen in allen Bereichen der Kunst. Eine der erfolgreichsten von ihnen ist Rosemarie Trockel (*1952). In Zeichnungen, Fotos, Videos, gestrickten und gestickten Bildern und Objekten hat sie sich auch immer wieder mit der Rolle der Frau in der Gesellschaft auseinandergesetzt → 184.

Arbeitsanregungen

1 Wähle eines der vier gemalten Selbstporträts → 180–183. Beschreibe es genau und erkläre, wie sich die Künstlerin als Künstlerin darstellt und was das über sie aussagt.
2 Male ein Selbstporträt, das dich bei einer künstlerischen Tätigkeit zeigt.
3 Überlege, welche konkreten Auswirkungen die schlechte Ausbildung von Künstlerinnen in der Vergangenheit hatte.
4 Sammle Informationen zu anderen Künstlerinnen der Kunstgeschichte und der Gegenwart. Stelle sie in einem Referat oder einer Ausstellung vor.
5 Rosemarie Trockel wählte für ihre Selbstdarstellung ein privates Foto aus, das stark vergrößert auf eine Leinwand übertragen wurde → 184. Es zeigt sie als Jugendliche im Zimmer ihrer Schwester vor einer Wand, die mit den Stars der damaligen Zeit beklebt ist. Erkläre, welche Absicht die Künstlerin mit dieser Darstellung verfolgt.

Das Motiv der Puppe in Hannah Höchs Kunst

185 Hannah Höch als Figurine mit einer ihrer Puppen, ca. 1925, Fotografie; Berlin, Berlinische Galerie, Hannah-Höch-Archiv

Eine kopflose Tänzerin im Bildmittelpunkt und zahlreiche Figuren mit halslos aufgesetzten großen Köpfen bevölkern die Collage *Schnitt mit dem Küchenmesser Dada* → 156, S. 91. Einige erinnern an Marionetten, die von unsichtbaren Fäden bewegt werden. Andere Körper wirken mit ihren übergroßen Köpfen kindlich tollpatschig und puppenhaft.

Puppen in Hannah Höchs Kunst

Für Hannah Höch haben Puppen stets eine wichtige Rolle gespielt. Das Foto → 185 zeigt die Künstlerin in einem verspielten Kostüm mit einer von ihr hergestellten Figur. Als „Dada-Puppen" waren sie Teil ihres künstlerischen Werks und wurden in Ausstellungen (etwa auf der Dada-Messe 1920) gezeigt. Auch in Höchs Gemälden, Zeichnungen und Collagen tauchen immer wieder puppenhafte Wesen auf.

Viele moderne Künstler und besonders die Dadaisten nutzten vorgefertigte Nachbildungen von menschlichen Körpern für ihre Werke. Mit mechanischen Automatenmenschen oder künstlichen Köpfen drückten sie beispielsweise ihre Angst gegenüber den technischen und gesellschaftlichen Entwicklungen ihrer Zeit aus → 170, S. 99. Anders als ihre Kollegen stellte Höch mithilfe dieser künstlichen Wesen eher private Verhältnisse dar, wie die Gefühle und Beziehungen zwischen den Menschen. Ihr Vorgehen ähnelt dem der Kinder, die mit ihren Puppen spielerisch die Welt der Erwachsenen erproben. So verwendete die Künstlerin puppenhafte Figuren, wenn sie sich mit ihrer eigenen Rolle auseinandersetzte. Frauen wie Hannah Höch wollten sich nicht länger nur als fürsorgende Hausfrau und Mutter betätigen, sondern auch in Ausbildung, Studium und Beruf anerkannt werden. Im Zuge der ersten Emanzipationsbewegung kämpften sie für Gleichberechtigung zwischen den Geschlechtern und für die Unabhängigkeit der Frauen. In den Jahren zwischen 1919 und 1927 schuf Höch gleich mehrere Bilder zum Thema „Braut", „Hochzeit" und „Mutterschaft".

Die Braut

In dem Gemälde *Die Braut* → 188 spiegeln sich viele Überlegungen und Ängste der Künstlerin wider. Höch hat hier die Arbeitsweise der Collage auf ihre Malerei übertragen. Dieses Verfahren ermöglicht ihr die Auswahl und Kombination verschiedenartiger Bildmotive. Die harte Schnitttechnik und die Kontraste (= Gegensätze) der Collage prägen auch die malerische Umsetzung. Vor einem nicht näher bestimmbaren Hintergrund in fließenden Gelb- und Rottönen stehen die Brautleute wie Schaufensterpuppen auf einem sockelartigen Podest. Der Mann wirkt in seiner steifen, angespannten Haltung nachdenklich und traurig. Eingehängt in seinen angewinkelten Arm erscheint die Braut mit einem riesigen Kopf. Ihr süßes Puppengesicht entspricht

186 Hannah Höch: *Zwei Dada-Puppen*, 1916; Textilien, Pappe, Perlen, Höhe 57 cm; Berlin, Berlinische Galerie

187 Hannah Höch: *Die Puppe Balsamine*, 1927; Aquarell auf Papier, 25,5 x 17 cm; Düsseldorf, Galerie Remmert und Barth

in idealer Weise dem „Kindchen-Schema": Durch die unverhältnismäßige Größe, das kleine Mündchen, die großen Kulleraugen und Pausbacken werden menschliche Schutzinstinkte wachgerufen, wie sie auch bei kleinen Babys wirken. Der ängstlich erschrockene Blick der Püppchen-Braut wendet sich den geflügelten Gegenständen zu, die das Paar umkreisen. Sie erscheinen in farbig abgestuften Kreisflächen, die an Seifenblasen oder Heiligenscheine erinnern. Es sind Symbole, die das Schicksal der Ehefrau verbildlichen. Die rote Rose, die von unten links aufsteigt, könnte für die Liebe stehen, mit ihren Dornen aber auch bevorstehenden Schmerz ankündigen. Der Apfel mit der Schlange ist traditionell das christliche → **Symbol** der Versuchung und Erbsünde. Das saugende Baby deutet auf zukünftiges Mutterglück hin, und das Speichenrad kann als Zeichen für Fortschritt, Zukunft und Glück gelesen werden. Zu Höchs Zeiten war dieses Rad ein Firmenzeichen der Deutschen Reichsbahn. Vielleicht spielt die Künstlerin damit auf eine Reise oder einen Abschied an (zum Beispiel die Hochzeitsreise oder die Trennung der Braut vom Elternhaus). Auf eher traurige Zeiten weisen das gefesselte Herz mit dem schweren Gewicht und das tränende Auge hin. In absteigender Flugrichtung erscheint unten rechts eine Distel. In der christlichen Bildtradition erinnert die stachelige Heilpflanze an die Leiden Jesu und der Märtyrer. Im Alltag wird das Gewächs aber auch mit Charaktereigenschaften wie „Zickigkeit" und „Kratzbürstigkeit" in Verbindung gebracht.

188 Hannah Höch: *Die Braut oder Pandora*, 1927; Öl auf Leinwand, 114 × 66 cm; Berlin, Berlinische Galerie

Arbeitsanregungen

1 Male oder fotografiere eine deiner (ehemaligen) Lieblingspuppen oder -spielfiguren in einer ungewohnten Umgebung.
2 Gestalte mit Puppen und anderem Spielzeug einen Fotoroman, der eine kurze, spannende oder lustige Geschichte aus dem Alltag erzählt.
3 Fertige aus Abfallmaterial und ausrangiertem Spielzeug Marionettenpuppen an. Führt mit euren Puppen in der Gruppe kurze Stücke auf.
4 Ersetze Höchs Brautpaar durch ein Selbstbildnis (Zeichnung, Malerei, Papier- oder Digitalcollage). Versuche die Vorstellungen von deiner eigenen Zukunft (Wünsche, Hoffnungen und Ängste) bildhaft darzustellen.

Besser wohnen – das *Bauhaus* in Dessau

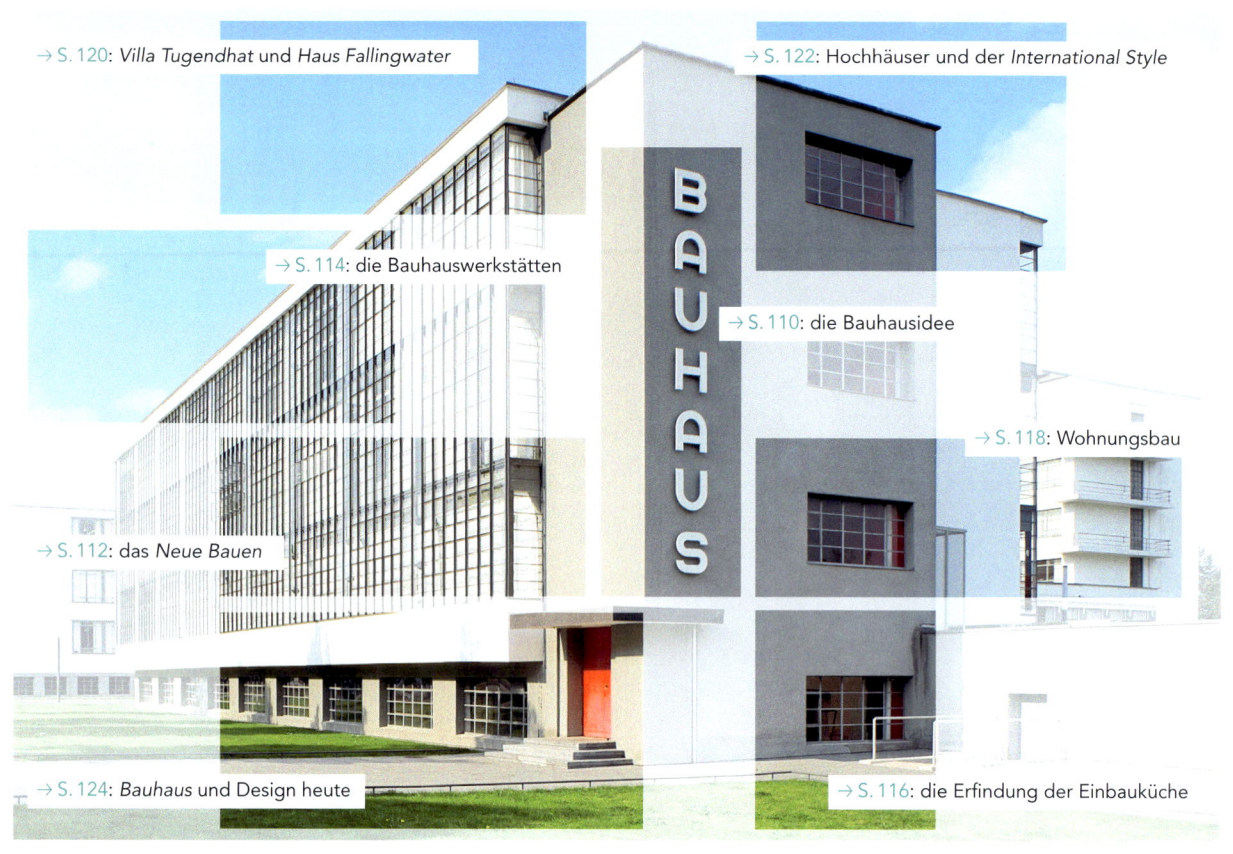

→ S. 120: *Villa Tugendhat* und *Haus Fallingwater*

→ S. 122: Hochhäuser und der *International Style*

→ S. 114: die Bauhauswerkstätten

→ S. 110: die Bauhausidee

→ S. 118: Wohnungsbau

→ S. 112: das *Neue Bauen*

→ S. 124: *Bauhaus* und Design heute

→ S. 116: die Erfindung der Einbauküche

189 **Das *Bauhaus*:** die Themen in diesem Kapitel

In diesem Kapitel geht es um das *Bauhaus*, das war eine Hochschule für Gestaltung, die von 1919 bis 1933 existierte. Du erfährst, was das *Bauhaus* ist, und lernst die einzelnen Werkstätten kennen, in denen Künstler und Handwerker zusammenarbeiteten und moderne, zeitgemäße Produkte entwarfen. Du lernst dabei, wie die Bauhausidee die Gestaltung von Architektur und Design bis heute prägt.

Das *Bauhaus* – eine Hochschule für Gestaltung

Das *Bauhaus* wurde 1919 von dem Architekten Walter Gropius (1883–1969) in Weimar als Schule zur Gestaltung gegründet. Beteiligt waren bekannte Künstler, Handwerker und Architekten. Ihre Ideen prägen bis heute unser Verständnis von Wohnen und Design. Walter Gropius beschrieb 1926 die Ziele des *Bauhauses* so: „Das Bauhaus will der zeitgemäßen Entwicklung der Behausung dienen, vom einfachen Hausgerät bis zur fertigen Wohnung. […] Der moderne Mensch, der sein modernes, kein historisches Gewand trägt, braucht auch moderne, ihm und seiner Zeit gemäße Wohngehäuse mit allen der Gegenwart entsprechenden Dingen des täglichen Gebrauches."

Mit dem Namen *Bauhaus* haben die Gründer bewusst den Bezug zu einer bewährten mittelalterlichen Einrichtung hergestellt: In der *Dom-Bauhütte*, einer Werkstattgemeinschaft, waren alle an der Ausgestaltung des großen Bauwerks beteiligten Menschen vereint: Handwerker, Bildhauer, Maler, Baumeister.

Auch im *Bauhaus* in Dessau gab es unterschiedliche Werkstätten, in denen Künstler und Handwerker zusammenarbeiteten und Produkte entwarfen, die man industriell herstellen konnte. Die Dinge sollten einfach bedienbar sein und ihrem Zweck entsprechen.

Die Geschichte des *Bauhauses*

– **1919** öffnete das *Staatliche Bauhaus in Weimar*. Gründungsdirektor war Walter Gropius. Zahlreiche Künstler unterrichteten in den Werkstätten.
– **1925** siedelte das *Bauhaus* wegen rechtsnationaler politischer Anfeindungen von Weimar nach Dessau über. Dort entstanden das Bauhausgebäude und die *Meisterhäuser* für die Lehrer. Es erschien eine eigene Zeitschrift, die die Arbeit des *Bauhauses* vorstellte.

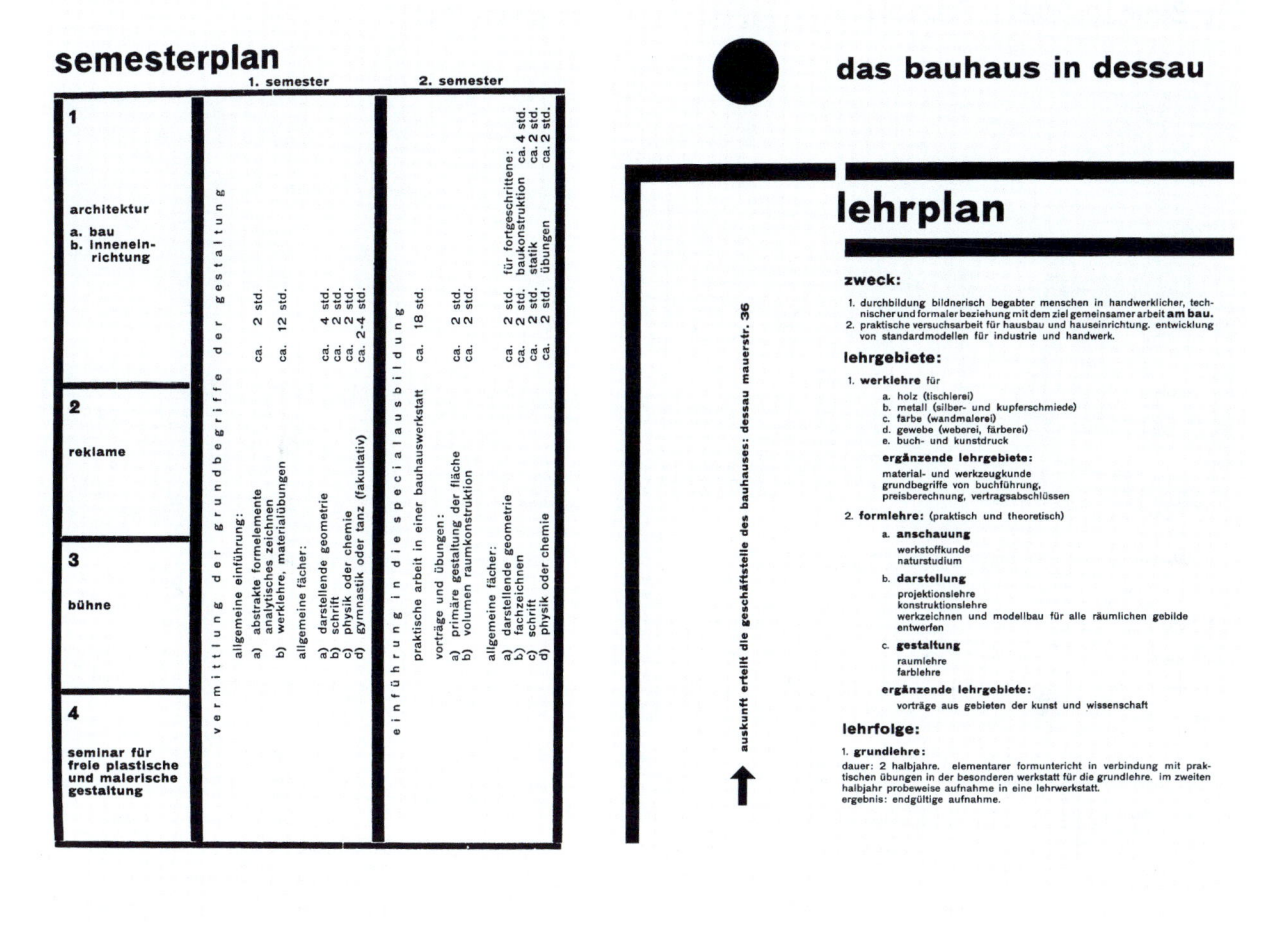

190 Lehrplan des *Bauhauses* von 1925; typografische Gestaltung: Herbert Bayer

- **1928** übernahm der Architekt Hanns Meyer (1889–1954) die Leitung des *Bauhauses*. Die Entwurfsarbeit für die Industrie wurde verstärkt.
- **1929** unternahm die *Bauhausbühne*, gegründet von Oskar Schlemmer (1888–1943), eine Tournee durch Europa.
- **1930** kam der Architekt Ludwig Mies van der Rohe (1886–1969) als neuer Direktor an das *Bauhaus*. Die staatlichen Gelder wurden zunehmend gekürzt, die politischen Anfeindungen nahmen zu.
- **1932** beschloss die nationalsozialistische Mehrheit des Dessauer Gemeinderats, das *Bauhaus* aufzulösen. Noch im selben Jahr übersiedelte das *Bauhaus* nach Berlin, wo es in einer ehemaligen Telefonfabrik ein Notquartier fand.
- **1933** stürmte die Polizei mithilfe nationalsozialistischer Kämpfer das Berliner Bauhausgebäude und verhaftete vorübergehend zahlreiche Studenten. Viele angesehene Lehrer und Studierende verließen in den folgenden Jahren Deutschland und gingen ins Ausland, vor allem in die USA.
- **1937** gründeten Bauhauslehrer und ehemalige Schüler in Chicago *The New Bauhaus*. Es schloss ein Jahr später und wurde zunächst als *School of Design* und schließlich als *Institute of Design* weitergeführt. Zahlreiche Absolventen des *Bauhauses* gründeten später in vielen Ländern weitere Schulen, etwa Max Bill die bis 1969 bestehende *Hochschule für Gestaltung* in Ulm.
- **1976** war die Restaurierung des Bauhausgebäudes abgeschlossen. Es diente nun wieder der Öffentlichkeit als Ort für Seminare, Kongresse und Ausstellungen.
- **1992** wurde im Bauhausgebäude in Dessau wieder eine Schule für Gestaltung eingerichtet.

Arbeitsanregungen
1 Beschreibe anhand des Informationsblattes → 190 das Lehrprogramm des *Bauhauses*.
2 Die Gestaltung des Informationsblattes folgt den neuen Grundsätzen der Gestaltung: klarer Aufbau, sachliche, asymmetrische Aufteilung. Vergleiche den Aufbau der Seiten mit heute verbreiteten Informationsblättern. Beachte dabei die Schriftgestaltung (Typografie).

Die Bauhausidee – Forderungen an eine neue Architektur

191 Walter Gropius: Vestibül (Eingangshalle), 1925/26

192 Walter Gropius: Aula (Vortragssaal), 1925/26

Die Bauhausidee

In Dessau konnte Gropius einige grundlegende Gedanken verwirklichen:
- Ein Haus soll von seinen Aufgaben und den Bedürfnissen seiner Benutzer her („von innen") entwickelt werden. Erst die gelungene Einheit von Zweck und Form ist „schön".
- Aus der Funktion ergibt sich eine Gestaltung, die nicht das Äußerliche betont: Auf Verzierungen und „Verspieltheit" wird verzichtet. Der Architekt beschränkt sich auf „typische, jedem verständliche Grundformen".
- Neueste Materialien und Produktionstechniken sollen genutzt werden (damals Stahl, Beton, Glas, Fertigteile).
- Die Bedürfnisse der Menschen und die Anforderungen der Industriegesellschaft sollen in Einklang gebracht werden. Dabei geht es auch um die „Ausnutzung von Raum, Stoff, Zeit und Geld".
- Im Mittelpunkt soll der Mensch stehen: „Bauen bedeutet Gestaltung von Lebensvorgängen."

Das Bauhausgebäude – Blick auf die Architektur

Der Werkstattflügel → 231, S. 126, links: Die durchgehende Fensterfront, eine Konstruktion aus Profilleisten und Glas, sorgt für natürliches Licht in den Räumen. Keine Mauerflächen oder Stützpfeiler stören den Blick. Möglich wurde dies durch den Einsatz neuer Materialien und neuer Bautechniken: Die tragenden Teile sind Gerippe aus Stahlbeton und befinden sich im Inneren des Gebäudes.

Grundriss → 231, S. 126, rechts: Der Plan zeigt, dass sich das Gebäude dem Betrachter nicht von einem zentralen Punkt aus erschließt: Der Betrachter „muss rund um diesen Bau herumgehen, um seine Körperlichkeit und die Funktion seiner Glieder zu erfassen" (Gropius). Die Gebäude sind so angeordnet, dass der Lichteinfall in den Räumen für gute Arbeitsbedingungen sorgt.

Luftbildaufnahme → 231, S. 126, Mitte rechts: Im Vordergrund liegt das helle Atelierhaus mit Balkonen. Der Verbindungsbau zwischen den Werkstätten oben links und einem Berufsschultrakt rechts überspannt eine Straße. In dieser Gebäudebrücke befinden sich die Verwaltung und die Architekturabteilung.

Gesamtansicht von Südosten → 231, S. 126, unten: Die Gebäudeteile lassen sich an der klaren Gliederung ablesen: links außen der Werkstattflügel, ganz rechts das Atelierhaus der Studierenden, dazwischen der eingeschossige Verbindungsbau mit Gemeinschaftseinrichtungen (Kantine, Aula, Bühne). Die Mauerflächen wurden durch Zementputz und einen Anstrich aus Mineralfarben geschützt. Die weiße Farbe unterstreicht die Sachlichkeit und betont zugleich die Form.

Innenräume im Verbindungsbau
Ein Blick ins Innere → 191–193 zeigt, wie der Einsatz neuer Werktechniken die Gestaltung mitprägte: Die Beleuchtungskörper in der Eingangshalle entwarf der Bauhauslehrer László Moholy-Nagy (1895–1946) mit Studenten der Metallwerkstatt. Die Farbgestaltung ist ein Beitrag der Abteilung für Wandmalerei. Die Türen im Hintergrund führen zur Aula, dem Vortragssaal. Das Lampensystem dort ist eine Entwicklung der Metallwerkstatt, ebenso die damals neuartige Stahlrohrbestuhlung von Marcel Breuer (1902–1981). Die Raumfolge Aula-Bühne-Kantine und Eingangshalle ließ sich nach Öffnung der Trennwände zu einer großen Ebene verbinden.

194 Walter Gropius und A. Meyer (1881–1929): **Türklinke (Entwurf)**, 1922; Messing

195 Marcel Breuer (1902–1981): *Wassiliy-Sessel* **(Entwurf)**, 1925; Stahlrohr, Leder

193 Das Zimmer des Bauhausdirektors Walter Gropius, 1924

Vom Teppichboden über die Türklinke bis zum Stahlrohrstuhl →194, →195: Bei der Planung des Gebäudes hatte man alle Einzelheiten aufeinander abgestimmt. So entstand eine Einheit in Form und Stil, die zum Vorbild moderner Gestaltung wurde. Klinke und Stuhl werden bis heute hergestellt.

Arbeitsanregungen
1 Überprüfe dein Schulgebäude anhand der Grundsätze von Walter Gropius.
2 Beschreibe, welche Grundsätze sowohl beim Gebäude des *Bauhauses* als auch bei den abgebildeten Produkten verwirklicht werden.
3 Zeichne den Grundriss einer Schule, die sich sowohl an den Bedürfnissen der Schüler als auch der Lehrer orientiert. Berücksichtige dabei auch die unterschiedlichen Funktionen der einzelnen Räume.
4 Beschreibe, wie die Einrichtung im Büro von Gropius →193 aufeinander abgestimmt ist. Achte dabei auf die Formen.

Die traditionelle Architektur und das *Neue Bauen*

196 Balthasar Neumann (1687–1753): Treppenhaus der Residenz in Würzburg, 1735

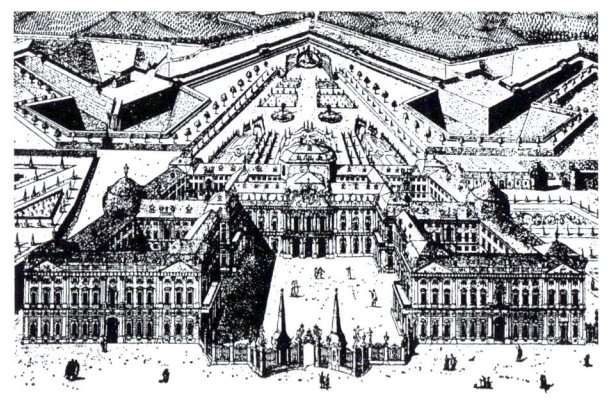

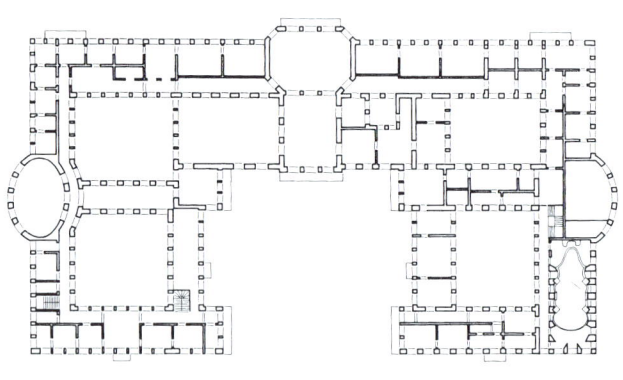

197 Ansicht der Residenz in Würzburg (Stich von 1760)

198 Grundriss der Residenz in Würzburg

Das *Neue Bauen* bedeutete einen Bruch mit der gewohnten Auffassung von Architektur. Viele Gebäude der → **Renaissance** und des → **Barock** besaßen eine prunkvolle Schauseite (→ **Fassade**), die der Selbstdarstellung der Auftraggeber und Besitzer diente. Die Bauten waren symmetrisch angelegt, der linke und der rechte Teil (Flügel) des Gebäudes sahen also gleich aus. Die Wege und sonstigen Zugänge zu den Gebäuden waren so gestaltet, dass der Blick des Besuchers direkt auf das Gebäude gelenkt wurde → 196–198. Ornamente und Verzierungen waren wichtig. Das galt auch noch für die → **Jugendstil**-Bauten mit ihren geschwungenen, oft pflanzenähnlichen Formen → 201.

Ganz anders das Bauhausgebäude: Es erschließt sich dem Betrachter nicht von einem Punkt aus, und die Architekten verzichteten auf schmückende Ornamente bei der Fassadengestaltung. Die Bauhausarchitekten lehnten zudem die Stilnachahmung als unzeitgemäß ab: Bis zum Ende des 19. Jahrhunderts griff man häufig die Baustile vergangener Epochen auf und verwendete Bauelemente aus diesen Epochen – wie zum Beispiel antike Säulen oder Renaissancegiebel (→ **Historismus**). Das Bauhaus wollte dagegen eine Architektur, die der Gegenwart entsprach und nicht Altes zitierte.

199 Oskar Schlemmer (1888–1943): *Bauhaustreppe*, 1932; Öl auf Leinwand, 161 x 113 cm; New York, Museum of Modern Art, Archiv (Familiennachlass Schlemmer)

200 Theodore Lux Feininger (*1910): *Die Bauhaustreppe*, 1927; Fotografie

201 Victor Horta (1861–1947): Treppenhaus im *Haus Tassel* in Brüssel, 1892/93

Arbeitsanregungen

1 Die Treppenhäuser auf dieser Doppelseite unterscheiden sich grundlegend voneinander. Beschreibe deren architektonische Form, das verwendete Material, die Raum- und die Lichtwirkung. Erkläre anschließend am Beispiel der Treppenhäuser, wie sich das *Neue Bauen* von der traditionellen Bauweise unterscheidet.

2 Sammle Abbildungen weiterer Treppenhäuser und vergleiche sie.

3 Treppenhäuser sind interessante Motive für den Fotografen. Experimentiere selbst mit dem Fotoapparat.

Webcode: KE1201906-113

Die Bauhauswerkstätten – Formen für den täglichen Bedarf

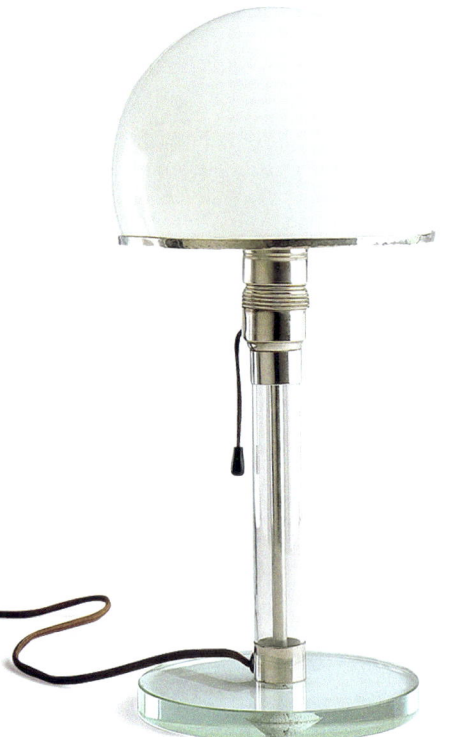

Neue Produkte – zeitgemäßes Design

Eine Reihe technischer Entwicklungen hatte ab etwa 1880 für eine Vielzahl neuer Erfindungen und Geräte gesorgt: elektrische Glühlampe, Staubsauger, Telefon, Bügeleisen, Haartrockner, Waschmaschine, Elektroherd. Anfangs ahmte die Industrie nur die Formen handwerklich hergestellter Produkte nach: Die ersten Automobile sahen noch aus wie Pferdekutschen, und aus den Möbelfabriken kamen Stühle, Tische und Schränke, die verziert waren wie Barockmöbel. Oftmals erwiesen sich die maschinellen Nachbildungen handwerklicher Erzeugnisse für die neue Massenproduktion als ungeeignet: Sie waren von schlechter Verarbeitung und unpraktisch im Gebrauch. Manches – etwa ein Telefon in barocken Formen – wirkte lächerlich. Die industrielle Massenproduktion und deren Vermarktung stellten somit ganz neue Anforderungen. Das moderne Design entstand und damit der Beruf des Designers.

202 Wilhelm Wagenfeld (1900–1990): Tischlampe (Entwurf), 1923/24

Die Werkstätten

Eine Einheit von industrieller Qualität und funktioneller, „guter" Form zu schaffen, war das Ziel des *Bauhauses*. Die Entwürfe dazu lieferten die einzelnen Bauhauswerkstätten: eine Metallwerkstatt, eine Tischlerei, eine Töpferei, eine Weberei und Kunstdruckerei. Außerdem experimentierte man mit Fotografie und Schriftgestaltung (Typografie). In den Werkstätten versuchte man, den Ansprüchen der Bauhauslehrer an eine zeitgemäße Gestaltung aller Bereiche des Wohnens gerecht zu werden.

203 Marcel Breuer (1902–1981): Wohnraumschrank mit Vitrine (Entwurf), 1923

205 **Kaffeeservice *Form 29***, 1870–75; Porzellan; Lorenz Hutschenreuther Porzellanfabrik, Selb

204 **Kaffeeservice *Erdbeeren***, 1832; Porzellan; Königlich Privilegierte Porzellanmanufaktur, Tettau

206 **Kaffeeservice *Urbino***, 1930; Porzellan; Königliche Porzellan-Manufaktur (KPM), Berlin

Walter Gropius über das Entwerfen:
Ein Ding ist bestimmt durch sein Wesen. Um es so zu gestalten, dass es richtig funktioniert – ein Gefäß, ein Stuhl, ein Haus – muss sein Wesen zuerst erforscht werden; denn es soll seinem Zwecke vollendet dienen, das heißt seine Funktion praktisch erfüllen, haltbar, billig und ‚schön' sein. Diese Wesensforschung führt zu dem Ergebnis, dass durch die entschlossene Berücksichtigung aller modernen Herstellungsmethoden, Konstruktionen und Materialien Formen entstehen, die, von der Überlieferung abweichend, oft ungewohnt und überraschend wirken (vergleiche beispielsweise den Gestaltwandel von Heizung und Beleuchtung).

Arbeitsanregungen
1. Für die Entwicklung von Gebrauchsgegenständen in den Bauhauswerkstätten galten die gleichen Grundsätze wie beim Bauen. Vergleiche die abgebildeten Gegenstände → 202, → 203, → 206 und beschreibe, wie die Bauhausidee die Gestaltung dieser Gegenstände beeinflusst hat.
2. Erkläre, inwiefern die gewählten Formen dieser Produkte die industrielle Herstellung erleichtern.
3. Sammle Abbildungen von Tischlampen oder Wohnzimmerschränken (zum Beispiel aus Möbelkatalogen). Beschreibe die Unterschiede.
4. Entwirf für dich einen persönlichen Arbeitsplatz, der deinen Bedürfnissen entspricht und auch technische Neuerungen berücksichtigt.
5. Liste auf, in welche Räume die hier abgebildeten Porzellanservice am besten passen würden.
6. Ordne folgende Begriffe den drei Kannen zu: Schlossplatz, Wohnzimmer, Coffee-Bar/Dampfer, Segelboot, Kutsche/Lifestyle, Kitsch, Gemütlichkeit.
7. Knapp 100 Jahre Entwicklung liegen zwischen den Kaffeeservices *Erdbeeren* → 204 und *Urbino* → 206. Beschreibe die Veränderung. Beurteile die Objekte nicht nur nach der äußeren Form und Gestaltung, sondern auch nach dem möglichen Aufwand der Herstellung und der Verwendbarkeit im Alltag (Haltbarkeit, Reinigung, Funktion).
8. Entwirf selbst ein Porzellangeschirr. Achte dabei auf Funktionstüchtigkeit, zum Beispiel darauf, dass es sich platzsparend stapeln lässt (Zeichnung).
9. Sammle Bilder von Alltagsgegenständen (zum Beispiel aus Katalogen, Internet) und vergleiche sie.
10. Legt eure Armbanduhren/Kugelschreiber/Füller jeweils nebeneinander in eine Reihe und beschreibt die Unterschiede.

Funktionalität ist alles – die Erfindung der Einbauküche

207 Küche einer sechsköpfigen Familie in Berlin, um 1911

208 Blick in die Frankfurter Küche, um 1926

Hausarbeit war früher Schwerstarbeit. Das lag nicht nur an fehlenden Geräten (zum Beispiel Waschmaschine), sondern auch an der Einrichtung. Die Planung einer praktischen Küche wurde deshalb zu einer wichtigen Aufgabe. Anhand der beiden Fotos →207 und →208 – zwischen ihnen liegen nur rund 15 Jahre – lässt sich sehr gut die Entwicklung zur praktisch eingerichteten, funktionalen Küche ablesen.

Die Frankfurter Küche

Die *Frankfurter Küche* →208, →209 ist als erste „Einbauküche" in die Architekturgeschichte eingegangen. Als Vorbild diente der Architektin Grete Schütte-Lihotzky (1897–2000) die *Mitropa*-Küche in den Speisewagen der Reichsbahn. Hier war auf kleinstem Raum alles griffbereit organisiert. Die Bewegungsabläufe und Handlungsfolgen wurden im Rahmen der Planung genau studiert. Das hatte man aus der Industrieproduktion gelernt. So entstand ein gut durchdachter Arbeitsraum, der sich durch folgende Merkmale auszeichnete:
– Küchenmöbel auf flachen, durchgehenden Sockeln
– glatte Oberflächen
– spezielle Besteckfächer und Schubkästen
– Schiebetüren bei den Oberschränken
– spitz zulaufende Aluminiumbehälter („Schütten") für Küchenvorräte
– herausklappbares Bügelbrett
– eine verschiebbare und höhenverstellbare Deckenlampe
– industriell herstellbare Teile

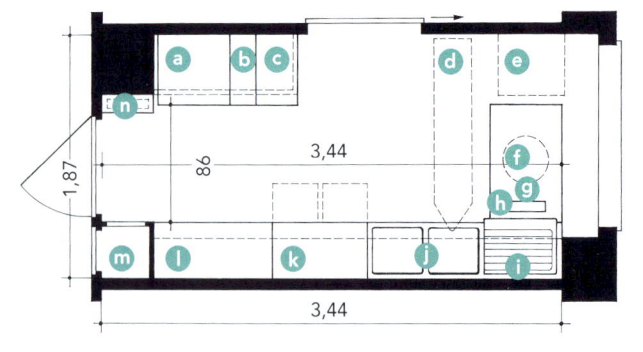

Arbeitsanregungen
1 Erkläre, welche Vorteile sich mit den genannten Merkmalen jeweils verbinden lassen.
2 Sieh dir den Grundriss der *Frankfurter Küche* genau an →209. Zeige, wo der Herd, wo die Spüle und wo die Arbeitsplatten sind. Überlege, warum diese Küchenelemente so und nicht anders angeordnet sind.
3 Die *Frankfurter Küche* wurde bis 1931 über 10000 Mal zu einem günstigen Preis verkauft. Erkläre den großen Verkaufserfolg. Vergleiche die Küche bei dir zu Hause mit den hier abgebildeten Küchen.
4 **a** Lies dir die Werbeanzeige für Marcel Breuers Stahlrohrstuhl genau durch →210. Liste auf, mit welchen Argumenten für Marcel Breuers Stahlrohrstuhl geworben wird.
b Erkläre, inwiefern sich hier Grundsätze des Bauhauses ablesen lassen.

209 Grundriss der *Frankfurter Normküche* (Maßstab 1:50): **a** Herd, **b** Abstellplatte, **c** Kochnische, **d** klappbares Bügelbrett, **e** Speiseschrank, **f** Drehstuhl, **g** Tisch, **h** Abfalleinwurf, **i** Abtropfbrett, **j** Spüle, **k** Vorratsschubladen, **l** Topfschrank, **m** Müll- und Besenschrank, **n** herausziehbare Abstellplatten

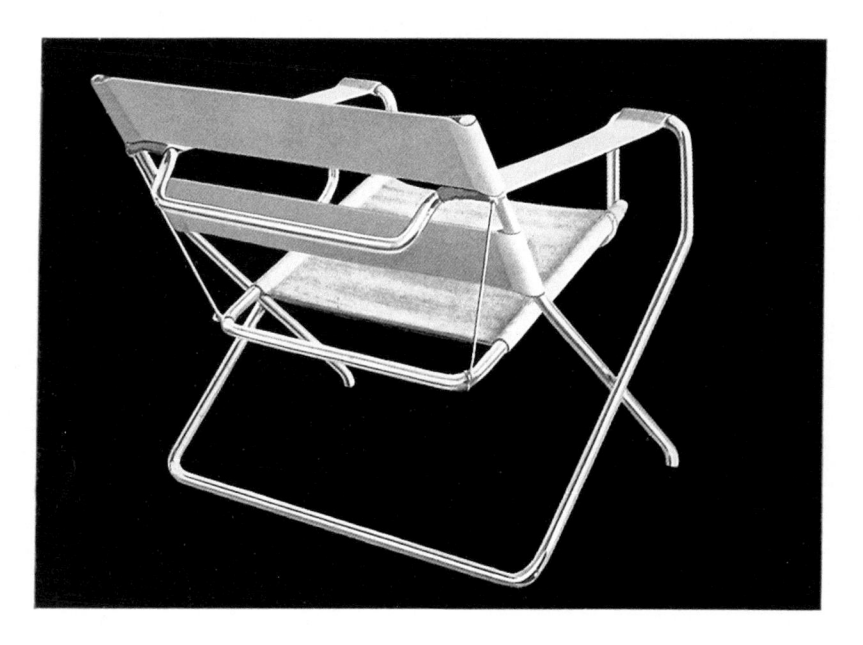

BREUER-METALLMÖBEL

HOCKER, STUHLE, DREHSTUHLE, KLUBSESSEL,
THEATERSESSEL, KLAPPSTÜHLE, TISCHE USW.

die stoffbespannten stahlrohrmöbel haben die **bequemlichkeit** von guten polstermöbeln, ohne deren gewicht, preis, unhandlichkeit und unhygienische beschaffenheit. je ein **typ** wurde für die notwendigen anwendungsarten ausgearbeitet und soweit verbessert, bis eine variation nicht mehr möglich war. hier ist zum ersten mal präzisionsstahlrohr zur konstruktion von sitzmöbeln verwendet worden. das stahlrohr ist in geringen querschnittdimensionen widerstandsfähiger als irgend ein anderes material, welches bisher für sitzmöbel angewandt wurde. es ergibt besondere **leichtigkeit** und auch eine besonders leichte erscheinung. sämtliche typen sind zerlegbar. die teile sind auswechselbar. beim transport spielt die leichtigkeit eine große rolle. ein stahlklubsessel z. b. wiegt ca. 6 kg (ein viertel bis ein sechstel eines gepolsterten klubsessels). in teile zerlegt lassen sich ca. 54 klubsessel oder ca. 100 rückenlehnstühle in 1 cbm verpacken. der **preis** eines klubsessels z. b. beträgt ca. 30 prozent von dem eines gepolsterten sessels. der eines theatersessels oder eines rückenlehnstuhles, beide mit stoffbespannung, beträgt ca. 75 prozent vom preise ähnlich flachgepolsterter holzmöbel. durch ihre haltbarkeit und hygienische beschaffenheit sind die **breuer-metallmöbel** im gebrauch ca. 200 proz. wirtschaftlicher als die üblichen sitzmöbel.

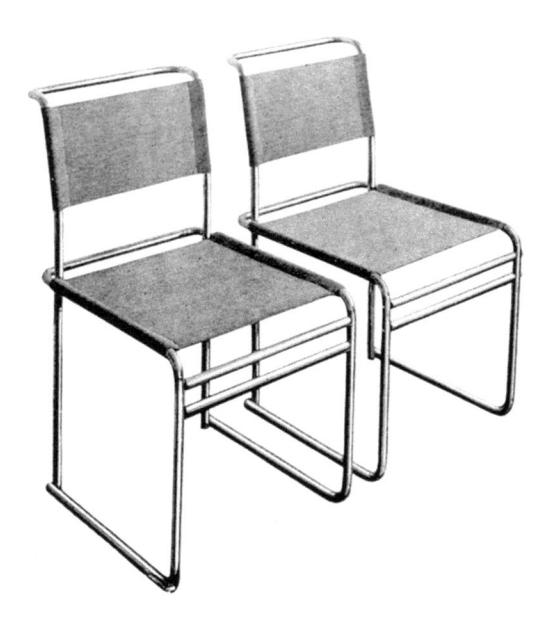

PRODUKTION UND VERTRIEB:

STANDARD-MÖBEL
LENGYEL & CO.
BERLIN W 62
Tel. Nollendorf 4009   BURGGRAFENSTRASSE 5

210 Werbeanzeige für Marcel Breuers Stahlrohrstuhl, um 1925

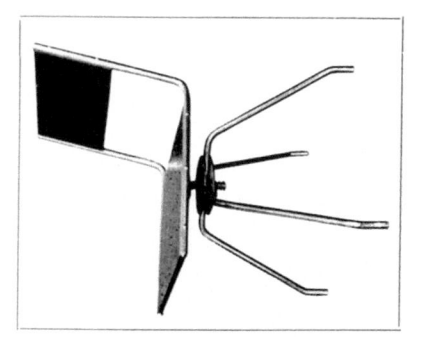

Wohnungsbau für eine moderne Gesellschaft

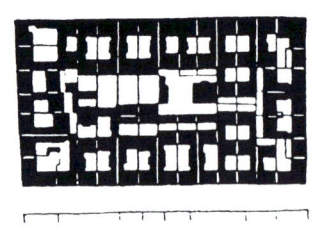

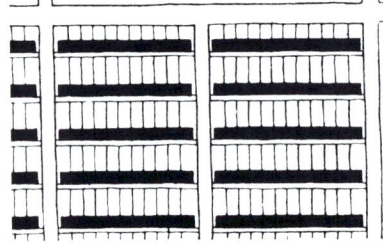

211 Mietskasernen mit Grundriss

212 Zeilenbau mit Grundriss

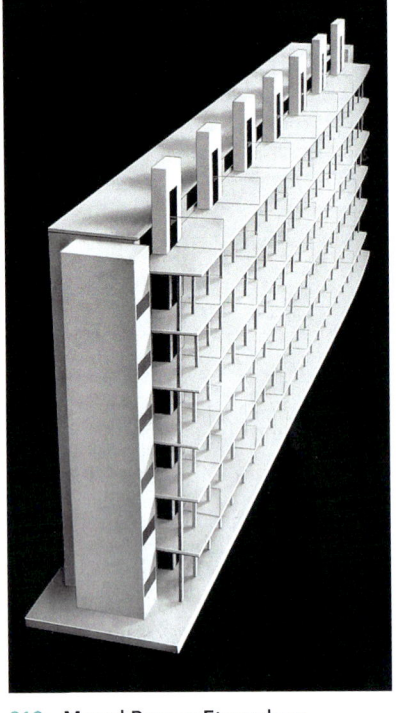

213 Marcel Breuer: Etagenhaus in Skelettbauweise für Kleinwohnungen (Entwurf), 1924

Wohnelend im 19. Jahrhundert

Das Bevölkerungswachstum führte im 19. Jahrhundert zu einer großen Wohnungsnot. Viele Menschen hofften auf einen Arbeitsplatz in der Industrie und zogen vom Land in die Großstadt. Die Zahl deutscher Städte über 100 000 Einwohner stieg zwischen 1871 und 1910 von acht auf 48. Der Wohnungsmangel hatte vielfach ein unwürdiges Leben auf engstem Raum zur Folge: bis zu sechs Bewohner je Zimmer, keine Bäder, Gemeinschaftstoiletten für das ganze Stockwerk, keine geregelte Abfallentsorgung, modrige Luft, wenig Licht. Das Mobiliar war karg, Kleiderschränke galten als Luxus und wurden in Raten abbezahlt. Als Inbegriff schlechten Wohnens galten Kellerwohnungen und „Mietskasernen": wabenartig angeordnete Häuserblocks mit einer langen Folge enger Hinterhöfe →211. Die dichte Bebauung war eine Folge der hohen Bodenpreise.

Neues Bauen

Viele Architekten, darunter Vertreter des *Bauhauses*, erkannten das Problem. Sie forderten eine sinnvolle Stadtplanung und entwarfen neue Wohnmodelle. Ein erster Schritt war die Abkehr von der „geschlossenen Bauweise" (Beispiel: Mietskaserne →211) hin zur „offenen Bauweise" mit grünen Freiflächen zwischen den Häusern (Beispiel: Zeilenbau →212). Neben einfachen Häuserzeilen gab es bald eine Vielzahl abwechslungsreicher Entwürfe, die jeweils den wichtigsten Grundsätzen des *Bauhauses* folgten.

Das Hauptziel war, Wohnraum zu schaffen, in dem die Bewohner gern lebten, der technisch einwandfrei, praktisch eingerichtet, formschön und vor allem bezahlbar sein sollte. Walter Gropius stellte 1927 für den Wohnungsbau folgende Forderungen auf:

– Untersuchung neuer raum- und materialsparender Techniken und Baustoffe: traditioneller Ziegelbau und seine Vereinfachung durch neue Bautechnik und neue Baustoffe, Bauweisen aus vorbereiteten Platteneinheiten, Skelettbauweisen, Betongerüst mit Füllkörpern, Stahlbauweisen
– Methoden zur fabrikmäßigen Herstellung von Wohnhäusern, Herstellung von montagefähigen Einzelteilen einschließlich Decken, Dächern, Wänden
– Normung (= Vereinheitlichung) von Bauteilen
– Die Grundrisse sollen der jeweiligen Wohnfunktion folgen.

214 *Weißenhofsiedlung* in Stuttgart, 1927

Leben im Licht: Skelettbauweise

Ein wesentlicher Fortschritt in der Bautechnik war die Skelettbauweise. Die tragenden Teile sind nicht mehr die Außenmauern, sondern Stahlbetonträger und Stützen im Gebäudeinnern. Diese Bauweise sorgt für größte Leichtigkeit und ermöglicht breite, helle Fensterfronten. Gleichzeitig lassen sich durch den weitgehenden Verzicht auf tragende Mauern veränderbare Grundrisse mit verschiebbaren Wänden planen. Diese können dann den jeweiligen Bedürfnissen der Bewohner angepasst werden. Marcel Breuer schuf das erste Modell eines solchen „scheibenförmigen Wohnhauses" → 213.

Mustersiedlungen

Neue Haus- und Wohnformen wurden in Mustersiedlungen erprobt. In Stuttgart entstand 1927 die *Weißenhofsiedlung* → 214. Beteiligt war eine internationale Architektengruppe unter Leitung des damaligen Bauhausdirektors Ludwig Mies van der Rohe → S. 120. Er selbst stellte ein Mehrfamilienhaus in Stahlskelett-Bauweise vor, das den Bewohnern aufgrund verschiebbarer Innenwände („freier Grundriss") größtmögliche Freiheit bot. Es entstanden auch vierstöckige Reihenhäuser mit einem Komfort, der heute in vielen Einfamilienhäusern ähnlicher Größe (112 m^2) normaler Standard ist. Die Einheitlichkeit der Ausstattung, die sich vom Mobiliar bis in die Gestaltung von Türklinken und Fenstergriffen erstreckte, lag in der Hand des Architekten.

Arbeitsanregungen

1 Konstruiere aus Karton und Papprohren das Modell eines Hauses in Skelettbauweise.
2 Entwirf ein Haus mit verschiebbaren Wänden, das sich den jeweils neuen Bedürfnissen anpasst (etwa wenn sich die Familiengröße ändert oder ein Jugendlicher ein eigenes Zimmer benötigt).
3 Suche in deinem Wohnort Gebäude in Skelettbauweise.

Webcode: KE1201906-119

Öffnung nach außen

215 Ludwig Mies van der Rohe: *Villa Tugendhat* in Brünn (Entwurf), 1928–30, Gartenseite

216 Straßenseite der *Villa Tugendhat* mit der gläsernen Rundung des Treppenhauses

217 Wohn- und Arbeitsraum in der *Villa Tugendhat* mit freistehender Trennwand aus weißem und goldgelben Onyx

Ludwig Mies van der Rohe

Im Jahr 1930 übernahm der deutsche Architekt Ludwig Mies van der Rohe (1886–1969) die Leitung des *Bauhauses*. Seine klaren Entwürfe nach dem Leitsatz „Weniger ist mehr" machten ihn berühmt. Mit dem *Haus Tugendhat*, einer Fabrikantenvilla in der tschechischen Stadt Brünn, gelang ihm eine besonders gute Umsetzung der Bauhausidee → 215–217. Er erfüllte dabei auch Forderungen, die eine andere Bewegung des *Neuen Bauens*, die holländische Gruppe *De Stijl*, aufgestellt hatte:
– Aufhebung des Gegensatzes zwischen Innen und Außen
– Offenheit statt Geschlossenheit
– Einfachheit statt Kompliziertheit
– Gestaltung statt Imitation und dekorativer Ornamente (Theo van Doesburg, 1925)

Die Tugendhat-Villa

Der neue, freie Umgang bei der Gestaltung des Raumes zeigt sich in einer frei stehenden Wand aus Onyx (ein Halbedelstein), die den großen Wohnbereich untergliedert. Die einzelnen Teile und Grundformen werden nach Belieben angeordnet und eingesetzt. Die Wirkung beruht nicht auf Verzierungen und Schmuck; es ist allein der Raum selbst, der wirkt.

Philip Johnson über die Tugendhat-Villa

Der Eindruck eines endlosen, fließenden Raumes wird durch die beiden ganz in Glas aufgelösten Außenwände gesteigert, die den Blick über den am Hang liegenden Garten und die Stadt freigeben. Ein Teil der Glasflächen lässt sich in den Boden versenken, wodurch die Einheit von Innen- und Außenraum noch erhöht wird. Bei Dunkelheit werden vor die Glaswände vom Boden bis zur Decke reichende Vorhänge aus Rohseide gezogen, die durch Farbe und Struktur die luxuriöse Atmosphäre des Inneren betonen. Die Eleganz des Raumes beruht nicht nur auf seiner Größe und der schlichten Schönheit seiner Gestaltung, sondern ebenso auf dem Kontrast der kostbaren Materialien und auf der Vollkommenheit der Details. Mit einer Gewissenhaftigkeit, die in unserer Zeit kaum eine Parallele hat, entwarf Mies van der Rohe Leuchten, Vorhangschienen und Heizungsröhren. Unnachahmlich ist auch die Kunst, mit der er die Anordnung der Möbel in den Gesamtentwurf einbezogen hat.

1957

218 Frank Lloyd Wright: *Haus Fallingwater (Haus Kaufmann) (Entwurf)*, 1936; Mill Run (bei Pittsburgh)

219 Frank Lloyd Wright: *Solomon R. Guggenheim Museum* in New York, 1959

Frank Lloyd Wright

Die Öffnung nach außen gehört auch zum Konzept des amerikanischen Architekten Frank Lloyd Wright (1869–1959). Allerdings unterscheidet sich seine Auffassung in vieler Hinsicht erheblich von der seiner europäischen Kollegen. Wright betonte viel stärker den Einklang zwischen Architektur und Natur. Das Gebäude und die landschaftliche Umgebung müssen aufeinander abgestimmt sein. Deshalb spricht man hier von „organischer Architektur". Ein Musterbeispiel ist das von Wright geplante *Haus Kaufmann*, meist *Fallingwater* genannt → 218, weil in das Gebäude ein Wasserfall einbezogen ist, sodass Natur und Architektur eine perfekte Verbindung eingehen. Ähnlich wie bei Mies van der Rohe öffnet sich das Haus durch breite Fensterfronten zur Landschaft. Wright verwendete neben den modernen Baumaterialien wie Stahl und Beton auch Naturstein. In einem anderen Haus bezog Wright sogar Ornamente der Maya-Indianer ein, um den Bezug zur Region herzustellen. Europäische Architekten seiner Zeit lehnten solche Dekoration strikt ab. Wright bevorzugte das Bauen in der freien Landschaft: Mit den *Prairie-* und *Cottage-Houses* (cottage = Landhaus, Sommerhaus) schuf er einen eigenen Haustyp.

Wrights Forderungen an die Architektur lauteten:
– die Trennwände auf ein Minimum reduzieren und einen umbauten Raum schaffen, der so angelegt ist, dass Licht, Luft und freie Sicht das Ganze einheitlich durchdringen können
– die Proportionen des Hauses mehr auf den Menschen abstimmen
– das Mobiliar als organische Architektur eingliedern, es so zu einem Teil des Gebäudes machen
– Verzicht auf kurvenreiche, schwülstige Dekoration, wenn sie nicht „stilrein" ist.

Wenn Wright Bauaufträge in der Stadt annahm, was selten vorkam, dann schlossen sich die Gebäude häufig zur Straßenseite hin ab. Abweisende Mauern mit wenigen Fenstern drückten Wrights Abneigung gegen die Großstadt aus. Wrights berühmtestes Bauwerk wurde das 1959 erbaute *Solomon R. Guggenheim Museum* in New York → 219, das sich mit seinen runden Formen deutlich von der strengen Hochhausarchitektur der Stadt abhebt. Der Besucher beschreitet im Inneren eine langsam ansteigende Spirale, an deren Wänden die ausgestellten Werke hängen.

Arbeitsanregungen

1 Vergleiche die Auffassung des Bauhausarchitekten Mies van der Rohe mit der Frank Lloyd Wrights. Liste auf, welche Gemeinsamkeiten und welche Unterschiede sich feststellen lassen.
2 Erkläre, warum Wright nur ungern Aufträge für Bauten in der Großstadt annahm.
3 Wright schmückte eines seiner Gebäude mit den Mustern der Maya-Indianer; gleichzeitig wandte er sich gegen „schwülstige, überladene Dekorationen". Erläutere, worin der Unterschied besteht.

Hochhäuser und der *International Style*

220 Howells & Hood (= John Mead Howells (1868–1959) und Raymond Hood (1881–1934)): *Tribune Tower*, Chicago, 1922

221 Eeliel Saarinen (1873–1950): Entwurf für den *Tribune Tower*, 1922 (nicht realisiert)

222 Walter Gropius & A. Meyer: Entwurf für den *Tribune Tower*, 1922 (nicht realisiert); Berlin, Bauhaus-Archiv

Der *Tribune-Tower*-Wettbewerb
Im Jahr 1922 beschlossen die Besitzer einer großen Zeitung in Chicago, ein neues Verlagshaus zu bauen. Es sollte ein repräsentatives Bürogebäude werden und die führende Stellung des Blattes *Chicago Tribune* unterstreichen. Dazu schrieben sie einen Wettbewerb aus, an dem sich auch europäische Architekten beteiligten. Die Erfahrung der Architekten mit dem Hochhausbau und den damit verbundenen technischen Herausforderungen waren allerdings noch sehr gering. Die eingereichten Entwürfe zeigen völlig unterschiedliche Auffassungen: Während viele Amerikaner sich bei der Fassadengestaltung an historischen Baustilen orientierten, bedienten sich die meisten europäischen Architekten einer neuen Formensprache.

Die konservativen Bauherren entschieden sich schließlich für den an die gotische Architektur erinnernden Plan von Howell & Hood → 220. An den finnischen Architekten Eeliel Saarinen (1873–1950) vergaben sie den zweiten Preis → 221. Der Entwurf der Bauhausarchitekten Gropius & Meyer → 222 ging leer aus. Dennoch hinterließen die Pläne der europäischen Architekten einen tiefen Eindruck. Schon wenige Jahre später setzte sich der sachliche Stil bei Hochhausbauten weltweit durch.

Mies van der Rohe und der *International Style*
Diesen weltweit erfolgreichen sachlichen Stil nennt man → **International Style**. Er ist ganz wesentlich mit dem Namen Mies van der Rohe verknüpft. 1938 wanderte Mies van der Rohe in die USA nach Chicago aus und wurde mit seinen Hochhausbauten weltweit zum Vorbild. Der *International Style* hatte sich durchgesetzt. In Chicago konnte Mies van der Rohe mit den Zwillingstürmen (1948–1951) und in New York mit dem *Seagram Building* (1954–1958) seine Idee von einem voll verglasten Hochhaus in Skelettbauweise verwirklichen → 223. Diese Gebäude wurden zum Vorbild einer ganzen Reihe ähnlicher Hochhäuser, die die Skyline vieler Großstädte prägen → 224. Äußerste Klarheit einfacher geometrischer Formen prägen den Bau. Gleichzeitig sparte Mies van der Rohe nicht an wertvollem Material wie Marmor und glänzendem Edelstahl. Wie alle Bauhausarchitekten achtete er auf jedes Detail.

Arbeitsanregungen

1. **a** Beschreibe und vergleiche die Stilmerkmale der hier abgebildeten Entwürfe für den *Chicago Tribune Tower* → 220–222.
   b Überlege, was die Auftraggeber bewogen haben könnte, sich für den Entwurf von Howell & Hood zu entscheiden → 220.
   c Der Entwurf von Gropius & Meyer wurde nicht berücksichtigt, wohl aber erhielt Eeliel Saarinen mit seinem Entwurf den zweiten Preis → 221. Finde Gründe dafür, warum Saarinens Entwurf in die engere Wahl gekommen sein könnte.
2. Suche nach Abbildungen von romanischen und gotischen Kirchen. Liste auf, welche stilistischen Merkmale die Architekten Howell & Hood übernommen haben.
3. Vergleiche den Entwurf von Gropius & Meyer mit dem Bauhausgebäude in Dessau → 222, → 231, S. 126.

223 Ludwig Mies van der Rohe & Philip Johnson (1906–2005): *Seagram Building* (Entwurf), New York, 1954–58

224 Die Skyline von Chicago, 1996

Die Bauhausidee lebt weiter

225 Otl Aicher: Sportpiktogramme für die Olympischen Spiele in München, 1972

226 Das Signet des *Bauhauses* Dessau, 1926

227 Das erste Signet (= Logo) des *Bauhauses* in Weimar, 1919

Die Ulmer *Hochschule für Gestaltung*

Ehemalige Schüler knüpften 1952 an die Tradition des *Bauhauses* an und gründeten in Ulm die *Hochschule für Gestaltung* (*HfG*). Ihr erster Leiter war der Schweizer Max Bill (1908–1994). Ein besonderer Schwerpunkt der *HfG* lag auf dem Entwurf von Gebrauchsgegenständen aller Art (Produktdesign) und der Gestaltung von Büchern, Zeitschriften und sonstigen gedruckten Medien (Visuelle Kommunikation/Grafikdesign). Zu den Lehrern und Schülern der *HfG* gehören bekannte Designer (zum Beispiel Otl Aicher und Alexander Neumeister). Deren Produkte wurden ähnlich vorbildhaft wie die des *Bauhauses*.

Visuelle Kommunikation

Von Otl Aicher (1922–1991) stammen die anlässlich der Olympischen Sommerspiele in München (1972) entwickelten Sportpiktogramme →225. Sie werden bis heute weltweit benutzt. Für dieses Großereignis stimmte Aicher erstmals die gesamte Gestaltung von Plakaten, Wegweisern, Fahnen, Briefköpfen und Broschüren genau aufeinander ab. Auf ein solch einheitliches Erscheinungsbild achten heute Firmen, aber auch Institutionen und Behörden: Die unterschiedlichen Produkte, das Firmenlogo, die Architektur des Verwaltungsgebäudes, aber auch der Schriftverkehr (zum Beispiel die Briefköpfe) und der Webauftritt sollen aufgrund der einheitlichen Gestaltung eine einprägsame, wiedererkennbare Wirkung entfalten. Produkt und Firma werden durch das Design miteinander verknüpft, das Unternehmen gibt sich dadurch ein „Image", eine Identität. Man spricht deshalb auch von *corporate design* oder *corporate identity*.

232 Marcel Duchamp: *Akt, eine Treppe herabsteigend, Nr. 2*, 1912; Öl auf Leinwand, 146 × 89 cm; Philadelphia, Museum of Art

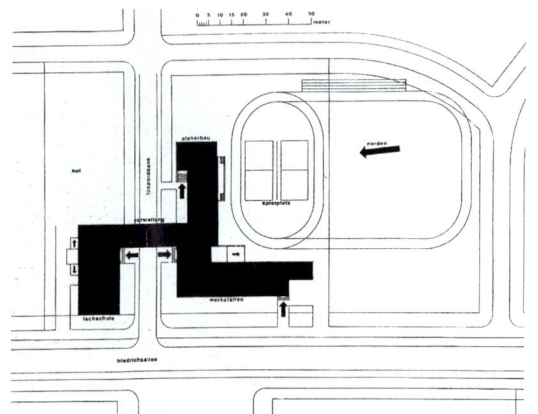

231 Walter Gropius: Das Bauhausgebäude in Dessau, 1925/26

Produktdesign

Gleichgültig, ob es das neue Modell eines Wasserhahns ist, ein Rasierer oder ein Hochgeschwindigkeitszug, ein Bürostuhl, ein Küchengerät oder das Cockpit eines Flugzeuges: Viele Produkte der Gegenwart stammen von den „Enkeln" des *Bauhauses*. In ihren Produktentwürfen versuchen sie Form und Funktion sinnvoll zu verbinden. Die auf dieser Seite abgebildeten Gegenstände zeigen Ergebnisse von Designern, die sich diesen Ideen verpflichtet fühlen.

Arbeitsanregungen

1 Beschreibe, inwiefern die hier abgebildeten Produkte die Forderungen des *Bauhauses* erfüllen. Stelle auch Abweichungen zur Formensprache des *Bauhauses* heraus.
2 Liste auf, welche Materialien bei Produkten, die heute entwickelt werden, eine besondere Rolle spielen.
3 Formuliere am Beispiel des Bürostuhls und des Wasserhahns Kriterien, nach denen man Designerzeugnisse bewerten kann → 228, → 229.
4 Geht in ein Möbelhaus und vergleicht die dort ausgestellten Stühle und Schreibtische. Schreibt auf, welche eurer Ansicht nach die Anforderungen an modernes Produktdesign erfüllen und für welche das weniger gilt.
5 Entwerft Wegweiser für eure Schule, die auch die einzelnen Fachräume symbolisieren.
6 Sammelt verschiedene Firmenlogos und vergleicht sie. Überlegt gemeinsam, was das Logo jeweils über Produkt und Unternehmen aussagt.
7 Du bekommst den Auftrag, selbst ein Logo (zum Beispiel für die Schule, für einen Betrieb) zu entwerfen. Überlege, wie du dabei am besten vorgehst.
8 Beschreibe die Entwicklung der Bauhauslogos zwischen 1919 und 1926 → 226, → 227.

228 Michel Millot (millot.design): Mischbatterie, 1984

229 K. Frank u. W. Sauer (Firma Wilkhahn): Bürostuhl, 1980

230 Alexander Neumeister: Magnetschwebebahn *Transrapid 06*, 1979

Bildende Kunst und Bewegung – Marcel Duchamp: *Akt, eine Treppe herabsteigend*

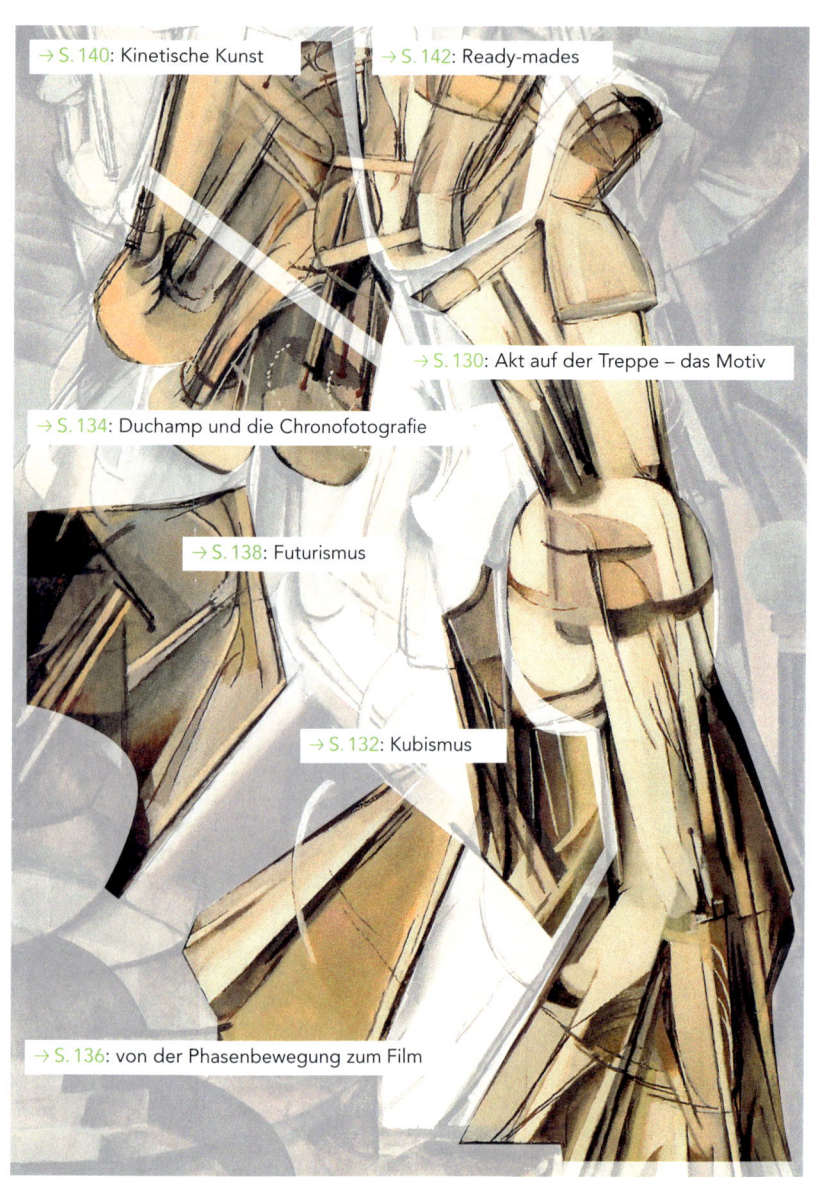

→ S. 140: Kinetische Kunst
→ S. 142: Ready-mades
→ S. 130: Akt auf der Treppe – das Motiv
→ S. 134: Duchamp und die Chronofotografie
→ S. 138: Futurismus
→ S. 132: Kubismus
→ S. 136: von der Phasenbewegung zum Film

233 Marcel Duchamp: *Akt, eine Treppe herabsteigend, Nr. 2*: die Themen in diesem Kapitel

Akt, eine Treppe herabsteigend
1913 fand in New York eine Ausstellung moderner europäischer Kunst statt. Auch das Bild von Marcel Duchamp → 232 wurde gezeigt. Es löste einen Skandal aus, weil es vielen Besuchern zu ungewöhnlich war. Duchamp hatte zum besseren Verständnis des Gemäldes den Titel unten links in die Ecke geschrieben: *Nu descendant un Escalier* (französisch: *Akt, eine Treppe herabsteigend*). Unter einem → **Akt** versteht man in der bildenden Kunst die Darstellung eines nackten Menschen. Doch zeigt dieses Bild einen Akt?

Marcel Duchamp über *Akt, eine Treppe herabsteigend*:
Ist es eine Frau? Ist es ein Mann? Nein. Um Ihnen die Wahrheit zu sagen, ich habe nie darüber nachgedacht, was es ist. […] *Akt, eine Treppe herabsteigend*, ist eine → **Abstraktion** der Bewegung. […] Die Idee eines Aktes, der eine Treppe hinuntersteigt, entstand durch die Tatsache, dass ich […] Fotografien gesehen hatte, die man Chronofotografien [→ S. 134] nannte. […] Man wird mir entgegnen, dass das keineswegs die Idee der Bewegung wiedergibt. In der Tat, das gibt sie nicht wieder, aber es beschreibt sie.

Der Künstler Marcel Duchamp
Henri-Robert-Marcel Duchamp wurde am 28. Juli 1887 als Sohn eines Notars bei Blainville in der Normandie (Frankreich) geboren. Schon früh interessierte er sich für Kunst, angeregt durch die Gemälde seines Großvaters, die im Haus der Familie hingen. Mit 15 Jahren begann er zu malen. 1904 folgte er seinen beiden älteren Brüdern nach Paris an die Kunsthochschule.

> In diesem Kapitel lernst du den Künstler Marcel Duchamp und sein künstlerisches Konzept kennen, das das Kunstverständnis des 20. Jahrhunderts entscheidend geprägt hat. Du wirst dich mit den Kunstrichtungen Kubismus und Futurismus auseinandersetzen und erfährst und erprobst, wie man Zeit und Bewegung im Bild darstellen kann, vom statischen bis zum bewegten Bild im Film. Außerdem lernst du die kinetische Kunst kennen, bei der Bewegung nicht dargestellt wird, sondern Teil des Kunstwerkes selbst ist.

234 Jacques Villon (eigentlich Gaston Duchamp, 1875–1963, Bruder von Marcel): *Porträt Marcel Duchamp*, 1951; Radierung, 24,5 × 31,5 cm; Paris, Privatbesitz

235 Alfred Stieglitz (1864–1946): *Marcel Duchamp*, um 1923; Fotografie

In seiner Malerei haben ihn die Kubisten → S. 132 und die Futuristen → S. 138 beeinflusst. Allerdings wollte er keine Kunst schaffen, die nur schön anzuschauen war. Sein Ziel war, Ideen-Kunst zu schaffen, die Anstoß geben sollte, über das Verständnis von Kunst neu nachzudenken. Duchamp verstand sich als „Nicht-Künstler", der an Kunst im herkömmlichen Sinn nicht interessiert war. Sein Denken über Kunst wurde zum entscheidenden Teil seiner Kunst. Schließlich gab er die Malerei ganz auf.

1914 kaufte er in einem Kaufhaus ein Gestell, das zum Trocknen von Weinflaschen diente. Diesen Flaschentrockner stellte er in seinem Atelier auf und erklärte ihn zum Kunstwerk. Zwei Jahre später prägte er für diese Art Kunst den Begriff → **Ready-made** → S. 142. Er schränkte seine Kunstproduktion ein und widmete sich mehr dem Schachspiel.

1915 reiste Duchamp nach New York, wo er ab 1920 ständig lebte. Hier entwickelte er die sogenannten *Rotoreliefs*, Kunstwerke, die nicht nur den Eindruck von Bewegung hervorriefen, sondern die sich tatsächlich bewegten → 259, S. 140.

1968 starb Marcel Duchamp. Auch wenn sein Werk nicht sehr umfangreich ist, so hat er mit seiner Kunst, besonders den Ready-mades, das Kunstschaffen und das Kunstverständnis des 20. Jahrhunderts maßgeblich beeinflusst.

Er sagte selbst: „Ich war darauf erpicht, dass die Malerei meiner Absicht diente; ich wollte von der Stofflichkeit der Malerei loskommen. […] Ich […] interessierte mich für Ideen, nicht nur für visuelle Ergebnisse. Einmal mehr wollte ich die Malerei in den Dienst des Geistes stellen."

Arbeitsanregungen
1 Zeichne die Figur, wie sie eine Treppe herabsteigt → 232 – aber zeichne nicht mehrere Bewegungsphasen, sondern nur eine Figur in einer „eingefrorenen" typischen Körperhaltung.
2 Beschreibe das Bild *Akt, eine Treppe herabsteigend* → 232. Zähle auf, welche menschlichen Körperteile sich an der Figur Duchamps erkennen lassen.
3 Lies den Quellentext und erkläre, was Duchamp mit „Abstraktion der Bewegung" meint.

Akt auf der Treppe

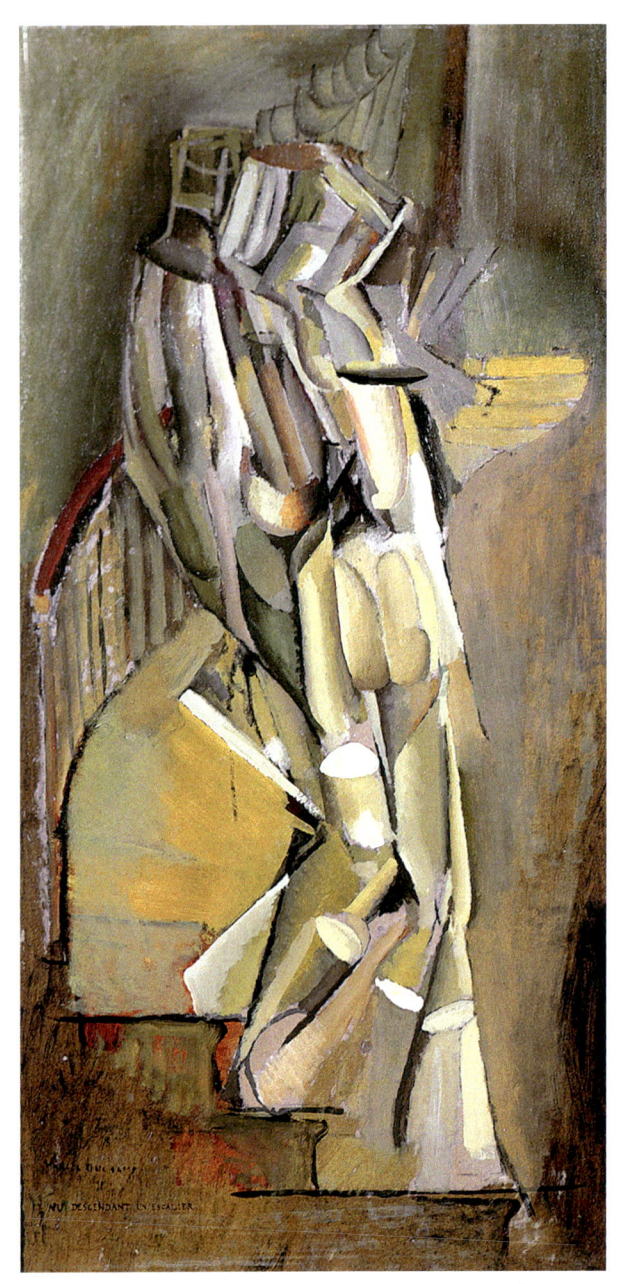

236 Marcel Duchamp: *Akt, eine Treppe herabsteigend, Nr. 1*, 1911; Öl auf Pappe, 96,7 × 60,5 cm; Philadelphia, Museum of Art, Sammlung Louise und Walter Arensberg

237 Marcel Duchamp: *Akt auf einer Leiter*, 1907/08; Bleistift auf Papier, 29,5 × 43,5 cm; Neuilly, Sammlung Magdeleine Duchamp

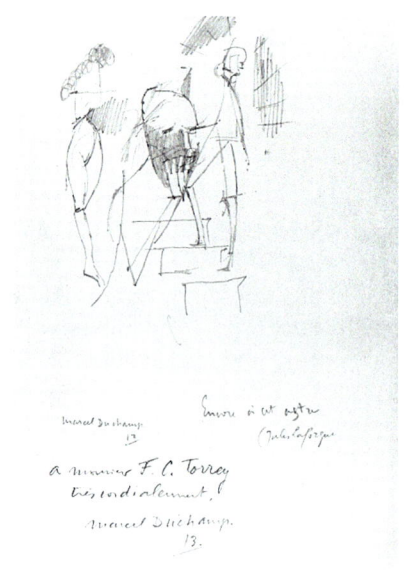

238 Marcel Duchamp: *Encore à cet astre*, Illustration zu einem Gedicht von Jules Laforgues, 1911; Bleistift auf Papier; Philadelphia, Museum of Art, Sammlung Louise und Walter Arensberg

Wie der *Akt, eine Treppe herabsteigend* entstanden ist

Bereits 1907/1908 beschäftigte sich Duchamp mit dem Motiv. Nach einem Modell zeichnete er eine Frau, die eine Leiter herabsteigt → 237. 1911 illustrierte er das Gedicht *Nochmals zu diesem Stern* (*Encore à cet astre*) von Jules Laforgues (1860–1887). In der Bleistiftskizze → 238 kann man eine Figur erkennen, die eine Treppe hinaufsteigt. Diese Illustration regte Duchamp an, eine Ölskizze auf Pappe → 236 zu malen. Auf dieser sieht man eine Figur, die in mehreren Bewegungsphasen eine Treppe herabsteigt. Die Treppe und ihr Geländer sind deutlich zu erkennen. Kurz danach begann Duchamp mit der Arbeit an dem großformatigen Gemälde → 232, S. 127. Er verringerte dabei das erkennbar Gegenständliche (die Figur und die Treppe) noch mehr.

Marcel Duchamp über den Entstehungsprozess

Der erste Entwurf war fast naturalistisch. Zum mindesten zeigte er ein paar Stücke Fleisch. Aber gleich danach, im Januar 1912, begann ich ein großes Gemälde mit demselben →**Sujet**, das mit →**Naturalismus** gar nichts mehr zu tun hatte. […] Anfangs, in der Zeichnung für Laforgues Gedicht, hatte ich den Akt hinaufsteigen lassen, aber dann kam mir der Gedanke, dass ein hinabsteigender Akt für das, was ich zum Ausdruck bringen wollte, vorteilhafter wäre. Majestätischer […] so wie es im Varieté gemacht wird, wenn die Mädchen diese langen Treppen herunterkommen.

Gerhard Richters *Akt auf der Treppe*

Auch das Gemälde von Gerhard Richter → 239 zeigt, wie eine Frau eine Treppe herabschreitet. Richter hat mit dünnflüssiger Farbe ein „verwischtes" Foto nachgemalt.

Während wir Duchamps Akt von der Seite sehen, kommt *Ema* auf den Betrachter zu. Statt durch eine Aufteilung in Phasen verdeutlicht Richter die Bewegung durch eine prägnante, genau treffende Körperhaltung.

Arbeitsanregungen

1 Vergleiche die zuerst entstandene Ölskizze → 236 mit dem Gemälde *Akt, eine Treppe herabsteigend* → 232, S. 127. Notiere, was sich verändert hat.
2 Beschreibe: Wie wird in den Zeichnungen der Eindruck erweckt, die Frau steige die Leiter hinab → 237 oder die Figur eine Treppe hinauf → 238?
3 Zeichne in einer Folge von fünf Bildern, wie eine Figur eine Leiter hinaufklettert. Zeichne auf Transparentpapier, sodass du die jeweils folgende Phase aus der vorherigen entwickeln kannst.
4 Vergleiche das Bild von Richter → 239 mit Duchamps Gemälde → 232, S. 127. Stelle zusammen, welche Mittel Richter anwendet, um die Bewegung erkennbar werden zu lassen.
5 Sammle aus Zeitschriften Bilder, in denen Menschen, Tiere oder Fahrzeuge in Bewegung dargestellt sind. Liste auf, wodurch der Eindruck von Bewegung erzielt wird.
6 Fotografiere deine Klassenkameraden so, dass für den Betrachter der Fotografien ein Bewegungsprozess deutlich wird.

239 Gerhard Richter (*1932): *Ema – Akt auf einer Treppe*, 1966; Öl auf Leinwand, 200 x 130 cm; Köln, Museum Ludwig

Kubismus

240 Pablo Picasso: *Frau mit Mandoline*, 1908/09; Öl auf Leinwand, 91 x 72,5 cm; St. Petersburg, Ermitage

241 Pablo Picasso: *Frau mit Mandoline*, 1910; Öl auf ovaler Leinwand, 80 x 64 cm; New Jersey, Privatsammlung

242 Juan Gris: *Stillleben mit Pfeife und Zeitung*, 1915; Öl auf Leinwand, 60 x 72 cm; Washington, National Gallery, Chester Dale Fund

Duchamps Brüder gehörten einer Künstlergruppe an, die sich als Kubisten bezeichneten. Im Februar 1912 bereiteten sie eine Ausstellung vor, zu der auch Marcel Duchamp sein Bild *Akt, eine Treppe herabsteigend* →232, S. 127 einreichte. Obwohl seine Malweise der kubistischen Kunst durchaus nahe war, wurde das Gemälde abgelehnt. Um das zu verstehen, muss man genauer fragen, was →**Kubismus** meint. Das französische Wort „cube" (Würfel) bezieht sich auf Bilder, in denen das Motiv bei Vereinfachung und Veränderung der Form aus eckigen, kantigen kleinen Flächen zusammengesetzt erscheint. Auf diese Weise, angeregt durch afrikanische Plastiken, malte Pablo Picasso (1881–1973) zum Beispiel das Motiv Frau →240, →241.

Analytischer Kubismus
Ab 1910 entwickelte Pablo Picasso zusammen mit Georges Braque (1882–1963) den *analytischen Kubismus* (von Analyse = Auflösung; systematische Untersuchung), bei dem die Formen zersplittert sind, bis das Motiv kaum noch erkennbar ist →241. Personen und Dinge können dadurch von verschiedenen Ansichten gleichzeitig gezeigt werden. Darüber hinaus wird die Flächigkeit des Bildes betont, weil der Künstler auf eine perspektivische Darstellung des Raumes verzichtet →S. 28–31 (→**Perspektive**). Die Farbigkeit wird begrenzt, meist auf Braun- oder Blautöne. Während diese neue Malweise beim Publikum zunächst auf Ablehnung stieß, wurde sie von zahlreichen jungen Künstlern begeistert aufgegriffen. Zu ihnen gehörten auch Duchamps Brüder Jacques Villon (1875–1963) und Raymond Duchamp-Villon (1876–1918).

Synthetischer Kubismus
Ab 1912 verbanden die Künstler im weiterentwickelten *synthetischen Kubismus* (von Synthese = Zusammenfügung) verschiedene Materialien wie Ölfarben, Papier, Wachstuch, Kordel, Holz als →**Collage** miteinander, auch Bild- und Schriftelemente. Der Maler Juan Gris (1887–1927) ließ sich davon anregen: Sein Stillleben →242 ist eine gemalte *Collage*, bei der alltägliche Dinge in vereinfachter Form dargestellt sind und zu einem Bildganzen zusammengefügt werden. Jetzt erhält auch die Farbe wieder größere Bedeutung.

Neue Sehweisen
Es ging den Kubisten nicht darum, die sichtbare Welt einfach abzubilden, sondern neue Sehweisen zu erproben: Wie kann man im flachen Bild deutlich machen, dass der Gegenstand, den man zeigt, räumlich ist, also mehrere Ansichten hat? Sie zeigen nicht das Veränderliche, das Flüchtige, sondern halten das Ruhige, Bestehende fest. Der Kubismus ist vielleicht auch im Zusammenhang mit der Entdeckung der Röntgenstrahlen (1895) zu sehen. Diese haben bisher Unsichtbares sichtbar gemacht und so neue Sehweisen ermöglicht. Duchamp zum Beispiel kannte Röntgenaufnahmen. Auch ist der Kubismus eine malerische Gegenbewegung zur Fotografie, die ja auf mechanisch-technische Weise ein viel genaueres Abbild der Wirklichkeit im Bild festhalten kann als die Malerei. Die Malerei musste sich deshalb andere Ausdrucksmöglichkeiten erschließen.

Was will der Kubismus?
Wir sehen in ihm [dem Kubismus] das Mittel, um das auszudrücken, was unsere Augen und unser Geist wahrnehmen, und zwar bedienen wir uns aller Möglichkeiten, die uns die Zeichnung und Farbe als solche bieten.

Pablo Picasso

Malen ist keine nachbildende Kunst, sondern eine schaffende.

Guillaume Apollinaire

In Reaktion gegen die flüchtigen Elemente […] haben die Kubisten nach stabileren Faktoren gesucht. Man wählte nun die Art von Elementen, die durch die Erkenntnis im Geist haften bleiben und sich nicht ständig verändern. […] An die Stelle der sichtbaren Erscheinung einer Form setzte man das, was man für die wesentliche Qualität dieser Form hielt.

Juan Gris

Arbeitsanregungen
1 Die Abbildungen →240–242 sind Beispiele für Stationen der Entwicklung des Kubismus.
   a Beschreibe die Bilder und vergleiche sie.
   b Benenne mit Hilfe der Textinformationen diese Stationen und erläutere sie.
2 Erkläre die Zitate im Quellenkasten mit eigenen Worten und beziehe sie auf die Bilder dieser Doppelseite.
3 Betrachte das Gemälde *Akt, eine Treppe herabsteigend* →232, S. 127.
   a Erkläre, was an diesem Gemälde „kubistisch" ist und was nicht.
   b Überlege, welchen Grund es gegeben haben könnte, dass es zur Kubistenausstellung nicht zugelassen wurde.
4 Suche in Abbildung →241 nach Elementen, die helfen, die im Titel genannte *Frau mit Mandoline* annähernd zu erkennen.
5 Male auf ähnliche Weise eine Person mit den Stilmitteln des analytischen Kubismus.
6 Gestalte ein Stillleben in der Art des synthetischen Kubismus. (Du kannst eine gemalte Collage anfertigen oder verschiedene Materialien miteinander kombinieren.)

Duchamp und die Chronofotografie

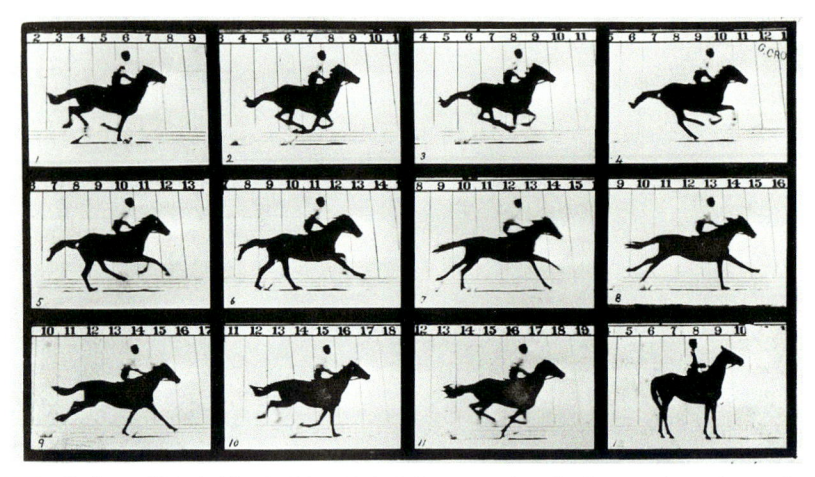

243 Eadweard Muybridge (1830–1904): *Galoppierendes Pferd*, 1872; Chronofotografie

244 Etienne-Jules Marey (1830–1904) mit seinem fotografischen Gewehr und Aufnahmen einer fliegenden Taube, um 1885

245 Marcel Duchamp: *Scherenschleifer an der Maschine*, 1904/05; Bleistift, China-Tinte auf Papier, 21 x 13 cm; Villiers-sous-Grez, Sammlung Mme Marcel Duchamp

Aus einem Interview des Kunstkritikers Pierre Cabanne mit Marcel Duchamp:
P. C.: Ist der *Akt, eine Treppe herabsteigend* nicht vom Film beeinflusst?
M. D.: Natürlich. Sie kennen doch diese Sachen von Marey …
P. C.: Die Chronofotografie.
M. D.: Richtig. […] Die Idee für die Ausführung meines Akt stammt daher. Ich habe dieses Verfahren schon bei den Skizzen, dann aber vor allem im letzten Stadium des Gemäldes angewendet.

Chronofotografie

1872 wurde der englische Fotograf Eadweard Muybridge (1830–1904) beauftragt, die Bewegung galoppierender Pferde zu untersuchen. Dazu ließ er Pferde vor dem Hintergrund einer weiß gestrichenen Wand galoppieren. Er hatte mehrere Kameras in einer Reihe aufgestellt. Der Auslöser jeder Kamera war mit einem dünnen Draht verbunden, den das Pferd beim Vorbeilaufen durchriss, damit den Kameraverschluss betätigte und so ein Foto schoss. Diese Reihenfotos, Chronofotografie genannt, zeigen einzelne Bewegungsphasen des galoppierenden Pferdes, die das bloße Auge auf Grund der Schnelligkeit des Pferdes nicht unterscheiden kann → **243**. Die → **Chronofotografie** diente zur wissenschaftlichen Untersuchung der Bewegung von Menschen und Tieren.

Auch der französische Wissenschaftler Etienne-Jules Marey (1830–1904) arbeitete mit der Chronofotografie. Er fotografierte mit einer Kamera, die wie ein Gewehr aussah → **244**. Der Gewehrlauf umschloss ein fotografisches Objektiv. In einer Trommel befand sich eine kreisförmige lichtempfindliche Platte. Maret zielte auf das Motiv und drückte auf den Auslöser. Dadurch wurde ein Uhrwerkmechanismus in Bewegung gesetzt, der die Platte um ihre Achse drehen ließ. Sie wurde dabei zwölfmal in der Sekunde kurz angehalten und belichtet.

Bewegungsphasen

Duchamp faszinierte die Darstellung von Bewegung im eigentlich unbewegten Bild. Bereits in einer frühen Bleistiftzeichnung verdeutlichte er die Tretbewegung, mit der ein Scherenschleifer den Schleifstein in Drehung versetzt, durch die mehrfache Phasendarstellung des Fußes → **245**. 1911 malte er eine schlendernde Frau, deren Bewegung durch die gleichzeitige Darstellung einer Folge von fünf Phasen veranschaulicht wird → **246**. Auch sein Bild einer Kaffeemühle → **247** zeigt Bewegung. Duchamp: „[…]

246 Marcel Duchamp: *Dulcinea*, 1911; Öl auf Leinwand, 146 x 114 cm; Philadelphia, Museum of Art, Sammlung Louise und Walter Arensberg

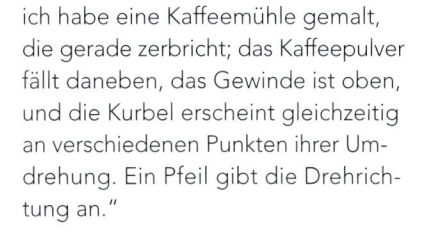

247 Marcel Duchamp: *Kaffeemühle*, 1911; Öl auf Karton, 33 x 12,5 cm; Rio de Janeiro, Sammlung Mrs Robin Jones

ich habe eine Kaffeemühle gemalt, die gerade zerbricht; das Kaffeepulver fällt daneben, das Gewinde ist oben, und die Kurbel erscheint gleichzeitig an verschiedenen Punkten ihrer Umdrehung. Ein Pfeil gibt die Drehrichtung an."

Arbeitsanregungen

1 Vergleiche die Chronofotografien mit dem *Akt, eine Treppe herabsteigend* → 232, S. 127. Erläutere, was Duchamp meint, wenn er sagt, die Idee für das Bild stamme von der Chronofotografie.

2 Male eine Maschine, die bewegliche Einzelteile hat. Verfahre ähnlich wie Duchamp im Bild → 247.

3 Stelle die fünf Phasen der Frau im Bild *Dulcinea* → 246 einzeln nach. Beschreibe den Bewegungsprozess.

4 Bitte einen Klassenkameraden, in „Zeitlupe" zu gehen. Halte die einzelnen Phasen als „Strichmännchen-Zeichnung" fest.

5 Schneide aus Karton Kopf, Hals und Rumpf einer Figur aus (von der Seite gesehen), ebenso zwei Arme und zwei Beine (diese aus zwei Teilen: Oberschenkel und Unterschenkel mit Fuß). Füge die Teile beweglich mit Musterbeutelklammern zusammen. Lege nun diese Figur nacheinander in unterschiedlichen Bewegungsphasen auf dein Zeichenblatt. Halte die Phasen zeichnerisch fest, indem du die Kartonfigur mit einem Bleistift umfährst.

6 Fertige ein Daumenkino an: Zeichne eine Figur in mehreren Bewegungsphasen (ca. 15). Zeichne jede Phase auf einen Zeichenkarton (5 x 8 cm; links einen Rand von 3 cm belassen). Lege die Blätter aufeinander und hefte sie links zusammen. Blättere sie über den Daumen ab: Was passiert? Erkläre.

Von der Phasenbewegung zum Film

Gotthold Ephraim Lessing (1729–1781) über die Malerei:
Dasjenige aber nur allein ist fruchtbar, was der Einbildungskraft freies Spiel lässt. Je mehr wir sehen, desto mehr müssen wir hinzudenken können. Je mehr wir dazudenken, desto mehr müssen wir zu sehen glauben. [Die Malerei] kann nur einen einzigen Augenblick der Handlung nutzen und muss daher den prägnantesten wählen, aus welchem das Vorhergehende und Folgende am begreiflichsten wird.
1766

248 *Mädchen im Bikini*, 4. Jahrhundert; Mosaik in der römischen Villa von Piazza Armerina (Sizilien)

249 Pieter Bruegel d. Ä. (um 1525–1569): *Das Gleichnis von den Blinden*, 1568; Tempera auf Leinwand, 86 x 154 cm; Neapel, Museo di Capodimonte

250 Wilhelm Busch (1832–1908): Szene aus *Balduin Bählamm*, 1883

Phasenbewegung im Bild
Auch in der Antike wusste man, dass Bewegungen am anschaulichsten an ihren Halte- und Wendepunkten wahrnehmbar und darstellbar sind. In dem römischen Mosaik →248 ist eine junge Frau mit einem Ball zu sehen. Die gewählte Körperhaltung regt den Betrachter an sich vorzustellen, was sie kurz vorher tat und was gleich passieren wird.

Pieter Bruegel erzählt in seinem Bild das Gleichnis von den Blinden →249. Ohne sehenden Führer marschieren sie, sich gegenseitig haltend, über Land. Da stolpert der Erste und fällt in einen Graben. Bruegel hat jeden Blinden in einer anderen Pose (Körperhaltung) gemalt. Auf verschiedene Personen verteilt, hat er so einen Bewegungsprozess in aufeinanderfolgende Phasen →S.135 aufgeteilt. Betrachtet man die Posen fortlaufend in Leserichtung, so zeigen sie: Gehen – Stolpern – Fallen.

Wilhelm Busch erzählt in einer Bildgeschichte →250, wie einem Mann ein Zahn gezogen wird. Betäubungsspritzen gab es damals nicht, es tat also höllisch weh. Deshalb strampelt der Mann vor Schmerzen mit den Beinen. Um die Schnelligkeit dieses Strampelns sichtbar zu machen, hat Busch dem Mann nicht nur zwei, sondern sechs Beine gezeichnet. Die Bewegungsphasen verschmelzen miteinander.

Webcode: KE1201906-136

Bewegungstricks

Um 1830 wurden mechanische Tricks entdeckt, mit deren Hilfe sich eine gezeichnete Figur in den Augen des Betrachters tatsächlich zu bewegen scheint. Dabei kommt es darauf an, eine Folge von gezeichneten Bewegungsphasen so rasch hintereinander zu zeigen, dass unser träges Auge nicht mehr die Einzelbilder sieht, sondern sie miteinander verschmolzen wahrnimmt. Wichtig ist, dass zwischen jedem Einzelbild eine ganz kurze Dunkelphase erscheint.

Das Lebensrad → 252 ist ein solcher mechanischer Trick: Auf einer Scheibe sind kreisförmig aufeinanderfolgende Bewegungsphasen gezeichnet. Darunter sind Schlitze in die Scheibe geschnitten. Man muss nun die Scheibe vor einen Spiegel halten und drehen. Jetzt kann man, ein Auge dicht vor der Scheibe, durch die rasch aufeinanderfolgenden Schlitze im Spiegel die „verschmolzenen" Bilder als eine scheinbar tatsächliche Bewegung verfolgen.

Bei der Wundertrommel → 253 dreht sich ein Teller mit Rand, der in gleichen Abständen eingeschlitzt ist, auf einem Stift. Legt man in diese Trommel einen Papierstreifen, auf den eine Folge von Bewegungsphasen gezeichnet ist, so kann man durch die vorübereilenden Schlitze zum Beispiel Pferd und Reiter in Bewegung sehen. Der deutsche Fotograf Ottomar Anschütz (1864–1907) legte statt gezeichneter Phasenbilder einen Streifen mit Chronofotografien in die Wundertrommel.

Film

Mitte des 19. Jahrhunderts entwickelte der Amerikaner Hannibal Goodwin ein Verfahren, Fotografien auf einem durchsichtigen Band aus Zelluloid (ein durchsichtiger Kunststoff) anzufertigen. Jetzt konnte man diesen Film (englisch: „Häutchen") mit Hilfe von Licht auf eine Leinwand großformatig projizieren. In den 1890er-Jahren wurden dann in den USA (Alva Edison), in Deutschland (Gebrüder Skladanowsky) und in Frankreich (Gebrüder Lumière) Vorführapparate entwickelt: Sie konnten die Phasenfotografien so rasch hintereinander projizieren, dass die Betrachter sie als „lebende Fotografien" auf der Leinwand sahen. Mindestens 16 Bilder pro Sekunde sind nötig, um den Bewegungseindruck zu erreichen. Heutige Filme zeigen 24 Bilder pro Sekunde.

Arbeitsanregungen

1 a Schildere, welche Bewegung die junge Frau auf dem Mosaik → 248 kurz vor und dann nach der dargestellten Pose ausgeführt haben könnte.
b Erkläre, warum der Eindruck von Bewegung entsteht. Beziehe dich dabei auf das Zitat von Lessing.

2 Zeichne einen schnellen Bewegungsprozess. Orientiere dich an der Zeichnung von Wilhelm Busch → 250.

3 Lege die Posen des Bruegel-Gemäldes → 249 mit einer beweglichen Figur nach. Zeichne den Bewegungsprozess Gehen – Stolpern – Fallen nach deiner Vorstellung.

4 Zeichne einen einfachen Bewegungstrick: Falte einen Papierstreifen in der Mitte. Zeichne auf das untere Blatt einen Kreis mit einem lachenden Gesicht. Pause (mit Bleistift) das Gesicht auf das obere Blatt durch. (Lege dabei das Papier an eine Fensterscheibe.) Verändere das obere Gesicht zum Beispiel in ein grimmiges Gesicht. Rolle das obere Blatt fest auf einen langen Bleistift auf. Presse das Papier mit dem Daumen am Faltrand auf die Tischplatte und bewege den Bleistift hin und her, sodass sich das obere Blatt auf- und abrollt. Was siehst du? Zeichne auf gleiche Weise andere Bewegungsszenen.

251 Bewegungstrick (Skizze)

5 Stelle ein Lebensrad und/oder eine Wundertrommel mit Bewegungsphasen her (Beispiele: die junge Frau mit dem Ball → 248, die Figur aus Akt, eine Treppe herabsteigend → 232, S. 127.

252 Lebensrad

253 Ottomar Anschütz (1864–1907): Wundertrommel, genannt „Tachyskop" (= „Schnellseher")

Futurismus

254 Giacomo Balla (1871–1958): *Mädchen auf dem Balkon, laufend*, 1912; Öl auf Leinwand, 125 x 125 cm; Mailand, Civica Galleria d'Arte Moderna, Sammlung Grassi

Futurismus und Bewegung als Motiv

→ **Futuristen** nannte sich eine Gruppe junger italienischer Schriftsteller, Maler, Bildhauer und Architekten, die von der modernen Technik, besonders vom Rausch der Geschwindigkeit fasziniert war. In einer Reihe von Manifesten erläutern die Futuristen um den Dichter Filippo Tommaso Marinetti (1876–1944), was sie mit ihrer Kunst vermitteln wollen.

> Wir erklären, dass sich die Herrlichkeit der Welt um eine neue Schönheit bereichert hat: die Schönheit der Geschwindigkeit. Ein Rennwagen, dessen Karosserie große Rohre schmücken, die Schlangen mit explosivem Atem gleichen […] ist schöner als die *Nike von Samothrake*. →**257**
>
> aus dem Gründungsmanifest der Futuristen, 1909

> Alles bewegt sich, alles fließt, alles vollzieht sich mit größter Geschwindigkeit. Eine Figur steht niemals bewegungslos vor uns, sondern sie erscheint und verschwindet unaufhörlich. Durch das Verharren des Bildes auf der Netzhaut vervielfältigen sich die in Bewegung befindlichen Dinge, deformieren sich und folgen aufeinander wie Schwingungen im Raum. So hat ein galoppierendes Pferd nicht vier, sondern zwanzig Beine […].
>
> aus dem Technischen Manifest der Futuristen, 1910

Duchamp und der Futurismus

> […] an die Einführung einer Bewegung, der tatsächlichen Bewegung, in ein Kunstwerk, daran hatte noch niemand gedacht. Die Futuristen und ich planten es zur gleichen Zeit. […] Es lag irgendwie in der Luft wegen der Erfindung des Films, des Kinos.
>
> Marcel Duchamp

Möglicherweise hatte Duchamp Manifeste der Futuristen gelesen. Die erste Ausstellung mit futuristischen Bildern fand allerdings erst am 5. Februar 1912 in Paris statt, da war *Akt, eine Treppe herabsteigend* →**232**, S. 127 schon gemalt. Man kann in Duchamps Bild auch einen gewissen Bezug zum Maschinenthema der Futuristen sehen, wenn man in der Figur nicht einen Menschen, sondern einen Roboter sieht. Duchamp lehnte aber die Einstellung der Futuristen zu Maschinen ab: Während sie Maschinen verherrlichten und in ihnen fortschrittsgläubig die Zukunft sahen, beurteilte Duchamp sie kritisch und fürchtete ihre Zerstörungskräfte.

Arbeitsanregungen

1. Vergleiche die futuristischen Bilder dieser Doppelseite. Notiere, was sie verbindet und was sie unterscheidet.
2. Lies die Zitate aus den futuristischen Manifesten. Liste auf, was sich davon in den Bildern zeigt.
3. Vergleiche den *Akt, eine Treppe herabsteigend* →**232**, S. 127 mit den futuristischen Bildern.
4. Die Figur in Duchamps Gemälde →**232**, S. 127 hat gewisse Ähnlichkeiten mit einem Roboter. Anders als die Futuristen hat Duchamp aber eine kritische Einstellung zu Maschinen. Wie könnte man Duchamps Figur als „Maschinenmensch" in seinem Sinne verstehen? Vergleiche die Figur mit dem Roboter im Film *Metropolis* →S. 172.
5. Male eine Figur oder ein Fahrzeug in rascher Bewegung. Probiere dabei Verfahren der Futuristen aus.
6. Male ein Bild, in dem Geschwindigkeit anschaulich wird, ohne dass ein Gegenstand erkennbar ist.

255 Carlo Carrà (1881–1966): *Der rote Reiter*, 1913; Tempera und Tusche auf Papier, 26 x 36 cm; Mailand, Pinacoteca di Brera, Sammlung Jucker

256 Luigi Russolo (1885–1947): *Dynamismus eines Automobils*, 1912/13; Öl auf Leinwand, 104 x 140 cm; Paris, Musée national d'art moderne, Centre Georges Pompidou

257 *Nike von Samothrake* (**Nike: Siegesgöttin**), um 190 v. Chr.; Marmor, Höhe 328 cm; Paris, Musée du Louvre

Kinetische Kunst

Bewegung als Element der Kunst
1913 montierte Marcel Duchamp ein Fahrrad-Rad auf einen Hocker →258. Mit einer leichten Handbewegung kann man es drehen.

Duchamp über Fahrrad-Rad:
Ich dachte, wenn man dieses Fahrrad-Rad dreht, so erinnert das an eine Bewegung, eine Bewegung des Feuers, des Holzfeuers. Was ist das Angenehme des Holzfeuers? Es ist diese Bewegung des Feuers im Kamin. Und ich verglich die beiden, ich meine im Geist, all das geschah in meinem Geist. Und ich dachte, ich, der keinen Kamin hatte, den Kamin zu ersetzen durch ein sich drehendes Rad.

Während in *Akt, eine Treppe herabsteigend* Bewegung im statischen (unbewegten) Bild nur veranschaulicht ist, gehört hier tatsächliche Bewegung zum Kunstwerk. Dabei verbindet Duchamp die Bewegung anschaulich mit einer gegenständlichen Vorstellung: der Bewegung eines Kaminfeuers.

1920 baute er das *Optische Präzisionsgerät* →260. Angetrieben durch einen Elektromotor, drehen sich fünf Glasplatten. Im Auge des Betrachters schließen sich dabei die aufgemalten Kreissegmente zu vollständigen Kreisen. Jetzt geht es nicht mehr um die Darstellung eines bewegten Objektes, sondern um Bewegung an sich. Das gilt auch für die *Rotoreliefs*

258 Marcel Duchamp: *Fahrrad-Rad*, 1913 (Original verloren, Replik von 1964); Readymade, montiert auf Hocker, 110 x 205 x 94 cm; Paris, Musée national d'art moderne, Centre Georges Pompidou

259 Marcel Duchamp: *Rotorelief (Optische Platten)*, 1935; Karton, beidseitig farbige Zeichnungen, 20 cm

260 Marcel Duchamp: *Rotierende Glasplatten (Optisches Präzisionsgerät)*, 1920; fünf bemalte, sich um eine Metallachse drehende Glasplatten, 170 x 125 x 100 cm (bilden aus 1 m Entfernung betrachtet bei Rotation geschlossene Kreise); New Haven/Connecticut, Yale University Art Gallery

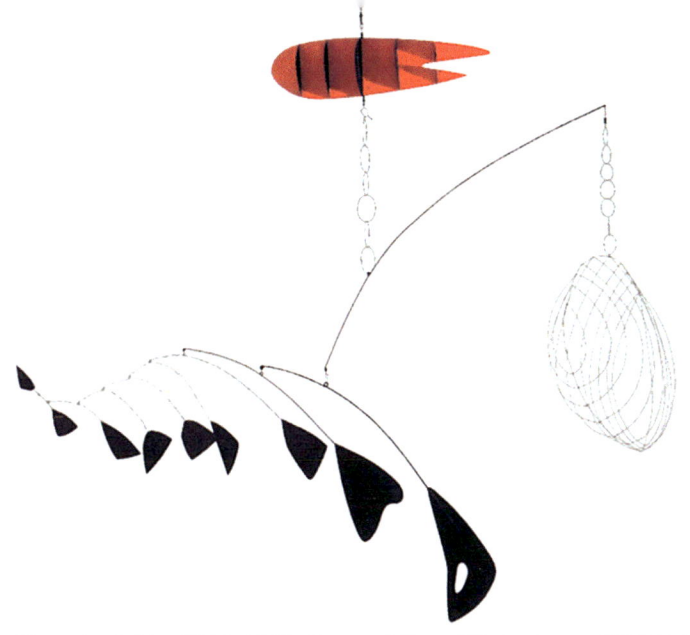

261 Alexander Calder (1898–1976): *Hummerfalle und Fischschwanz*, 1939; Mobile, Stahl, Aluminium, bemalt, 260 x 290 cm; New York, Museum of Modern Art

(1935), mit farbigen Zeichnungen bedruckte Scheiben → 259. Legt man sie auf den Teller eines alten Plattenspielers und dreht sie, sieht man überraschende farbige Muster.

Kinetische Kunst

Bewegliche Objekte haben Menschen auch schon früher gebaut. In der Antike gab es durch Wasser und Wind angetriebene bewegliche Automaten. Im 18. Jahrhundert konstruierte man mechanische Puppen. Doch bewegliche Kunstwerke, die man als → **Kinetische Kunst** bezeichnet, entstehen erst im 20. Jahrhundert, zu einer Zeit, in der die Gesellschaft durch Mechanisierung geprägt ist. Maschinen und Fließband bestimmen den Arbeitsprozess; Eisenbahn, Auto und Flugzeug ermöglichen Mobilität (Beweglichkeit) wie noch nie zuvor.

Eines der ersten kinetischen Kunstwerke stammt von Naum Gabo (1890–1977). 1920 versetzte er einen Stahlstab durch einen Elektromotor in Schwingung. Der schwingende Stab sieht aus wie eine „stehende Welle".

In den 1930er-Jahren baute Alexander Calder seine von Duchamp so benannten Mobiles → 261. Ein Stoß mit der Hand oder ein Luftzug lassen die ausbalancierten Objekte tanzen und schwingen.

Jean Tinguely konstruierte Maschinen, die durch Motorkraft angetrieben werden. Räder und Hebel bewegen sich, sonderbare Geräusche ertönen. Seine Maschinen dienen keinem Zweck, wie etwa Maschinen in einer Fabrikhalle. Sie produzieren nichts, sind nur für sich selbst und den Betrachter da → 262.

Arbeitsanregungen

1 Beziehe Stellung zu Duchamps Vergleich zwischen *Fahrrad-Rad* und Holzfeuer.
2 Baue eine Wunderscheibe, ein so genanntes „Thaumatrop": Zeichne auf eine runde Pappscheibe (3 cm) einen Kreis, auf die Rückseite ein Rechteck. Befestige links und rechts an der Scheibe einen Zwirnsfaden und versetze sie durch Zwirbeln in Drehung. Was passiert? Vergleiche das Prinzip des Thaumatrops mit Duchamps rotierenden Glasplatten. Zeichne Thaumatrope mit gegenständlichen Motiven (zum Beispiel Vogel/Käfig).
3 Gestalte ähnliche Scheiben wie in Duchamps *Rotorelief* → 259. Lege sie auf einen Holzteller, in dessen Unterseite ein Stift steckt und der sich somit wie ein Kreisel drehen lässt. Wie verändern sich Formen und Farben während des Drehens?
4 Baue aus Holz- oder Drahtstäben, Nylonfaden und Elementen aus Pappe, Holz oder Blech eigene fantasievolle Mobiles.
5 Konstruiere eine „verrückte" Maschine, die sich durch (Zahn-)Räder und Treibriemen mittels Kurbel (von Hand betrieben) oder Elektromotor in Bewegung versetzen lässt.
6 Manche sehen in Tinguelys Maschinen eine witzige Kritik an unserer technisierten Welt. Kannst du das nachvollziehen? Begründe deine Meinung. Ziehe einen Vergleich zum *Akt, eine Treppe herabsteigend* → 232, S. 127.

262 Jean Tinguely (1925–1991): *Balouba No. 3*, 1959; Holz, Metall, Glühbirne, Elektromotor, Höhe 144 cm; Köln, Museum Ludwig

Ready-mades

263 Erste Ausstellung des *Flaschentrockners* 1936 in der Galerie Charles Ratton in Paris; Fotografie

1913 kaufte Duchamp ein Gestell, das zum Trocknen ausgespülter Flaschen dient. Nicht, dass er so etwas benötigte. Er nahm dem Flaschentrockner seine eigentliche Funktion, stellte ihn in seinem Atelier auf und erklärte ihn zum Kunstwerk. Die künstlerische Arbeit besteht dabei nicht im Herstellen, sondern in der Auswahl eines bereits gefertigten Gegenstandes.

Duchamp nannte diese Kunstwerke, bei denen gewöhnliche Gegenstände zum Kunstwerk erklärt werden, → **Ready-mades**. Das Ready-made wird aus seinem vertrauten, ihm eigentlich zugedachten Zusammenhang genommen. Es ist kein Gebrauchsding mehr, sondern etwas anderes, das neu gesehen werden kann. Ein Kunsthändler akzeptierte Duchamps Erklärung, dass dieser Flaschentrockner nun ein Kunstwerk sei. Er stellte ihn neben anderen Ready-mades in einer Vitrine aus → 263. Die kunstgemäße Präsentation führt dazu, dass auch der Betrachter das Objekt anders, eben als Kunstwerk ansieht und versteht.

Der Anteil des Betrachters

1915 kaufte Duchamp eine Schneeschaufel. Mit dem Titel *In Erwartung eines gebrochenen Armes* versehen, geht der Betrachter mit diesem Objekt ganz anders um als mit einer Schneeschaufel im Alltag. Er beginnt zu assoziieren (Vorstellungsbilder zu verknüpfen) und zu interpretieren (zu deuten). Damit wird der Betrachter zum eigentlichen Vollender des Kunstwerkes. Nicht das Objekt an sich, sondern der ausgelöste geistige Prozess ist das eigentliche Kunstwerk.

> Und das bringt mich dazu zu sagen, dass ein Werk vollständig von denjenigen gemacht wird, die es betrachten oder lesen und die es, durch ihren Beifall oder sogar durch ihre Verwerfung, überdauern lassen.
>
> Marcel Duchamp

Die Fontäne

1917 organisierte in New York eine Gruppe von Künstlern, zu denen auch Duchamp gehörte, eine Ausstellung. Jeder, der sechs Dollar zahlte, durfte zwei Arbeiten einreichen. Unerkannt, unter dem Decknamen „R. Mutt", reichte Duchamp ein Urinal (Pinkelbecken für Männer) ein, dem er den Titel *Fontäne* gegeben hatte → 264. Dem Objekt wurde die Ausstellung verweigert. In der auch von Duchamp herausgegebenen Zeitschrift *The Blind Man* las man daraufhin diese Verteidigung:

> Welches waren die Gründe, um die Fontäne von Mr. Mutt abzulehnen: Einige behaupten, sie sei unmoralisch, vulgär. Andere, sie sei ein Plagiat [= unrechtmäßige Nachahmung], ein schlichtes Stück Klempnerei. Nun aber ist die *Fontäne* von Mr. Mutt nicht unmoralisch, das ist absurd, nicht mehr als eine Badewanne unmoralisch ist. Sie ist ein Zubehör, das man täglich im Schaufenster eines Klempners sieht. Ob Mr. Mutt die *Fontäne* mit eigenen Händen gemacht hat oder nicht, ist unwichtig. Er wählte sie aus. Er nahm einen gewöhnlichen Artikel des Lebens, stellte ihn so auf, dass seine nützliche Bedeutung verschwand hinter dem neuen Titel und Standpunkt, schuf einen neuen Gedanken für dieses Objekt.

Titel und Signatur lassen nun viele Assoziationen zu: So ist „Mutt" dem Namen der Firma Mott, die das Urinal hergestellt hatte, ähnlich, erinnert zudem an eine damals bekannte witzige Comicfigur und meint zugleich im Englischen „dreckiger Köter". Auch *Fontäne* (aufsteigender Wasserstrahl) lädt zum Weiter- und Nachdenken ein.

Duchamp und Dada

Duchamp verstand sich als Dada-Künstler →S.98. Wie andere Dada-Werke sollte seine Kunst nicht erfreuen, sondern Nachdenken provozieren. Seine Ready-mades widersprechen allen bisherigen Auffassungen vom Kunstwerk: ein anonymer Gegenstand ersetzt das Werk mit persönlicher Handschrift; statt ein Werk zu gestalten, wählt der Künstler ein fertiges Industrieobjekt aus und erklärt es zum Kunstwerk. Das Wesentliche ist die Konzeption, die künstlerische Idee. Das Werk ist ein Angebot, das erst der Betrachter durch seine Anerkennung und sein Mit- und Weiterdenken vollendet.

Arbeitsanregungen

1 Vergleiche Duchamps *Fontäne* →264 mit der Bronzeplastik von Levine →265 und Oldenburgs *Weicher Toilette* →266. Zeige Unterschiede und Verbindendes.
2 Diskutiert in der Klasse den „Fall Mutt". Bildet dazu eine Pro- und eine Kontra-Gruppe.
3 Erläutere, wie nach Duchamps Auffassung aus einem Objekt ein Kunstwerk wird.
4 Erkläre den Begriff „Ready-made".
5 Erkläre, was Duchamp meint, wenn er sagt, erst der Betrachter vollende das Kunstwerk.
6 Schaffe ein Ready-made.
   a Suche ein Objekt, finde einen ungewöhnlichen Titel, präsentiere es auf kunstgemäße Weise. Als „verbessertes Ready-made" kannst du es auch mit anderen Objekten kombinieren.
   b Sammle Assoziationen deiner Mitschüler. Diskutiert mögliche Interpretationen.

Webcode: KE1201906-143

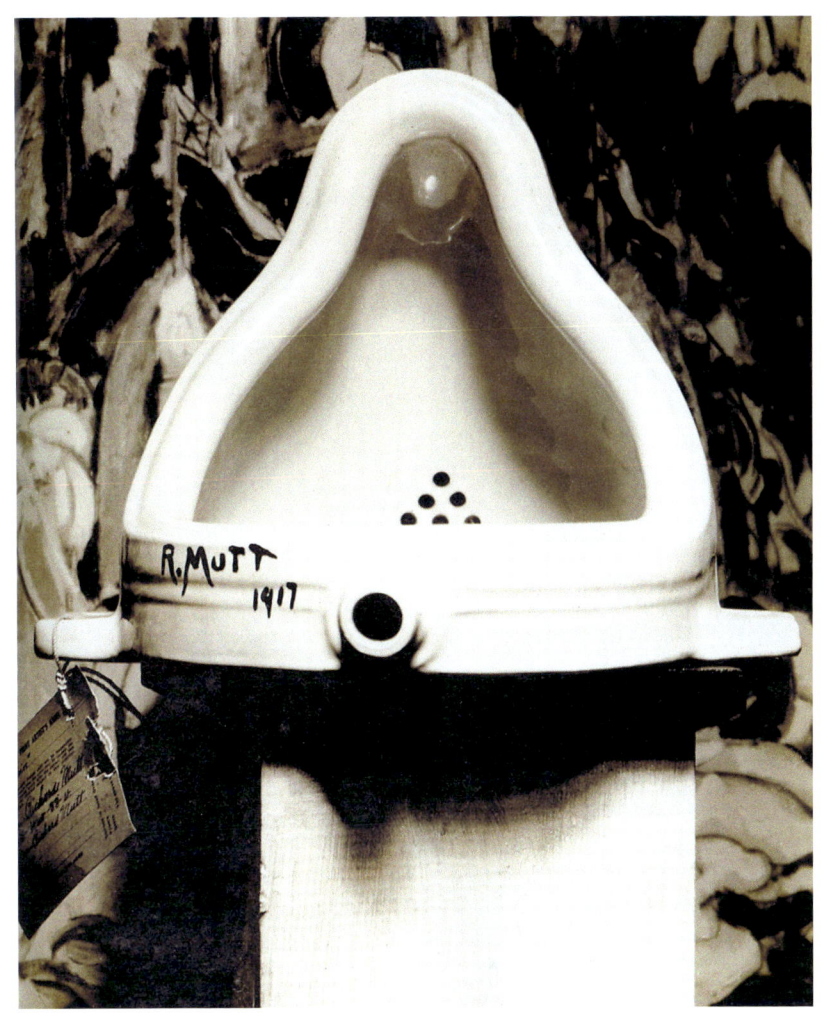

264 Marcel Duchamp: *Fontäne*, 1917; Porzellan, 23,5 x 18,8 x 60 cm; Fotografie von Alfred Stieglitz (1864–1946)

265 Sherrie Levine (*1947): *Fontäne (nach Duchamp)*, 1991; Bronze mit goldfarbenem Überzug, 23,5 x 18,5 x 60 cm; Köln, Galerie Jablonka

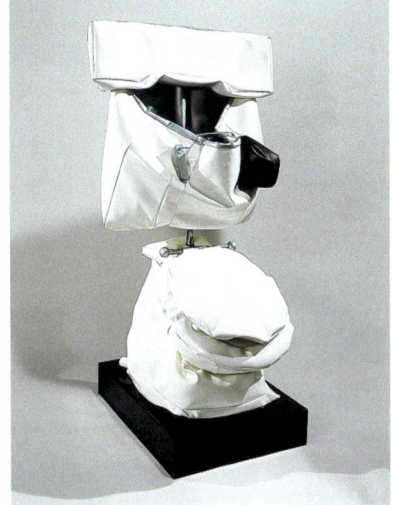

266 Claes Oldenburg (*1929): *Soft Toilet (weiche Toilette)*, 1966; Vinyl gefüllt mit Kapok, 132 x 81 x 76 cm; New York, Whitney Museum of American Art

Sozialkritische Kunst – Käthe Kollwitz: *Ein Weberaufstand*

Dieses Kapitel handelt von der Grafikerin und Bildhauerin Käthe Kollwitz. Mit ihr lernst du eine Künstlerin kennen, die in ihrem Werk soziale Missstände anprangerte und sich engagiert für die sozial Schwachen in der Gesellschaft einsetzte. Sie hat daher eine Kunst geschaffen, die für alle Menschen gut verständlich und auch erreichbar sein sollte. Als Werkbeispiel von Käthe Kollwitz lernst du in diesem Kapitel eine besondere Form der Bildgeschichte kennen, die gedruckt verbreitet wurde. Die Drucktechniken, die Käthe Kollwitz benutzte, Lithografie und Radierung, kannst du ebenfalls näher studieren.

→ S. 154: Lithografie und Radierung

→ S. 146: Blatt 1: *Not*
→ S. 150: Blatt 2: *Tod*
→ S. 156: Blatt 4: *Weberzug*
→ S. 158: Blatt 5: *Sturm*
→ S. 160: Blatt 6: *Ende*

→ S. 148: die Not der schlesischen Weber

→ S. 152: die Bildhauerin Käthe Kollwitz

Eine Bildgeschichte: *Ein Weberaufstand*, Blatt 3: *Beratung*

Bei schummrigem Licht sitzen vier Männer dicht gedrängt um einen Tisch. Das Bild, auf dem sie zu sehen sind, heißt *Beratung* → 291, S. 162. Sicher soll nicht jedermann wissen, was dort beraten wird: Die Gruppe macht einen verschwörerischen Eindruck. Worum mag es bei dem Gespräch gehen? Verständlich wird es, wenn man die Grafik als Teil einer Bildfolge sieht. Sie trägt den Titel *Ein Weberaufstand*. Die Künstlerin Käthe Kollwitz hat sie in den Jahren 1893 bis 1898 geschaffen. Sie besteht aus drei → **Lithografien** und drei → **Radierungen**.

Angeregt wurde sie durch das Theaterstück *Die Weber* (1891/92) des Dichters Gerhart Hauptmann (1862–1946), das sich auf einen Aufstand der Weber in Schlesien im Jahr 1844 bezieht → S. 148. Die Männer, die Käthe Kollwitz hier am schlichten Holztisch versammelt hat, planen also offensichtlich den Aufstand, um auf

267 Käthe Kollwitz: *Beratung*: die Themen in diesem Kapitel

ihr elendes Leben aufmerksam zu machen. Hauptmanns Stück war angesichts der sozialen Probleme im deutschen Kaiserreich so aktuell, dass die Behörden Angst hatten, es könne einen Aufruhr auslösen. Daher wurde eine öffentliche Vorstellung verboten. Käthe Kollwitz sah das Stück 1893 in einer Aufführung der Freien Volksbühne in Berlin, deren Ziel es war, Arbeitern preisgünstige Theaterbesuche zu ermöglichen. Als privater Verein unterlag diese Bühne nicht der Zensur. Daher konnte das Stück hier gespielt werden. Es machte „gewaltigen Eindruck" auf die Künstlerin. In ihrer Bildfolge illustriert sie das Theaterstück nicht, sondern erzählt vom Aufstand der Weber in Form einer → **Bildgeschichte**. Sie wurde erstmals 1898 in der Großen Berliner Kunstausstellung gezeigt und fand beim Publikum wie bei Kunstfachleuten hohe Anerkennung. Käthe Kollwitz wurde für eine besondere Auszeichnung, die Kleine Goldmedaille, vorgeschlagen, doch Kaiser Wilhelm II. verweigerte ihr diese Ehrung. Er forderte eine Kunst, die auch „den unteren Ständen" erlaube, „sich an dem Schönen zu erheben". Eine realistische (wirklichkeitsbezogene), kritische Kunst lehnte er als „Rinnsteinkunst" ab.

Käthe Kollwitz
Noch bis Anfang des 20. Jahrhunderts durften Frauen keine Kunstakademien besuchen → S. 104. So lernte die 1867 in Königsberg (Ostpreußen) geborene Käthe Schmidt zunächst bei einem privaten Zeichenlehrer, dann im Berliner Künstlerinnenverein und schließlich in der Künstlerinnenschule in München. Dort erkannte sie, dass Zeichnung, → **Druckgrafik** → S. 154 und später auch die → **Plastik** → S. 152 die künstlerischen Techniken waren, mit denen sie arbeiten wollte. 1891 heiratete sie den Arzt Dr. Karl Kollwitz und zog mit ihm nach Berlin. Die Patienten ihres Mannes kamen aus der Arbeiterschaft, und so lernte sie deren Nöte und Probleme kennen.

Die soziale Situation der Arbeiterschaft berührte sie, deshalb wollte Käthe Kollwitz keine „Kunst um der Kunst willen" schaffen, sondern eine allgemein verständliche Kunst, in der sie sich nicht rührselig, sondern wirklichkeitsgetreu sozial engagierte. Sie bekannte:

> Jeder arbeitet wie er kann. Ich bin einverstanden damit, dass meine Kunst Zwecke hat. Ich will wirken in dieser Zeit, in der die Menschen so ratlos und hilfsbedürftig sind.

Als die Nationalsozialisten 1933 an die Macht kamen, erhielt sie Ausstellungsverbot und musste die Preußische Akademie der Künste, zu deren Mitglied sie 1919 ernannt worden war, verlassen. Käthe Kollwitz starb 1945.

268 Käthe Kollwitz: *Selbstbildnis am Tisch*, um 1893; Radierung (Nadelätzung, Aquatinta, Kaltnadel), 18,1 x 13 cm; Berlin, Käthe-Kollwitz-Museum

Arbeitsanregungen
1 Diskutiert die Haltung des Kaisers. Welche Meinung habt ihr?
2 Auf den folgenden Seiten werden die Bilder der Bildfolge einzeln vorgestellt. Setze dich mit jedem Bild genau auseinander. Kopiere dir die einzelnen Bilder. Untersuche, wie die Bilder miteinander verbunden sind.
3 Erzähle die Bildgeschichte schriftlich nach.
4 Spielt die Geschichte nach. Zum Beispiel als Pantomime oder als Figuren-Schattenspiel.
5 Informiert euch über die Weber im 19. Jahrhundert → S. 148.
6 Stellt eine Ausstellung zusammen: vergrößerte Fotokopien der Bildfolge, Informationsmaterial, eure praktischen Arbeiten und Texte, die im Verlauf der Auseinandersetzung mit der Bildfolge entstanden sind.
7 Holt Meinungen eurer Mitschüler zu dieser Ausstellung ein und wertet sie aus.
8 a Beschreibe das Selbstbildnis von Käthe Kollwitz → **268**.
b Versuche in Worten zu formulieren, was die Künstlerin dem Betrachter über sich selbst mitteilt.

Not

269 Käthe Kollwitz: *Not* (Blatt 1 der Bildfolge *Ein Weberaufstand*), 1897; Lithografie, 15,4 x 15,3 cm; Berlin, Käthe-Kollwitz-Museum

Der Betrachter schaut in eine düstere, enge Stube. Im Hintergrund steht ein Webstuhl. Auf ihm wird das Flachsgarn, das man rechts auf der Flachstrommel sieht, zu Leinentuch gewebt. Die Arbeit war hart und mühsam, und doch erhielten die Weberfamilien nur geringen Lohn, sodass sie sich nicht ausreichend ernähren konnten.

Nun denke man sich diese Not
und Elend solcher Armen,
zu Hause oft kein Bissen Brot,
ist das nicht zum Erbarmen?

aus einem Lied von 1844

Die Menschen in diesem Bild → 269, die Frau links mit dem Kind auf dem Schoß, das blasse kranke – vielleicht sterbende – Kind im Bett und die Mutter an seiner Seite, verdeutlichen Elend und Verzweiflung.

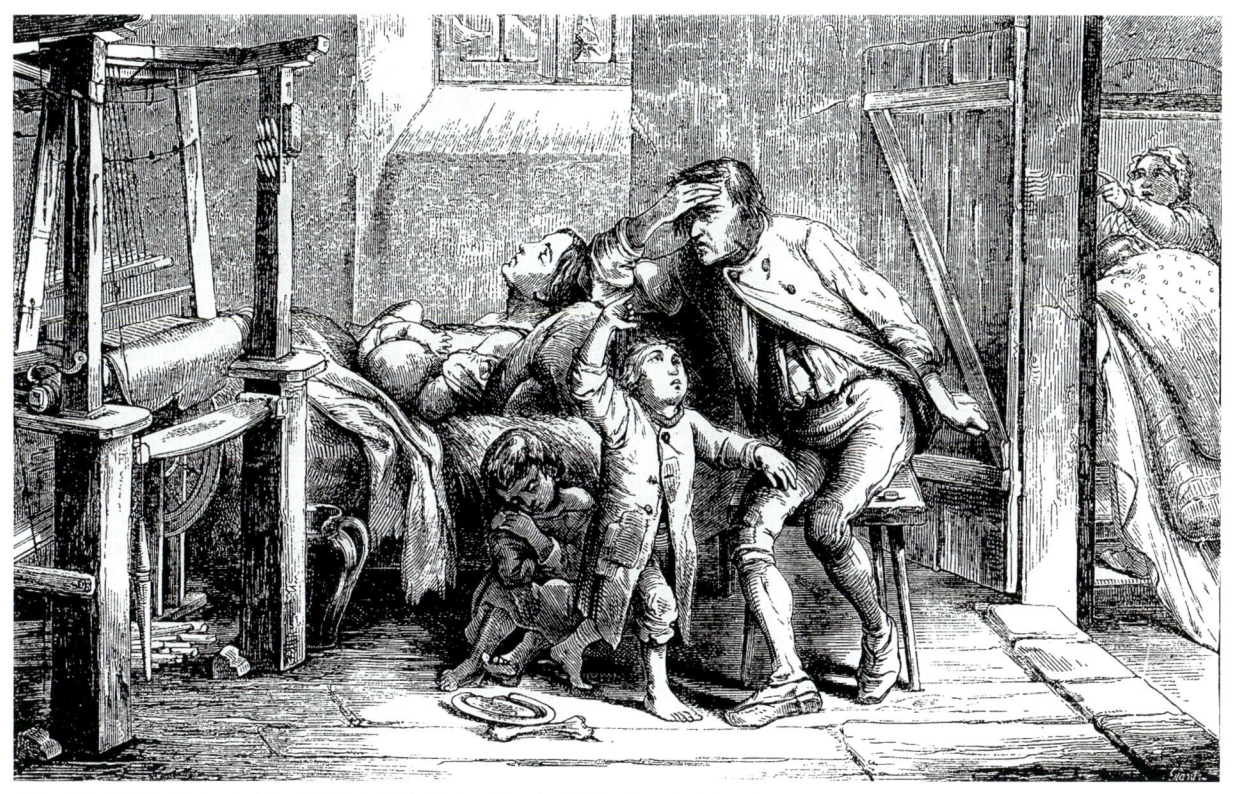

270 Friedrich Wilhelm Gubitz (1786–1870): *Weber-Elend*, 1848; Holzstich, 8,1 x 13,4 cm; aus: *Deutscher Volkskalender*, 1848

Die Kunst der Kollwitz ist ganz und gar unsentimental [= nicht rührselig]. Sie wirkt nicht auf die Tränendrüsen, sondern sie tut genau das, was sie will: Sie greift unmittelbar ans Herz. [...] Kollwitz [hat den Betrachtern] wirklich Ungeheures an → **Realismus** zugemutet. Man sehe sich an, was sie [...] aus der Mutter, die sich über dem Bett des Kindes sorgt, einem Thema, das doch immer mit einer gewissen Lieblichkeit ausgestattet worden war, gemacht hat!

Fritz Schmalenbach, 1948

Mit diesem Blatt beginnt die Bildgeschichte vom verzweifelten Aufstand der Weber, der im Jahr 1844 in Schlesien stattgefunden hat → S. 148. Aber auch zu der Zeit, als Käthe Kollwitz ihre Bildfolge geschaffen hat, war die soziale Lage vieler Weber und anderer Arbeiter sehr schlecht. So verweist *Not* nicht nur auf die Vergangenheit: Als 1921 in Russland eine Hungerkatastrophe ausbrach und 1924 auch in Deutschland wegen der schlechten wirtschaftlichen Lage viele Kinder hungern mussten, schuf Käthe Kollwitz aufrüttelnde Plakate gegen den Hunger. Sie wollte mit ihrer Kunst nicht nur beschreiben, sondern wirken.

Arbeitsanregungen

1 a Beschreibe das Bild *Not* → 269 ausführlich.
b Erläutere, auf welche Weise Käthe Kollwitz die Not der Weber deutlich macht. (Achte zum Beispiel auf Hell/Dunkel, auf die Körpersprache der Menschen, auf die Darstellung der Stube.)
2 a Der Holzstich von Gubitz → 270 wurde 1848 in einem Volkskalender abgedruckt. Auch er stellt das Elend einer Weberfamilie dar. Kritiker halten das Bild für „sentimental-wehleidig". Erkläre, was damit gemeint ist und wie dieses Urteil zustande kommt.
b Überlege, welche Gründe der Künstler gehabt haben könnte, das Thema so „rührselig" wiederzugeben.
3 Vergleiche das Blatt mit der Lithografie von Kollwitz und stelle die Unterschiede heraus → 269, → 270.
4 Setze dich mit dem Zitat von Schmalenbach auseinander. Prüfe seine Aussage anhand des Bildes. Lies auch die Stellungnahme von Käthe Kollwitz → S. 145. Was ist deine Meinung?
5 a Heute haben sich die sozialen Verhältnisse in Deutschland verändert. Aber Hunger gibt es immer noch auf der Welt. Suche in Zeitschriften nach Abbildungen, die das veranschaulichen. Beschreibe, wie die Fotografen das Thema abgebildet haben.
b Gestalte ein Plakat gegen den Hunger.
6 *Not* ist das erste, einleitende Blatt der Bildfolge *Ein Weberaufstand*. Beschreibe, welche Aufgabe es für die gesamte Geschichte erfüllt.

Die Not der schlesischen Weber

271 Karl Wilhelm Hübner (1814–1879): *Die schlesischen Weber*, 1844; Öl auf Leinwand, Original verschollen; Zweitfassung 77,5 x 104 cm; Düsseldorf, Galerie Paffrath

Die schlesischen Weber
Karl Wilhelm Hübner (1814–1879) zeigt in seinem Gemälde →271, wie Weber ihre zu Hause gewebte Leinwand bei einem reichen Kaufmann und Fabrikanten abliefern. Der Ort der Kaufleute ist deutlich von dem der Weber getrennt. Der Kaufmann, möglicherweise sein Sohn (ganz links) und weitere Angestellte befinden sich auf der linken Seite des Bildes, die Weber auf der rechten in der Vorhalle. Der Kaufmann hat, wie auch der Mann rechts hinter ihm, die Qualität des Leinens mit einer Lupe geprüft. Offenbar hat er Mängel gefunden und gibt den Ballen an den Weber zurück. Dessen Frau, deren Arm das kleine Kind umklammert, ist in Ohnmacht gefallen. Der junge Weber hinter ihm hat seine Ware bereits abgeliefert und zeigt seinen Lohn vor. Wie die →**Mimik** der Personen verrät, muss er sehr gering sein. Rechts hinten sieht man zwei junge Männer, denen der Kaufmann die Ware wohl nicht abgenommen hat: Sie wenden sich zum Gehen, obwohl ihre Tragesäcke noch voll sind. Rechts im Vordergrund sitzt ein Ehepaar mit dem kleinen Sohn auf einer Truhe und wartet, bis es aufgerufen wird. Links hinten im Bild tragen Bedienstete Stoffballen weg. Man schaut in einen prachtvoll ausgestatteten Raum.

Zeitzeugen
Die Macht über die Weber konzentrierte sich in den Händen der reichen Fabrik- und Handelsherren. Von ihnen mehr und mehr abhängig, sah sich der Weber gezwungen, für einen Lohn zu arbeiten, welcher ihn mit den Seinigen am Hungertuche nagen ließ. Aber die Reichen […] wurden immer reicher, während der Arme stets ärmer ward, stets tiefer in Armut und Sklaverei versank.
Wilhelm Wolff, 1845

Seit […] Jahren haben sich die Unglücklichen nicht mehr irgend ein Kleidungsstück beschaffen können; ihre Bedeckung besteht aus Lumpen, ihre Wohnungen verfallen […]; [Eltern sind genötigt], die schwachen Kräfte der Kinder schon mit vier Jahren für die leichteren Arbeits-Verrichtungen in Anspruch zu nehmen.

Alexander Schneer, 1844

Der Weberaufstand
Am 4. Juni 1844 „trat der Strom über sein Ufer. Eine Schar Weber […] zog auf ihrem Marsch alle Weber aus den Wohnungen rechts und links an sich. […][Sie] rückten auf das neue Zwanziger'sche Wohngebäude los. Sie forderten höheren Lohn und ein Geschenk. Mit Spott und Drohen schlug man's ihnen ab. Nun dauerte es nicht lange, so stürmte die Masse ins Haus […] und zertrümmerte alles." (Wilhelm Wolff, 1845)

„Zwanziger" ist der Name eines durch Ausbeutung der Weber reich gewordenen Kaufmanns und Fabrikanten. Ihn stellt auch Hübner in seinem Gemälde dar, was eine in sein Taschentuch gestickte „20" verrät. In Hauptmanns Theaterstück heißt er „Dreißiger".

Die Behörden setzten gegen die Aufständischen Militär ein → **272**. Es gab Tote; viele Weber wurden verhaftet. Der Aufstand der Weber führte zu keiner Veränderung ihres Elends; aber die soziale Frage wurde einer breiten Öffentlichkeit bewusst. Noch zu Ende des 19. Jahrhunderts, als Hauptmanns Theaterstück *Die Weber* und die Bildfolge von Käthe Kollwitz erschienen, hatte sich die Notlage der Weber kaum verbessert.

Ihr Elend regte viele Dichter an, über diese Not zu schreiben. Eines der bekanntesten Gedichte ist *Die schlesischen Weber* von Heinrich Heine (1797–1856), das Käthe Kollwitz ursprünglich ihrer Bildfolge voranstellen wollte.

272 *Das Elend in Schlesien*; Holzstich; in: *Fliegende Blätter*; München 1847

Im düstern Auge keine Träne,
sie sitzen am Webstuhl und fletschen die Zähne,
Deutschland, wir weben dein Leichentuch,
wir weben hinein den dreifachen Fluch!
Wir weben, wir weben.

Ein Fluch dem König, dem König der Reichen,
den unser Elend nie konnte erweichen,
der den letzten Groschen von uns erpresst
und uns wie Hunde erschießen lässt.
Wir weben, wir weben.

Heinrich Heine: *Die schlesischen Weber*, 1847; 1. u. 3. Strophe

Arbeitsanregungen
1 Beschreibe in Abbildung → **271** den Kaufmann und seinen Sohn. Wie werden sie gekennzeichnet? Achte vor allem auf ihre Kleidung und Haltung.
2 Auf dem Bild sind fünf Webergruppen zu sehen. Untersuche, wo und wie sie dargestellt sind. Finde zu jeder Gruppe passende Adjektive.
3 Schreibe auf: Was könnten die dargestellten Personen sagen oder denken?
4 Stellt das Bild nach und versucht dann, die Situation und die Befindlichkeiten der Menschen zu beschreiben.
5 Hübner galt bei seinen Zeitgenossen als „Maler des Proletariats", der besitzlosen, wirtschaftlich abhängigen Arbeiterklasse. Begründe diese Kennzeichnung.

Tod

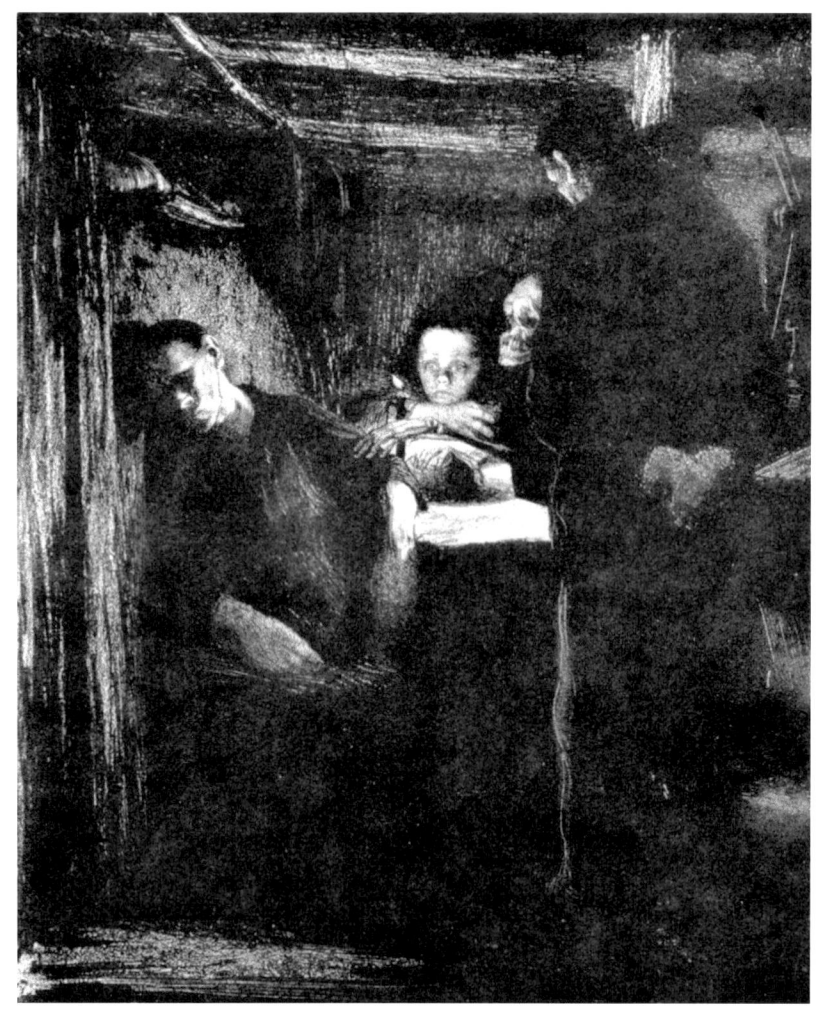

Nicht nur Hunger und Krankheit, auch der Tod suchte die Weberhütten heim →273. Hilflos müssen das Kind und der Mann erleben, wie er mit seiner Knochenhand nach der müde zusammengesunkenen Frau greift.

Der Tod ist ein häufiges Thema im Werk von Käthe Kollwitz. Sie zeigt, wie er sozialer Not, Arbeitslosigkeit, Hunger, Krankheit und Krieg folgt. 1934 griff sie mit 67 Jahren einen alten Plan wieder auf: Sie schuf einen →**Zyklus** (eine zusammenhängende Folge) von acht Lithografien →S. 154 zum Thema „Tod". Die Blätter zeigen, wie er unerbittlich und grausam Kinder und Erwachsene aus dem Leben reißt. Käthe Kollwitz zeigt aber auch einen Tod, der Erlösung bietet. In Abbildung →**274** hat sie sich selbst dargestellt, wie die Hand des Todes sacht ihre Schulter berührt und sie auffordert mitzukommen.

Häufig wird der Tod als Skelettfigur in der bildenden Kunst dargestellt →275. Seine →**Attribute** (= Kennzeichnungen) sind:
– die Sanduhr, die wie die Lebenszeit verrinnt;
– Sense oder Pfeil und Bogen, mit denen er die Menschen aus dem Leben reißt.

Er wird hier als Triumphator (als jubelnder Sieger) dargestellt, dem niemand, ob arm oder reich, Herr oder Diener, entrinnen kann. Denn im Tod sind alle Menschen gleich.

273 Käthe Kollwitz: *Tod* (Blatt 2 der Folge *Ein Weberaufstand*), 1897; Lithografie, 27,2 x 18,4 cm; Berlin, Käthe-Kollwitz-Museum

274 Käthe Kollwitz: *Ruf des Todes* (Blatt 8 der Folge *Tod*), 1934/35; Lithografie, 37,8 x 39,7 cm; Berlin, Käthe-Kollwitz-Museum

275 Anonym: *Tod als Sieger*, Anfang 16. Jahrhunderts; Deckfarben und Gold auf Pergament; Düsseldorf, Graphiksammlung der Universität

Arbeitsanregungen

1 Stelle zusammen, welche Mittel Kollwitz in Blatt 2 der Bildfolge →273 benutzt, um das Thema „Tod" anschaulich und mitempfindbar zu machen. Beschreibe, was die Körpersprache der dargestellten Menschen ausdrückt.

2 Vergleiche das Blatt mit der Lithografie *Ruf des Todes* →274. Erläutere, wie die Künstlerin den „Tod" in beiden Arbeiten wertet.

3 Beschreibe das Bild *Tod als Sieger* →275.

4 Den stehenden Mann rechts vom Tod →275 findet man in vielen Werken der Kunst: Er soll den fröhlichen, trinkfesten Gott Bacchus darstellen. Hier hält er eine Sense und einen schwarzen Spiegel. Erkläre, was er und was die Frau links vom Tod in diesem Bild versinnbildlichen sollen. Zähle auf, welche weiteren Todeshinweise auf dem Bild zu sehen sind. Stelle zusammen, über wen der Tod „triumphiert". Schreibe auf, was deiner Meinung nach das Bild insgesamt bedeuten könnte.

5 Gruppenarbeit: Gestaltet einen →**Totentanz**, einen Menschenzug, den Skelette führen und begleiten. Macht durch Körperhaltungen und Attribute (zum Beispiel Kleidung, besondere Dinge) anschaulich, wen alles der Tod aus dem Leben reißt (Scherenschnitt oder Linolschnitt).

Webcode: KE1201906-151

Die Bildhauerin Käthe Kollwitz

276 Käthe Kollwitz: *Die Eltern*, Denkmal für die Gefallenen auf dem Soldaten-Friedhof bei Dixmuiden/Belgien, 1926–1931; Granit, Mutter 124 cm hoch, Vater 152 cm hoch

Der Tod als Thema

Das Thema „Tod" beschäftigte Käthe Kollwitz auch in ihrer Arbeit als Bildhauerin. 1932 stellte man auf einem Soldatenfriedhof in Flandern ihr Granitdenkmal *Trauernde Eltern* → 276 auf. Sie hat es in Gedenken an ihren Sohn Peter geschaffen, der dort 1914 zu Beginn des Ersten Weltkrieges gefallen war. Die Züge des Vaters sind die ihres Mannes Karl, die der Mutter ihre eigenen.

Käthe Kollwitz und Auguste Rodin

1904 erlernte Käthe Kollwitz in Paris, in der Akademie Julian, Grundlagen des plastischen Gestaltens. Vorbild für sie war vor allem Auguste Rodin, mit dem sie auch während ihres Paris-Aufenthaltes zusammentraf. Die erste Fassung ihrer Skulptur *Kleine Liebesgruppe* → 278, die leider verloren gegangen ist, zeigt den Einfluss Rodins → 277. Die als zweite Fassung bezeichnete Bronzeplastik von 1913 → 279 trägt deutlicher ihre eigene Handschrift. In einem Brief ihres Sohnes Hans wird diese Arbeit allerdings als „Mutter mit totem Kind" bezeichnet.

Kollwitz und Barlach

1916 lernte sie den Grafiker, Bildhauer und Dichter Ernst Barlach (1870–1938) kennen, mit dessen Werk sie sich sehr beschäftigte und mit dem sie eine lebenslange Freundschaft verband. Als Barlach starb, schuf sie das kleine Relief *Die Klage* → 280, das ihr Gesicht trauernd hinter den Händen verborgen zeigt.

Die *Pietà*

Auch die → *Pietà* → 281, die zwischen 1937 und 1938 entstanden ist, greift das Thema „Tod" auf. In ihrem Tagebuch schrieb Kollwitz: „Ich arbeite an der kleinen Plastik, die hervorgegangen ist aus dem plastischen Versuch, den alten Menschen zu machen. Es ist nun so etwas wie eine Pietà geworden. Die Mutter sitzt und hat den toten Sohn zwischen ihren Knien im Schoß liegen." In der christlichen Kunst ist die Pietà eine Darstellungsweise, die Maria mit dem Leichnam Christi auf dem Schoß zeigt. Doch Käthe Kollwitz wollte die Arbeit nicht religiös verstanden wissen. „Die Mutter", schreibt sie, „bleibt im Sinnen darüber, dass der Sohn nicht angenommen wurde von den Menschen. Sie ist eine alte einsame und dunkel nachsinnende Frau." In der *Neuen Wache* in Berlin (1817 erbaut), der „Zentralen Gedenkstätte der Bundesrepublik Deutschland für alle Opfer von Krieg und Gewalt", wurde eine vergrößerte Nachbildung dieser trauernden Mutter aufgestellt.

Arbeitsanregungen

1 Beschreibe *Die Eltern* → 276. Stelle die Figuren nach und versuche in Form eines Gedichtes Gefühle und Gedanken des Vaters und der Mutter aufzuschreiben.

2 Vergleiche die Plastik Rodins → 277 mit dem *Liebespaar* → 279 von Käthe Kollwitz. Erläutere, ob die Plastik von 1913 eher ein Liebespaar oder eine Mutter mit totem Kind ist? Begründe deine Meinung.

3 Die Vergrößerung der *Trauernden Mutter* → 281 ist auf Kritik gestoßen. Recherchiert die Argumente der Kritiker. Diskutiert in der Klasse: Ist es angemessen, diese Plastik vergrößert in die Zentrale Gedenkstätte zu stellen oder nicht?

4 Gestalte dein Gesicht als Tonrelief. Gib ihm einen Gesichtsausdruck, der deine Stimmung in einer bestimmten Situation zeigt.

277 Auguste Rodin (1840–1917): *Der Kuss*, 1886–1898; Marmor, 183 x 111 x 118 cm; Paris, Rodin-Museum

278 Käthe Kollwitz: *Kleine Liebesgruppe*, 1911; Gips (verschollen)

279 Käthe Kollwitz: *Liebespaar (Große Liebesgruppe)*, 1913; Bronze, 72 x 47 x 48 cm; Köln, Käthe Kollwitz Museum

280 Käthe Kollwitz: *Die Klage (Selbstbildnis)*, 1938–40; Relief, Bronze, 26 x 26 x 10 cm; Köln, Käthe Kollwitz Museum

281 Käthe Kollwitz: *Pietà. Trauernde Mutter*, 1937–38; Bronze, 38 x 28,5 x 39 cm; Köln, Käthe Kollwitz Museum

Lithografie und Radierung

282 Käthe Kollwitz: *Beratung* (verworfene Fassung), 1895; Radierung, 29,5 x 17,6 cm; Berlin, Käthe-Kollwitz-Museum

Beratung
Allen Blättern der Bildfolge *Ein Weberaufstand* gingen Entwürfe und Versuche voran. Zum dritten Blatt *Beratung* → **291**, S. 162 gibt es auch eine „verworfene", das heißt: nicht in die Bildfolge aufgenommene Fassung in der Technik der Radierung → **282**. In ihren Erinnerungen schrieb Käthe Kollwitz: „Mein technisches Können war im Radieren noch so gering, dass die ersten Versuche missglückten. Auf diese Weise kam es so, dass die drei ersten Weber-Blätter lithografiert wurden und erst die drei letzten Radierungen […] auch technisch genügten."

Die Radiertechnik brachte sich Käthe Kollwitz weitgehend selbst bei. Sie experimentierte oft und gern. Käthe Kollwitz besaß eine kleine Druckpresse, die ihr solche Versuche möglich machte. Die endgültigen Drucke ließ sie jedoch – wie es im Kunstbetrieb üblich ist – in einer spezialisierten Druckwerkstatt drucken.

Lithografie
Die → **Lithografie** (von griechisch: „lithos" = „Stein") ist ein Flachdruckverfahren, das Alois Senefelder 1796 erfunden hat. Auf glatt geschliffenen Kalkstein wird mit fetthaltiger Kreide oder Fett-Tusche gezeichnet. Dann wird der Stein mit Säure und Gummiarabikum (= Milchsaft der nordafrikanischen Gummiakazie, der für Klebstoff verwendet wird) behandelt und angefeuchtet. Wenn man den Stein nun mit fetthaltiger Farbe einwalzt, haftet diese nur an den fetten, bezeichneten Stellen. Zum Drucken dient die Reibepresse → **283**. Stein und Papier werden mit einem „Wagen" unter einem angedrückten Rakel (Holzleiste mit Lederstreifen) hindurchgeschoben. Das moderne Offsetverfahren, bei dem statt des Steines Metallplatten verwendet werden, ist eine Weiterentwicklung der Lithografie.

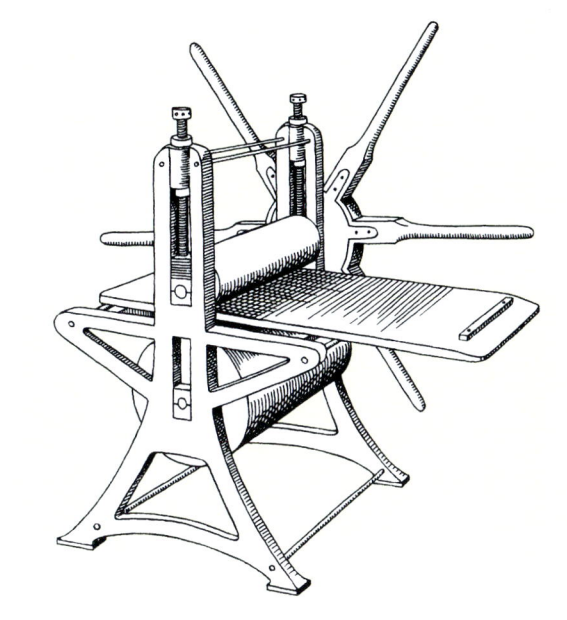

283 Stein- oder Reibepresse für Flachdruck

284 Tiefdruckpresse

Radierung

Die → **Radierung** (von lateinisch: „radere" = „kratzen") ist ein Tiefdruckverfahren, das Anfang des 16. Jahrhunderts in Augsburg entwickelt wurde. Dabei wird das Bild in eine Metallplatte geritzt. In die Vertiefungen dieser so bearbeiteten Metallplatte reibt man Farbe, die dann in der Tiefdruckpresse → **284** durch hohen Druck auf ein angefeuchtetes Papier „herausgesaugt" wird.

Die Metallplatte kann man auf zwei verschiedene Weisen bearbeiten:
a Bei der **Kaltnadelradierung** werden Linien mit einer Radiernadel direkt ins Metall eingekratzt.
b Beim **Ätzverfahren** wird die Platte rundum mit einer Asphaltlackschicht bedeckt. Mit leichter Hand kann man jetzt mit der Radiernadel in die Schicht hineinzeichnen. Wenn man die Platte in ein Säurebad legt, frisst sich die Säure an den eingeritzten Stellen ins Metall. Anschließend wird der Asphaltlack entfernt, und es kann gedruckt werden (**Nadelätzung**). Je länger die Platte in der Säure liegt, umso tiefer wird das Metall geätzt. Die Platte kann also mehr Farbe aufnehmen und somit dunkler drucken.

Manche Künstler experimentieren und mischen beide Verfahren, um eine besondere Ausdrucksqualität zu erhalten. So hat Käthe Kollwitz das Blatt von 1895 → **282** zunächst als Nadelätzung angelegt und dann die Metallplatte vor dem Einfärben und Drucken mit Schmirgelpapier und Kaltnadel weiterbearbeitet.

Aquatinta

Um Flächen drucken zu können, nutzt man das Aquatintaverfahren. Dabei wird die Metallplatte mit einem feinen Pulver (Kolophonium- oder Asphaltstaub) bepudert. Durch Erhitzen verschmelzen die Staubkörner mit dem Metall. Im Säurebad werden die Stellen zwischen den Staubkörnern geätzt: Es entsteht so eine Art Raster, mit dem man Flächen drucken kann. Sollen diese Flächen unterschiedliche Grauwerte haben, muss man die Platte an entsprechenden Stellen mit Asphaltlack bedecken und unterschiedlich lang ätzen.

Arbeitsanregungen

1 Vergleiche die Radierung → **282** mit der Lithografie → **291**, S. 162. Beschreibe, welche unterschiedlichen Ausdrucksqualitäten durch die jeweilige Technik erzielt werden.

2 Das endgültige Blatt *Beratung* → **291**, S. 162, die Lithografie, hat die Künstlerin im Unterschied zur Radierung → **282** seitenvertauscht gestaltet. Überlege, ob diese Entscheidung mit dem Erzählprozess der Bildfolge zusammenhängen könnte. Beachte dabei auch das nächste Blatt der Folge: *Weberzug* → **285**, S. 156.

3 Inhaltlich folgt die *Beratung* auf die Blätter *Not* und *Tod* → **269**, S. 146, → **273**, S. 150. Schreibe in Form einer Dialogszene auf, was die vier Männer miteinander besprochen haben könnten.

Weberzug

285 Käthe Kollwitz: *Weberzug* (Blatt 4 der Bildfolge *Ein Weberaufstand*), 1897; Radierung, 23,7 × 29,5 cm; Berlin, Käthe-Kollwitz-Museum

Der Weberaufstand

Wer eine Bildgeschichte lesen will, muss sich intensiv mit den einzelnen Bildern beschäftigen, muss sie aber auch in der vorgegebenen Folge vergleichen und inhaltliche Verbindungen herstellen. Die Leerstelle zwischen den Bildern, das, was nicht dargestellt ist, muss der Betrachter in Gedanken füllen. Die Blätter 1 *Not* → 269, S. 146 und 2 *Tod* → 273, S. 150 schildern die elende Situation der Weber und erklären damit die Gründe für ihren Aufstand. Blatt 4 *Weberzug* → 285 zeigt, was die Männer in Blatt 3 *Beratung* → 291, S. 162 abgesprochen haben.

Der Künstler Friedrich Ahlers-Hestermann über den Weberzug:

Was hier nächtlich schwelt, bricht nun durch ans Licht des Tages. Eines nüchternen, grauen Tages. Die dahin ziehen sind zwar zu Äußerstem entschlossen, sie tragen Äxte und Beile mit sich, einige singen, aber es herrscht mehr eine dumpfe Gedrücktheit […]. Schwarz dehnt sich die Horizontlinie über den durch Arbeit und Not gezeichneten Köpfen.

1960

Auf dem Weberzug im Jahre 1844 → S. 148 sangen die Weber das Lied *Das Blutgericht*, mit dem sie ihren Zorn ausdrückten und sich Mut machten.

Das Blutgericht

Ihr Schurken all, ihr Satansbrut,
ihr höllischen Dämone,
ihr fresst der Armen Hab und Gut,
und Fluch wird euch zum Lohne.

Der *Weberzug*

Der Zug der Weber bewegt sich von links nach rechts vorwärts (wie in Leserichtung), einem noch unbekanntem Ziel entgegen. Die Figuren am linken und rechten Rand sind angeschnitten: So wird deutlich, dass Blatt 4 → 285 nur den kleinen Ausschnitt eines wesentlich längeren Zuges verzweifelter Menschen zeigt. Die Bewegung führt von links hinten nach rechts vorn, holt den Betrachter gewissermaßen ab: Er ist nicht allein Zuschauer, sondern reiht sich förmlich ein. Ein kaum erkennbarer Rhythmus gliedert den

286 Käthe Kollwitz: *Aufruhr* (aus der Folge *Bauernkrieg*), 1899; Radierung, 29,5 × 31,7 cm; Köln, Käthe Kollwitz Museum

Zug. Er betont drei Gruppen: ganz rechts die Männer in der Seitenansicht; dann eine dicht gedrängte Gruppe mit einer Frau im Vordergrund, die ihr schlafendes Kind auf dem Rücken trägt. Form und Helligkeit des Kinderarmes wird vom Stil einer Axt aufgenommen, führt weiter zu einer über den Horizont gereckten Faust. Schräg von vorn sehen wir die dritte Gruppe, deren Köpfe den Horizont überschneiden. Jeder in diesem Zug ist als Individuum, als unverkennbar Einzelner, dargestellt.

Aufruhr

Nach ihrer Arbeit am *Weberaufstand* beschäftigte sich Käthe Kollwitz mit der künstlerischen Darstellung des Deutschen Bauernkrieges, einer verzweifelten Erhebung der Bauern gegen Unterdrückung und soziales Elend Anfang des 16. Jahrhunderts. Bevor 1903 bis 1908 die Folge *Bauernkrieg* entstand, schuf Kollwitz die Radierung *Aufruhr* (1899) → **286**. Sie zeigt einen Zug kämpferischer Bauern, der von einem Fahnenträger angeführt wird. Über ihnen schwebt eine nackte weibliche Gestalt: eine Rachegöttin mit Brandfackel. Die Burg im Hintergrund steht in Flammen.

Arbeitsanregungen

1 Erzähle, was zwischen Blatt 3 *Beratung* → **291**, S. 162 und Blatt 4 *Weberzug* → **285** geschehen ist.
2 Wähle Personen aus dem *Weberzug* → **285** und zeichne sie vergrößert ab. Fasse in Worte, was Körperhaltung und Mimik ausdrücken.
3 Überlege, warum Käthe Kollwitz eine Frau so auffällig im Vordergrund platziert hat.
4 „Dieses Bild wirkt eher wie ein Hilferuf als wie ein Entschluss zum Aufstand." (Kleberger, 1999). Nimm Stellung zu dieser Aussage.
5 Vergleiche das Bildformat des *Weberzugs* → **285** mit dem Format der ersten drei Blätter → **269**, S. 146, → **273**, S. 150, → **291**, S. 162. Finde eine Erklärung, warum die Künstlerin das Format geändert hat.
6 Fotokopiere Bild → **285** und klebe es auf ein breites Zeichenblatt. Zeichne weitere Menschen dazu, die mitmarschieren. (Diese Aufgabe kann auch als Gruppenarbeit gelöst werden.)
7 **a** Beschreibe das Blatt *Aufruhr* → **286**.
b Vergleiche es mit dem *Weberzug* → **285**, zeige Gemeinsamkeiten und Unterschiede.

Sturm

287 Käthe Kollwitz: *Sturm* (Blatt 5 der Bildfolge *Ein Weberaufstand*), 1897; Radierung, 23,7 x 29,5 cm; Berlin, Käthe-Kollwitz-Museum

Sturm
Das fünfte Blatt *Sturm* →**287** führt zum Ziel des Weberzuges: Das große Haus eines Kaufmanns und Fabrikanten. Es wird von einer hohen Mauer geschützt. Das schmiedeeiserne, verzierte Tor ist geschlossen. Von den Hausbewohnern ist niemand zu sehen. Die Weber rütteln an den Gitterstäben. Sie reißen Pflastersteine aus dem Boden.

Die *Allgemeinen Zeitung*, Augsburg, über den Weberaufstand:
Der ganze Aufstand war einzig und allein gegen einige hartherzige Fabrikherren gerichtet. Diejenigen unter ihnen, welche milder und menschenfreundlicher waren, genossen von ihren Webern allen Schutz; dieselben stellten während des Tumultes Schutzwachen vor deren Häusern auf.

26. Juni 1844

Bei anderen Fabrikanten dagegen, die die Forderungen der Weber zurückwiesen und sie zudem verspotteten, wurden die Wohnhäuser gestürmt und die prachtvollen Einrichtungen zertrümmert →S. 148.

Die Freiheit führt das Volk
1830 erhoben sich die Bürger von Paris gegen König Karl X. 8000 Aufständische, unter ihnen Journalisten und Rechtsanwälte, wurden von der Stadtbevölkerung tatkräftig unterstützt. Sie bauten Barrikaden und vertrieben mit Waffengewalt die königlichen Soldaten. Sie wendeten sich gegen den Anspruch des Königs, eine absolute, alleinige Herrschaft einführen zu wollen. Unmittelbarer Anlass war die Auflösung des Parlaments; auch die Aufhebung der Pressefreiheit trug zur Empörung bei. Zeitungsartikel mussten dem Zensor, einem staatlichen Prüfer, vorgelegt werden. Das führte dazu, dass kritische Beiträge verboten wurden und nicht mehr gedruckt werden konnten. Auch viele Arbeiter beteiligten sich an dem Aufstand. Sie kämpften gegen Hunger und Armut. Der Protest führte dazu, dass Karl X. abdankte. Neuer Monarch wurde der „Bürgerkönig" Louis-Philippe. An der Lage der Arbeiter änderte sich jedoch nichts.

Mit dem Bild *Die Freiheit führt das Volk* →**288** hat der französische Maler Eugène Delacroix der Revolution von 1830 ein Denkmal gesetzt. Die Frauengestalt, ähnlich dargestellt wie eine Siegesgöttin aus dem Altertum →**257**, S.139, verkörpert die Freiheit. Sie reckt den rechten Arm mit der „Trikolore" in der Hand siegreich nach oben. Diese blau-weiß-rote Fahne war in der französischen Revolution von 1789 das Zeichen der Freiheit. 1815 war sie verboten worden.

288 Eugène Delacroix (1798–1863): *Der 28. Juli 1830 oder Die Freiheit führt das Volk auf die Barrikaden*, 1830; Öl auf Leinwand, 260 x 325 cm; Paris, Musée du Louvre

Arbeitsanregungen

1 Beschreibe das Blatt *Sturm* → **287**. Betrachte die dargestellten Personen, besonders ihre Körpersprache. Notiere, was daran ablesbar ist.

2 Erläutere, welche Rollen die dargestellten Frauen spielen.

3 a Überlege, warum Käthe Kollwitz uns nur die Weber und nicht die Hausbewohner zeigt.
b Erläutere, was man dennoch über die „Gegenseite" erfahren kann. Welche Bedeutung könnte die Mauer und das geschlossene Tor haben?

4 Erzähle, was in diesem Bild geschieht und wie es weitergehen könnte (beachte den Bildtitel).

5 Zeichne den Ort, nachdem alles vorbei ist.

6 a Erläutere, welche Partei die Künstlerin einnimmt und woran das ablesbar ist.
b Diskutiert, wie ihr diesen „Sturm" beurteilt.

7 Beschreibe das Bild *Die Freiheit führt das Volk* → **288**. Überlege dabei, welche Gefühle, welche Einstellungen beim Betrachter erzielt werden sollen. Zeige, welche künstlerischen Mittel Delacroix dazu benutzt.

8 Charakterisiere die Personen. Erkläre, warum Delacroix keinen wirklichen Menschen als Anführer der Kämpfenden darstellt, sondern ihnen die → **Allegorie** (sinnbildhafte Personifikation) der Freiheit voranstellt.

9 Benenne die Beziehungen, Vergleichbares und Unterschiedliches, zwischen diesem Bild und dem von Käthe Kollwitz → **287**. Vergleiche vor allem die Darstellung der Frau in beiden Bildern. Erläutere, was man über die Rolle der Frau im Verständnis von Käthe Kollwitz ablesen kann.

Ende

Das sechste, letzte Blatt *Ende* → 289 der Bildfolge führt den Betrachter wie zu Beginn der Geschichte wieder in eine Weberhütte. Zwei Tote liegen aufgebahrt auf dem rohen Dielenfußboden. Hinter ihnen kauert unter dem Webstuhl eine Frau. Hände und Kopf ruhen auf ihrem Schoß. Zwei Männer tragen einen dritten Toten durch die Tür. Eine stehende Frau, deren Arme hilflos herabhängen, starrt auf den Toten.

Gerhart Hauptmanns Theaterstück → S. 144 endet damit, dass ein alter, am Webstuhl sitzender Weber von einer verirrten Soldatenkugel tödlich getroffen wird, während von draußen Hurra-Rufe andeuten, dass die Soldaten vertrieben werden. Im Gegensatz dazu orientiert sich Käthe Kollwitz stärker am historischen Geschehen von 1844. Im letzten Blatt *Ende* zeigt sie, dass der Aufstand gescheitert ist. Einzig den Lichtstrahl zwischen Tür und Fenster könnte man als vorsichtiges Zeichen der Hoffnung sehen.

Die *Allgemeinen Zeitung*, Augsburg, über das Ende des Weberaufstands:

Der Aufruhr […] ist gestillt, und das Militär zum größten Teil wieder abgezogen. Man muss es sehr beklagen, dass ihm so viele Menschenleben zum Opfer gefallen sind. Dreizehn fanden, von Kugeln getroffen, auf der Stelle den Tod, und viele der Schwerverwundeten sind später gestorben.

26. Juni 1844

Ein Weberaufstand – eine weite Bildfolge

Die sechs Blätter *Ein Weberaufstand* sind als zusammenhängende → **Bildgeschichte** zu verstehen. Im Unterschied zur „engen Bildfolge" vieler Comicgeschichten handelt es sich um eine „weite Bildfolge", da der zeitliche Abstand zwischen den Einzelbildern recht groß ist. Um eine Bildgeschichte verstehen zu können, muss der Betrachter die Leerstellen zwischen den Bildern füllen. Das heißt, er muss das, was „zwischen den Bildern" geschieht, im Kopf ergänzend dazu erfinden. Eine „enge Bildfolge" mit zeitlich geringem Abstand von Bild zu Bild erfordert dabei weniger kombinierende Fantasiearbeit als eine weite Bildfolge. Damit der Betrachter diese Aufgabe lösen kann, müssen in jedem Bild verbindende Hinweise gegeben werden.

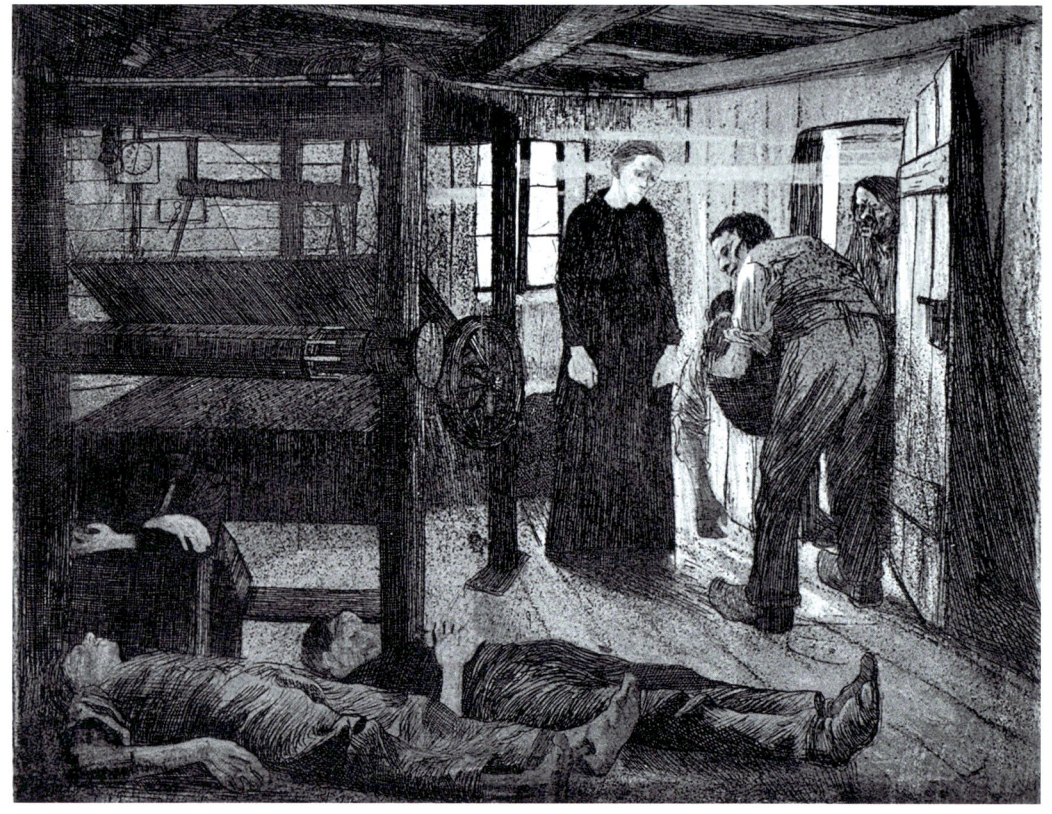

289 Käthe Kollwitz: *Ende* (Blatt 6 der Bildfolge *Ein Weberaufstand*), 1898; Radierung/Aquatinta, 24,5 × 30,5 cm; Berlin, Käthe-Kollwitz-Museum

292 Boris Bilinsky (1900–1948): Filmplakat zu *Metropolis* von Fritz Lang, 1927; Farblithografie; Berlin, Kunstbibliothek SMB

291 Käthe Kollwitz: *Beratung*, (Blatt 3 aus der Bildfolge *Ein Weberaufstand*), 1898; Lithografie, 27,2 x 16,7 cm; Berlin, Käthe-Kollwitz-Museum

290 **Arthur Segal (1875–1944):** *Brot für alle*, 1931; Öl auf Leinwand, 96,5 x 131 cm; Ulm, Deutsches Brotmuseum

Arbeitsanregungen

1 Versuche die Stimmung des Bildes *Ende* →289 mit deinen Worten wiederzugeben. Erkläre, wodurch diese Stimmung erzeugt wird.
2 Erzähle oder zeichne, was wohl zwischen Blatt 5 *Sturm* →287, S. 158 und Blatt 6 *Ende* →289 geschehen ist.
3 Vergleiche Blatt 6 *Ende* →289 mit Blatt 2 *Tod* →273, S. 150. Notiere, wie in beiden Blättern der Tod inhaltlich und gestalterisch anschaulich wird. Was erfahren wir über ihn? Benenne die Unterschiede.
4 Erläutere, welche Bedeutung die Bildtitel für das Verstehen der Bildgeschichte haben.
5 Gruppenarbeit: Stellt jedes der sechs Bilder vor einem weißen Hintergrund nach und haltet alle fotografisch fest. Ordnet sie gemäß der Bildfolge im Zeitverlauf. Notiert, welchen Erzählwert die Körpersprache hat.
6 Untersuche im Vergleich aller sechs Bilder, was die jeweiligen Handlungsorte zur Erzählung beitragen.
7 Zeichne die Geschichte des Weberaufstandes als „weite Bildfolge", zeige aber keine Menschen. Versuche, die Geschichte nur durch Ortskennzeichnungen und Dinge, also durch hinweisende Spuren auf das Geschehen, zu erzählen.
8 Zeichnet die Geschichte des Weberaufstandes als „enge Bildfolge". Wie in den meisten Comicgeschichten soll jetzt der zeitliche Schritt von Bild zu Bild recht kurz sein. Ihr könnt auch Sprechblasen einsetzen. Vorschlag: Zeichnen mit Feder (Linien), Pinsel (Flächen) und Tusche.
9 Auch das Bild von Arthur Segal →290 ist eine Bildgeschichte in „weiter Folge", die wie ein Text von links nach rechts, von oben nach unten zu „lesen" ist. Betrachte die einzelnen Szenen genau. Notiere, wie die „Leerstellen" gefüllt werden könnten. Erzähle die Geschichte in deinen Worten nach.
10 Zähle auf, welche inhaltlichen und gestalterischen Beziehungen du zwischen diesem Bild und der Bildfolge von Käthe Kollwitz erkennst und welche Unterschiede.
11 Gestaltet in Gruppenarbeit eine Bildgeschichte in „weiter Bildfolge": Einigt euch auf ein Thema, das euch wichtig ist (Tipp: Ihr könnt euch von Literatur oder Filmen anregen lassen.). Gliedert die Geschichte, teilt sie in Bilder auf (Tipp: Gebt jedem Einzelbild einen Titel.). Zeichnet zunächst skizzenhaft (Strichmännchen) vor; probiert, bis ihr die treffendste Lösung gefunden habt. Beachtet: Was muss in allen Bildern der Geschichte wiedererkennbar bleiben? Einigt euch auf eine Technik für die Ausarbeitung (Tipp: Linoldruck; ihr könnt die Geschichte auch am PC gestalten oder als Fotogeschichte erzählen, dann könnt ihr die Geschichte für alle vervielfältigen.).

Ein Filmklassiker – Fritz Langs *Metropolis*

→ S. 166: *Metropolis* – ein „Neuer Turm Babel"

→ S. 172: Maschinenmenschen

→ S. 170: Maschinen und Maschinenbilder

→ S. 168: die Architektur von *Metropolis*

→ S. 174: Plakate der 1920er-Jahre

293 Boris Bilinsky (1900–1948): Filmplakat zu *Metropolis* von Fritz Lang: die Themen in diesem Kapitel

In diesem Kapitel kannst du dich über *Metropolis*, einen der ersten Science-Fiction-Filme, informieren. Du erfährst Näheres über Fritz Lang, den Regisseur, und dessen Vorgehensweise, über die Filmstory und -figuren, aber auch über die Kinoplakate, mit denen man damals um Besucher warb. Du kannst einzelne Szenen anhand von Standfotos mit ihren Vor- und Nachbildern aus Kunst, Architektur oder Filmen vergleichen und überraschende Zusammenhänge entdecken. Wenn du dir andere Science-Fiction-Filme anschaust – etwa solche aus unserer Zeit –, wirst du bemerken, wie viele sich von der neuartigen und beeindruckenden Bildsprache aus *Metropolis* haben beeinflussen lassen. Vielleicht bekommst du sogar Lust, gemeinsam mit Mitschülern einen eigenen kleinen Film zu drehen …

Der Film
Metropolis ist einer der am meisten diskutierten Filme in der Geschichte des Kinos. Sah der spanische Regisseur Luis Buñuel in ihm eines der „schönsten Bilderbücher, die man sich vorstellen kann", so kritisierten andere heftig die Botschaft des Films. Bei seiner Uraufführung im Januar 1927 dauerte *Metropolis* etwa zweieinhalb Stunden. Um den Erfolg beim Kinopublikum zu sichern, schnitt man den Film aber bald darauf um und kürzte ihn erheblich.

Der Regisseur und die Filmidee
Fritz Lang (1890–1976), der Regisseur, ist einer der großen Meister in der Frühzeit des Films. Damals war Deutschland ein führendes Land der aufblühenden Filmindustrie. Im internationalen Wettbewerb jedoch spürten die deutschen Filmproduzenten bereits die mächtige Konkurrenz massentauglicher Filme aus Amerika. Ein Besuch in New York 1924 und der Anblick der gigantischen Wolkenkratzer hatten Lang angeregt: „Dieser Eindruck gab mir die erste Ahnung von einer Stadt in der Zukunft." Erinnerungen an den riesigen Turm zu Babel wurden wach, von dessen Errichtung und Untergang die Bibel berichtet. Thea von Harbou (1888–1954), Langs Ehefrau, schrieb das Drehbuch, gedreht wurde in den Ufa-Ateliers von Neubabelsberg bei Potsdam. Großartige Werke der Plakatkunst, wie die von Boris Bilinsky und Werner Graul, warben für *Metropolis*.

Das Thema
Der ausdrucksstarke, schwarz-weiße Stummfilm verarbeitet Ängste und Widersprüche der 1920er-Jahre in einer düsteren Zukunftsvision. Ihre Kennzeichen sind die zunehmende Technisierung der Arbeitswelt und die daraus entstehenden Konflikte. Maschinen bestimmen den Rhythmus des modernen Lebens und drohen zusammen mit Robotern allmählich die Plätze der Menschen einzunehmen.

Lang zeigt die Großstadt als ein unheimliches Gebilde, das den Einzelnen im Häusermeer verschluckt und einer anonymen Masse eingliedert. Der Film verdichtet die gesellschaftlichen Gegensätze der jungen Weimarer Republik. Er zeigt sie als zugespitzte, scharfe Kontraste der sozialen Klassen: Arme und Reiche, Arbeiter und Kapitalisten, Untertanen und Herrscher. Was sind ihre Ziele, was sind ihre Rollen? So greift Metropolis die politischen Auseinandersetzungen der 1920er-Jahre um die „richtige" Staatsform auf: Demokratie, Kommunismus, Diktatur? Was wird die Zukunft bringen? Fritz Lang wählte für seinen Film eine einfache Antwort: die Verbrüderung der Gegensätze. Von dieser schlichten Lösung in der Schlussszene seines Films rückte er aber Jahrzehnte später ab und nannte sie „politisch nicht so bewusst".

Metropolis – die Geschichte

In der hellen Oberstadt von *Metropolis* wohnen die Reichen, während in der düsteren Unterstadt Arbeitermassen in Menschen verachtender Schichtarbeit die Maschinen bedienen müssen, die die Stadt am Leben erhalten.

In geheimen Zusammenkünften predigt die selbstlose Prophetin Maria den geknechteten Arbeitern Geduld und Nächstenliebe. Maria aber ist dem Herrn von Metropolis, Fredersen, ein Dorn im Auge. Er lässt den Wissenschaftler Rotwang einen maschinellen Doppelgänger von Maria mit menschlichen Zügen bauen. Die falsche Maria soll die Massen in Fredersens Sinne lenken, doch stattdessen ruft sie zur offenen Revolution auf. In der Romanversion von *Metropolis* hält sie eine flammende Rede:

> Narren seid ihr! Dummköpfe! In euren Morgen, euren Mittag, euren Abend, eure Nacht heult die Maschine nach Futter! Euch frisst die Maschine wie Häcksel und speit euch aus! Warum mästet ihr die Maschine mit euren Leibern? Warum schmiert ihr Maschinengelenke mit eurem Hirn? Warum lasst ihr nicht die Maschinen verhungern, ihr Narren? Warum lasst ihr sie nicht verrecken, Dummköpfe? Warum füttert ihr sie? Je mehr ihr sie füttert, desto mehr gieren sie nach eurem Fleisch, nach euren Knochen und Hirnen. Ihr seid zehntausend! Ihr seid hunderttausend! Warum werft ihr euch nicht – hunderttausend mordende Fäuste – auf die Maschinen und schlagt die Maschinen tot? Ihr seid die Herren der Maschinen, ihr! Nicht die anderen, die in der weißen Seide gehen! Dreht die Welt um! Stellt die Welt auf den Kopf! Werdet zu Mördern am Lebendigen und am Toten! Nehmt euch das Erbe von Lebendigen und von Toten! Ihr habt genug gewartet! Die Zeit ist da!"

Die verführten und aufgebrachten Arbeiter zerschmettern daraufhin die Maschinen. Es entsteht ein flackerndes Chaos der Zerstörung, und plötzlich droht ihnen und ihren Kindern der Tod in ihrer Unterstadt, die in einer Sintflut untergeht. Angesichts dieser Katastrophe wendet sich der Hass der Massen gegen die falsche Maria. Sie verbrennen die künstliche Hexe auf einem Scheiterhaufen, ihr Schöpfer stürzt vom Dach einer Kathedrale in den Tod.

Am Ende versöhnen sich beide Seiten: die zur Besinnung gekommene Arbeiterschaft und die durch die Katastrophe geläuterte Führungselite. Im Film wird die Verlobung von Maria und Fredersens Sohn zur Grundlage dieser neuen Verbindung. Sie verkörpern und garantieren den neuen Geist der Zukunft. Zum Schluss reichen sich der Industrielle Fredersen und der Führer der Arbeiter symbolisch die Hände. Die Ordnung ist auf einer neuen Grundlage wiederhergestellt: Alle Gegensätze und Probleme scheinen in der neuen Gemeinschaft endgültig aufgehoben zu sein.

Arbeitsanregungen

1 Ordne der Geschichte Standbilder aus dem Film aus diesem Kapitel zu.
2 Beurteile die Lösung am Schluss des Films, finde mögliche Ansätze für eine Fortsetzung des Films.
3 a Informiere dich näher über den Film und schaue dir dazu auch einige Szenen (zum Beispiel im Internet) an.
  b Vergleiche einzelne Szenen der ursprünglichen Fassung mit solchen aus der überarbeiteten Version von Giorgio Moroder 1984: Inwieweit hat sich der Charakter des Films verändert?
4 Erprobe in Skizzen, wie die Kamera die aufrührende Rede der falschen Marie vor den Arbeitern zeigen könnte (zum Beispiel: Ausschnitt, Blickwinkel, Licht).

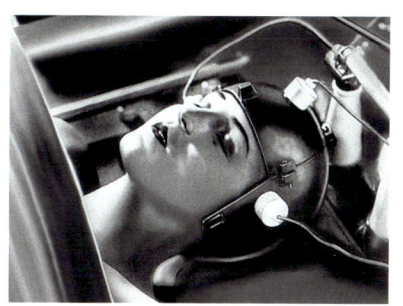

294 **Standbilder aus *Metropolis***

Metropolis – ein „Neuer Turm Babel"

295 Pieter Bruegel d. Ä. (um 1525–1569): *Der Turmbau zu Babel*, 1563; Öl auf Eichenholz, 114 x 155 cm; Wien, Kunsthistorisches Museum

Das Gemälde von Bruegel

Der Regisseur Fritz Lang nahm in seinen Filmen immer wieder Anregungen aus der bildenden Kunst auf. So zitierte er in *Metropolis* sowohl Gebäude wie auch Gemälde, die ihn stark beeindruckt hatten – wie etwa das berühmte Bild von Pieter Bruegel d. Ä. (um 1525–1569) *Der Turmbau zu Babel* →295, das er während seiner Kindheit in Wien im dortigen Kunsthistorischen Museum gesehen hatte.

In diesem Gemälde veranschaulicht der niederländische Maler eine biblische Erzählung. Sie schildert die Errichtung des Turmes von Babylon durch König Nimrod (1. Buch Mose, 11,1–9). Bei der Darstellung des Bauwerks und seiner Konstruktion orientierte sich Pieter Bruegel d. Ä. an einem antiken Vorbild, dem *Kolosseum* in Rom →296. Bruegel hatte das imposante →**Amphitheater** auf einer Reise nach Italien besucht und nach der Rückkehr in seine Heimatstadt Antwerpen als Vorbild für seine Version des Turms zu Babel gewählt. Mit seinen höchsten Teilen stößt der gigantische Turm bereits an die Wolken. So veranschaulicht Bruegel das vermessene Ziel des menschlichen Bauwerks: einen Turm bis zum Himmel zu bauen und Gott damit so nahe wie möglich zu kommen.

Die biblische Geschichte

Die Bibel berichtet von der babylonischen Sprachverwirrung, mit der Gott diesen maßlosen Frevel strafte.
Alle Arbeiter sprachen plötzlich unterschiedliche Sprachen. Ein organisiertes Weiterbauen wurde unmöglich, da sich die Menschen untereinander nicht mehr verstanden. Schließlich zerstreuten sie sich in alle Welt.

296 Das *Kolosseum*, um 80 n. Chr., Rom

297 Standbild aus *Metropolis*

Die Stadt Babel

Im biblischen Text wird der Schauplatz zum ersten Mal genau festgelegt. Die Rede ist von einer Stadt, ihr Name wird genannt: Babel [das heißt „Wirrsal"], die Hauptstadt von Babylonien [im heutigen Irak]. Die Israeliten [der Bibel] waren zum großen Teil Nomaden, hatten keine festen Häuser, zogen durchs Land und verabscheuten das sesshafte Leben. […] Ihnen musste die Großstadt Babel mit ihren Tausenden von festen Häusern und dem hohen Turm in der Mitte geradezu als Sinnbild der Überheblichkeit und einer falschen Lebensweise erscheinen. […] Stadt und Turm hat es wirklich gegeben. Aber im Gegensatz zum biblischen Bericht wurde der Bau von Stadt und Turm keineswegs wegen allgemeiner Sprachverwirrung abgebrochen. Im Gegenteil: Der Turm stand fast dreitausend Jahre lang. Viermal im Lauf seiner Geschichte wurde er zerstört, viermal wieder aufgebaut, bis ihn schließlich Perserkönig Xerxes I. (um 519–465 v. Chr.) endgültig einreißen ließ.

Paul Maar, 1987

Der Turm als Symbol

In Langs Film *Metropolis* erzählt Maria den Arbeitern die biblische Legende zur Warnung, denn das zentrale Turmhaus von Metropolis gilt als ein „Neuer Turm Babel". Hier leben die Herren der Stadt, die Fredersen in seiner Schaltzentrale von der obersten Etage aus regiert. Es gibt eine weitere Szene, in der die Konstrukteure des Turmhauses vor einem Modell sitzen, das dem Vorbild auf Bruegels Bild weitgehend entspricht → 297.

So alt die Faszination für den Turmbau ist, so aktuell ist sie bis heute geblieben. Im frühen 20. Jahrhundert begeisterten sich viele deutsche Künstler für das Erhabene, das aus der gleichförmigen Masse baulich Herausragende. Sie sprachen von einer zukünftigen „Kathedrale", von einem neuen „Dom". Solche Symbole sollten die erwartungsvollen Weltanschauungen, die Hoffnungen und Ideen der Zeit anschaulich machen. Eine neue, eine bessere Welt sollte entstehen, ein Monument der Architektur sollte zu ihrem unübersehbaren Zeichen werden.

Arbeitsanregungen

1 Beschreibe Einzelheiten aus Bruegels Bild → 295, zum Beispiel die Personen im Vordergrund, die Häuser und Schiffe im Mittelgrund oder die Baumaschinen am Turm.

2 Vergleiche den Bericht des Alten Testamentes mit Bruegels Darstellung. Orientierte dich dabei an folgenden Fragen: Wo und wann lebte Pieter Bruegel d. Ä.? Von welchem Land, aus welcher Zeit berichtet die Legende der Bibel? Welche Landschaft, welches Jahrhundert zeigt Bruegel auf seinem Bild? Was will das Alte Testament mit seiner Geschichte verdeutlichen? Was davon übernimmt Bruegel, was verändert er?

3 Vergleiche Bruegels Bild → 295 mit dem Filmplakat zu *Metropolis* → 292, S. 163. Beschreibe Ähnlichkeiten und Unterschiede.

4 Stelle den Weiterbau des Turmes aus Bruegels Gemälde in einer Tuschzeichnung dar: „Der Turm zu Babel wird weitergebaut …". Zeichne dazu zwei bis drei Stockwerke des Gemäldes ab und erfinde weitere Stockwerke dazu.

Webcode: KE1201906-167

Metropolis – die Architektur

298 Kulisse von *Metropolis*, 1927

299 William van Alen (1883–1954): *Chrysler Building*, 1928/29; New York

Die amerikanischen Hochhäuser
In den rasch wachsenden Großstädten Amerikas wurde am Ende des 19. Jahrhunderts der Platz immer enger, sodass die Architekten vor neuen Anforderungen standen: Sie sollten möglichst viel nutzbaren Raum auf einer relativ kleinen Fläche errichten.

So entstand ein neuer Gebäudetypus: der Wolkenkratzer → S. 122. Einzelne Bauwerke erreichten bereits zu Beginn des 20. Jahrhunderts mehrere Dutzend Stockwerke. Einen vorläufigen Höhepunkt fand diese Entwicklung 1931 mit dem *Empire State Building* in New York (381 Meter Höhe).

Erst der Einsatz von neuen, zugleich flexiblen wie auch druck- und zugfesten Baumaterialien ermöglichte den Hochhausbau. In der modernen Skelettbauweise → S. 119 tragen nicht mehr die Wände das Gebäude, sondern das *Skelett*, ein Stützsystem aus Stahlbeton oder Stahlträgern. Große, gleichförmig gegliederte Glasfassaden schließen diese Konstruktion nach außen ab.

Bis in die 1940er-Jahre versah man die Wolkenkratzer an ihrer Außenseite noch mit schmückenden Elementen. Beim *Chrysler Building* etwa erinnern die oberen Abschlüsse an die chromglänzenden Radkappen der Autos, die der Automobilhersteller Chrysler produzierte → 299. Hochhäuser wie dieses sollten auch die Bedeutung der Firmen versinnbildlichen, die sie erbaut haben – zugleich galten sie als markante Zeichen des allgemeinen Fortschritts, der kein Ende zu nehmen schien.

New York versammelt wie keine zweite Stadt Hochhäuser zu einer eindrucksvollen Skyline. Sie wurde zum Vorbild für Fritz Langs Stadtkulisse von *Metropolis* (griechisch: „Mutterstadt", „Weltstadt"). Vergleichbares gab es zu dieser Zeit in Europa nicht.

Europäische Architekturvisionen
Der Entwurf für eine *Città Futurista* (italienisch: „Stadt der Zukunft") → 300 des italienischen Architekten Antonio Sant'Elia (1888–1916) blieb eine Architekturfantasie, eine Vision. Ihr liegen die radikalen Vorstellungen des itali-

enischen → **Futurismus** zugrunde. Die Künstlergruppe der Futuristen sah die alte Welt durch die rasanten technischen Entwicklungen zertrümmert und wollte eine neue schaffen. Sie sollte ganz von den neuen Möglichkeiten geprägt sein, vom beschleunigten Tempo des modernen Lebens. Sant'Elia schrieb 1914: „Das futuristische Haus muss wie eine riesige Maschine sein." → S. 138

Das *Goetheanum* → 301 hat Rudolf Steiner (1861–1925) entworfen, der Begründer der Waldorfschulen. Verschalungen beim Betonbau erlaubten erstmals solch dynamisch gebogenen und auskragenden Formen, durch die das Bauwerk wie eine riesige organische Skulptur wirkt. Für Steiner verkörperte diese Art von Architektur einen neuen, ganzheitlichen Umgang mit den Menschen in ihr.

Langs Bauten – nur Filmkulisse?
In den 1920er-Jahren sahen Regisseure wie Fritz Lang in ihren Filmen weniger Konsumprodukte der Unterhaltungsindustrie als vielmehr Werke der Kunst. Deshalb arbeiteten sie eng mit Bühnenbildnern, Musikern oder Dramatikern zusammen. So wie ein Künstler mit seinen Werken Gefühle ausdrückt und hervorruft, wollte Fritz Lang, dass seine von Musik begleiteten dramatischen Filmbilder Gefühle spiegeln und erzeugen.

Durch die Einspielung winziger Modelle in Realszenen schuf er auf der Kinoleinwand die Illusion zukünftiger, monumentaler Architektur. Die unwirkliche Kulisse ist aber mehr als nur der Hintergrund einer Szene. Düstere, enge Räume oder steil aufragende, abweisende Bauten werden zum sichtbaren Ausdruck innerer, bedrückender Zustände – für den Zuschauer sind diese Filmbilder zugleich Ursache wie auch Abbild der eigenen aufgewühlten Gefühle.

Arbeitsanregungen
1 Erläutere den letzten Absatz auf dieser Doppelseite anhand eines geeigneten Standfotos von *Metropolis* aus diesem Kapitel.
2 Charakterisiere die Architektur(pläne) aus der Zeit von *Metropolis*. Recherchiere dazu weitere Informationen.
3 Weise anhand der Abbildungen Einflüsse zeitgenössischer Bauwerke und Pläne auf Langs Filmkulisse von Metropolis → 298 nach. Ziehe auch die Hochhäuser auf → S. 122–123 heran.
4 Vergleiche die Architekturbeispiele mit dem Filmplakat → 292, S. 163. Liste Gemeinsamkeiten und Unterschiede auf.
5 a Entwerft zeichnerisch (oder am Computer) die Kulisse für einen Science-Fiction-Film.
b Baut sie in einem zweiten Schritt als kleines Modell.
c Gestaltet in dieser Kulisse eine kurze Trickfilmszene, indem ihr die Dinge oder Figuren, die ihr entworfen habt, jeweils leicht in eine Richtung bewegt. Fotografiert dabei jede Bewegungsveränderung und fügt diese einzelnen Fotografien zu einem Trickfilm zusammen. (Tipp: Lest euch dazu → S. 134–137 noch einmal gründlich durch.)

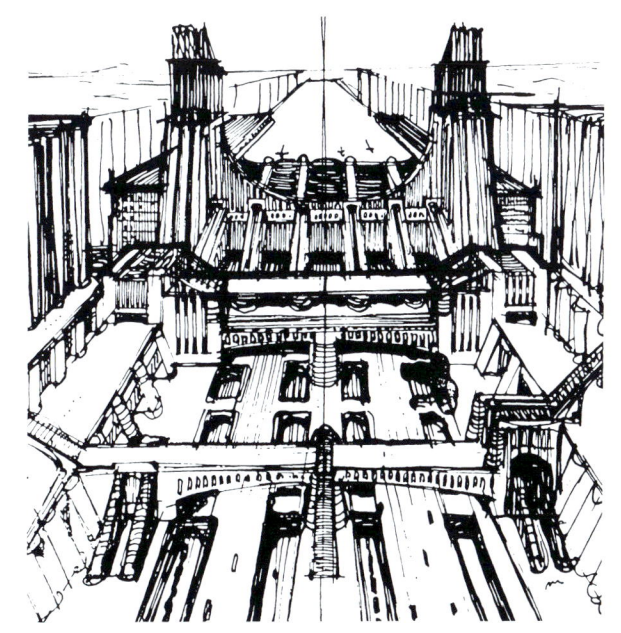

300 Antonio Sant'Elia (1888–1916): Vorstudie für die *Città Futurista*, 1913/14; Bleistift und Tusche; Como, Villa Comunale dell'Olmo

301 Rudolf Steiner (1861–1925): Zweites *Goetheanum*, 1926–28; Dornach/Schweiz

Maschinen und Maschinenbilder

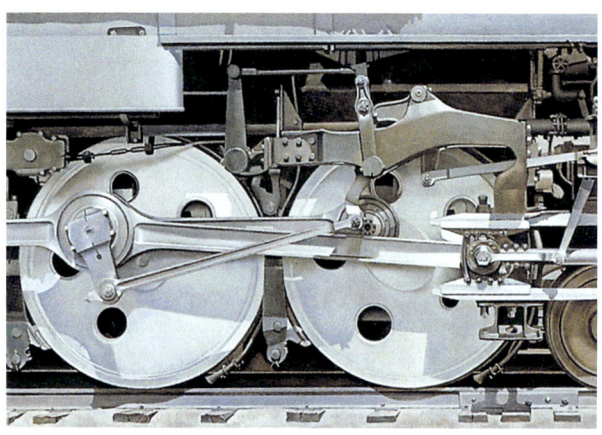

302 Standbild aus *Metropolis*

303 Charles Sheeler (1883–1965): *Rolling Power*, 1939; Öl auf Leinwand, 38,1 x 76,2 cm; Northampton (Mass.), Smith College Museum of Art

Maschinen in *Metropolis*

Die Arbeiter an den Maschinen bilden ein „gigantisches Ballett", schrieb der spanische Regisseur Luis Buñuel 1927 zu *Metropolis*. Er schwärmte vom „Funkeln des Stahls", vom „Singen der Maschinen" und von „elektrischen Entladungen wie Triumphbögen". In diesen Worten spiegelt sich die Faszination, die die moderne Technik auf die Künstler der Zeit ausübte.

In *Metropolis* bestimmt der Takt der Maschinen das Leben in der Stadt. Die Menschen müssen sich ihm anpassen. Sie bedienen in mechanischen Bewegungen die riesigen Apparate, die ihnen das Überleben sichern.

Fritz Lang hatte im Stummfilm keinen Ton zur Verfügung (die Technik des Tonfilms wurde erst nach Beendigung der Dreharbeiten eingeführt). Im Kino spielte ein Musiker während der Aufführung auf dem Klavier und unterstrich so die im Film erzeugte Stimmung. Den ohrenbetäubenden Lärm und die physische Gewalt der Maschinen konnte Lang nur durch optische Effekte darstellen: durch den Rhythmus der stampfenden Kolben und Räder, durch heftig blinkende Kontroll- oder Warnleuchten, durch dramatisch austretende Dampffontänen → 302 oder durch in den Film hineinkopierte Lichtblitze elektrischer Entladungen.

Maschinen in der Kunst

Charles Sheeler (1883–1965), ein amerikanischer Fotograf und Maler, stammte aus der gleichen Generation wie Fritz Lang. Sheeler begeisterte sich für die Präzision und die Perfektion der Maschine → 303. Er entdeckte in der Industriearchitektur und in der Technik eine kalte, perfekte Schönheit, die es genauso wert war, dargestellt zu werden wie die Individualität des Menschen oder Stimmungen der Natur.

Der Düsseldorfer Künstler Konrad Klapheck (*1935) malt zumeist technische Apparate des Alltags wie Schreib- oder Bohrmaschinen. Seine sachlich und nüchtern wirkenden Bilder täuschen auf den ersten Blick

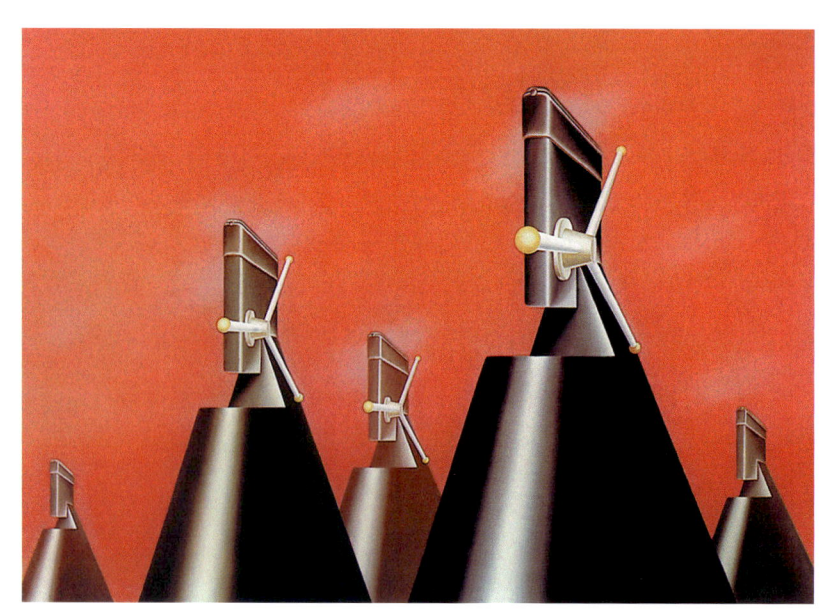

304 Konrad Klapheck (*1935): *Der Krieg*, 1965; Öl auf Leinwand, 145 x 200 cm; Düsseldorf, Kunstsammlung Nordrhein-Westfalen

305 Jean Tinguely (1925–1991): *Elektronisches Gehirn*, 1960; Maschinenplastik aus Schrottteilen, 100 x 147 x 65 cm; Stuttgart, Staatsgalerie

darüber hinweg, dass er wesentliche Veränderungen an den Motiven vornimmt. Klapheck isoliert und vereinfacht die Dinge. Schon früh stellte er fest, dass der Betrachter die Maschinen auf seinen Bildern in Gedanken vermenschlicht. Man entdeckt in ihnen Symbole, verbindet sie mit Erinnerungen, Gefühlen und Vorstellungen →304. So weisen sie über sich hinaus. Klapheck schrieb dazu 1955: „Mithilfe der Maschine konnte ich Dinge aus mir herausziehen, die mir bis dahin unbekannt waren."

Für den Schweizer Jean Tinguely (1925–1991) galt Bewegung als Ausdruck des Lebens, da auch dieses von ständiger Veränderung gekennzeichnet sei: Nichts ist wirklich unbewegt. Seine „Alteisenplastiken" der 1960er-Jahre baute er aus Schrottteilen wie Schwungrädern, Pleuelstangen oder Wellen zusammen →305. Als Antrieb dient den Konstruktionen ein elektrischer Motor. Einmal angeschaltet, vollziehen die Kunstmaschinen für einige Zeit ratternd und scheppernd höchst unsinnig erscheinende Bewegungen – einige zerstörten sich dabei sogar selbst. Man schaut ihnen überrascht zu, ist erschrocken oder amüsiert, verstört oder verärgert und stellt fest, dass Maschinen in uns Gefühle hervorrufen können.

Arbeitsanregungen

1 Charakterisiere Ausdruck und Symbolik der abgebildeten Maschinen; belege deine Ausführungen am jeweiligen Beispiel.
2 Nimm begründet Stellung zu der Frage, welches der Maschinenbilder am besten zum Standbild aus Metropolis →302 passt.
3 Ergänze einen Ausschnitt aus Sheelers Bild →303 zu einem neuen Maschinenbild. Erarbeitet aus euren Teilbildern eventuell in Gruppenarbeit ein riesiges Wandbild.
4 Verwandle die Maschinenszene aus *Metropolis* →302 in eine zeitgemäße technisch-bedrohliche Kulisse.
5 „Verlebendige" Technik des Alltags in einem Bild, ähnlich wie Klapheck es tut →304.
6 Erprobt eine Filmmusik, die das Stampfen der Maschinen in *Metropolis* verdeutlicht. Erfindet gruppenweise eine Filmmusik für die anderen Maschinen auf dieser Doppelseite.

Webcode: KE1201906-171

Maschinenmenschen

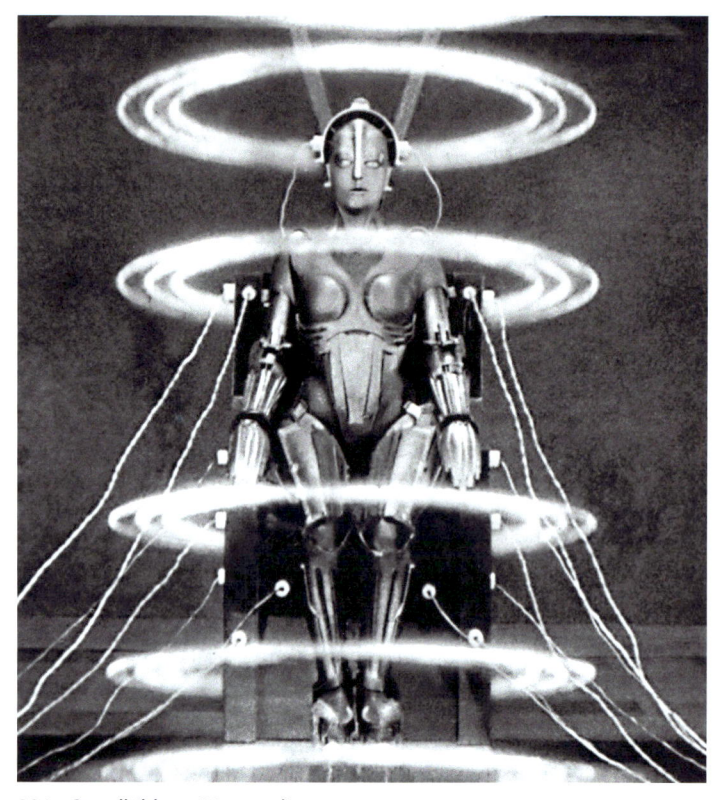

306 Standbild aus *Metropolis*

307 Fernand Léger (1881–1955): *Zwei Figuren vor rotem Grund*, 1923; Öl auf Leinwand, 146 × 98 cm; Basel, Kunstmuseum

Roboter, die neuen Wesen?
Künstler träumen davon, mit ihren Werken zum Schöpfer zu werden. Skulpturen etwa wurden so lebensnah gestaltet und bemalt, dass sie für reale Lebewesen gehalten werden konnten; es schien vorstellbar, dass sie sogar zu echtem Leben erwachen.

Einen anderen Weg gingen die Automatenbauer der letzten Jahrhunderte. Durch die Verfeinerung der Technik seit dem 18. Jahrhundert versuchten sie, mit ihren mechanischen Puppen für einen kurzen Moment die Illusion echter Bewegung hervorzurufen. Das technikbegeisterte 20. Jahrhundert schließlich träumte vom perfekten mechanischen Nachbau des Menschen, vom „Roboter" (von tschechisch: „robota" = „Fronarbeit"). Er sollte die schwere Arbeit für den Menschen erledigen. Solche Maschinenwesen erschienen in den 1920er-Jahren zunächst in der Literatur, bald darauf im Theater oder in Filmen wie *Metropolis* und als Motiv in der bildenden Kunst.

Maschinenmenschen in der Kunst
Das Gemälde *Zwei Figuren vor rotem Grund* → 307 von Fernand Léger (1881–1955) ist zum einen von der zeitgenössischen Plakatkunst beeinflusst → S.174 und deutet zum anderen eine neue künstlerische Strömung an, die selbst lebendige Motive als maschinenhafte Objekte zeigt. Menschen werden zu präzise gemalten, aber entpersönlichten Kunstfiguren, zu metallischen Organismen aus kalt schimmernden Stäben und Zylindern. Der Künstler war fasziniert von der neuen Sichtweise, die Film und Foto eröffnet hatten, etwa durch stark vergrößernde Ausschnitte. So hatte das menschliche Auge selbst Alltägliches noch nicht wahrgenommen und die Kinoleinwand wurde zu einem „gigantischen Mikroskop für nie zuvor gesehene und nie zuvor empfundene Dinge" (Léger). Auch Léger verwendete rasch wechselnde Großaufnahmen von Gegenständen in seinem Film *Ballet mécanique* (1923/24).

Der Bildhauer Rudolf Belling (1886–1972) verwendete als einer der Ersten in der Bildhauerei neue Materialien aus dem technischen Bereich; sich selbst verstand er eher als Handwerker denn als Künstler. Mitte der 1920er-Jahre schuf er in spiegelndem Metall roboterhafte Menschenköpfe → 305. Ihre glänzend polierten Oberflächen ähneln denen von medizinischen und wissenschaftlichen Geräten.

Oskar Schlemmer (1888–1943) verwandelte Landschaften, Stillleben, aber auch den menschlichen Körper zu strengen, geometrisch geordneten Gefügen. Hauptthema seiner Kunst war die Figur im Raum. In seinem *Triadischen Ballett* (von griechisch: „trias" = „Dreiheit") entwarf er nicht nur die voluminösen „Figurinen", sondern studierte auch die Bewegungsabläufe auf der Bühne ein →310. Drei Akteure führten die Tänze in wechselnden Kostümen auf, die den Körper unter geometrischen Formen verschwinden ließen. Sie hinderten die Tänzer an einer freien Bewegung und ließen sie auf der Bühne wie Puppen oder Marionetten agieren.

Arbeitsanregungen

1 **a** Sammelt gruppenweise weitere Abbildungen und Informationen zu Robotern: zum Beispiel aus der Welt der Wissenschaft und Technik, aus dem Spielzeugbau, aus anderen Filmen oder Musikvideos, aus der Kunst, aus Literatur und Comics.
b Diskutiert, warum Menschen von Robotern träumen und welche Gefahren ihr dabei seht.
c Überprüft die Behauptung, dass man bei den Abbildungen auf dieser Doppelseite von Robotern sprechen kann.

2 Informiere dich auf →S. 165 und im Internet über die Darstellung des weiblichen Roboters im Film *Metropolis*. Fasst eure Ergebnisse in einer Präsentation zusammen.

3 Schaue dir im Internet verschiedene Versionen des Films *Ballet mécanique* von Fernand Léger an. Beschreibe die filmischen Mittel, mit denen er arbeitet.

4 Suche Beispiele aus der Kunst zum Thema „Die Erschaffung Adams" und „Die Erschaffung Evas". Vergleiche deine Beispiele mit Szenenbildern aus *Metropolis* →294, S. 165, →306. Beschreibe, wo du Ähnlichkeiten siehst und wo Unterschiede.

5 Ergänze Oskar Schlemmers Entwürfe →310 zeichnerisch um ein weiteres Kostüm.

308 Der Roboter *C-3PO* aus dem Film *Krieg der Sterne*, 1977

309 Rudolf Belling (1886–1927): *Kopf*, 1925; Messing, 38 x 22 x 19 cm; Karlsruhe, Badisches Landesmuseum

310 Oskar Schlemmer (1888–1943): *Figurinen aus dem Triadischen Ballett*, 1922

Plakatkunst der 1920er-Jahre

311 **Vladimir (1899–1982) und Georgii Stenberg (1900–1933):** Filmplakat zu *Panzerkreuzer Potemkin*, 1925; Farblithografie, 67 x 90 cm

Formale Merkmale

Ebenso wie *Metropolis* (1927) von Fritz Lang ist der russische Film *Panzerkreuzer Potemkin* (1925) von Sergej M. Eisenstein (1898–1948) einer der bedeutendsten Filmklassiker des 20. Jahrhunderts. Zwischen beiden Werken lassen sich stilistische und persönliche Beziehungen nachweisen. Eisenstein besuchte die Dreharbeiten von *Metropolis*, Lang seinerseits war stark vom sowjetischen Theater und Film der Zeit beeinflusst.

Die Plakate zu beiden Filmen weisen ebenfalls formale Verwandtschaften auf → 292, S. 163, → 311. Die Werke von Boris Bilinsky (1900–1948) und den Stenberg-Brüdern sind zugleich kennzeichnend für die Plakatkunst ihrer Zeit.

Mitte der 1920er-Jahre standen viele Gebrauchsgrafiker Deutschlands unter dem Einfluss einer neuen Kunstströmung, der sogenannten → **Neuen Sachlichkeit**. Ihr Ideal war eine objektive, nüchterne Sicht auf die Dinge und eine sachlich-kühle Darstellungsweise. Sie setzten Drucktechniken ein wie die → **Lithografie** und signierten ihre Werke wie Künstler. Noch war die Grenze zwischen bildender und angewandter Kunst fließend. Auch zahlreiche Maler oder Bildhauer gestalteten Plakate, etwa als Werbung für ihre Ausstellungen.

Die Plakatgestalter bevorzugten eine deutliche und übersichtliche Darstellungsweise. Der Aufbau ihrer Werbung ist klar geordnet, die Umrisse der Motive sind genau festgelegt, die Schriftgestaltung zeigt schnörkellose, gut lesbare Buchstaben – Bild und Text bilden eine aufeinander bezogene, stimmige Einheit.

Einzelne Beispiele

Das Plakat *Bücher warten auf dich* → **312** stammt von Alfred Mahlau (1894–1967). Bewusst zeigt es dem Betrachter nur einen kleinen Ausschnitt einer endlos erweiterbaren Parade von Werken in einer perspektivischen Ausrichtung – so wird deutlich, welche Vielzahl von Werken auf Leser warten. Unterschiedliche Farben und Größen und die Abstände zwischen den Werken betonen die jeweilige Besonderheit des einzelnen Buches.

312 Alfred Mahlau (1894–1967): Plakat *Bücher warten auf dich*, 1929; Farboffset, 83,5 x 55,8 cm; Berlin, Deutsches Historisches Museum

313 Kurt Börmel: Plakat *Hut-Ausstellung*, 1925; 117 x 79 cm; Berlin, Kunstbibliothek SMB

Kurt Börmel gestaltete sein Werk für eine *Hut-Ausstellung* → 313. In den 1920er-Jahren galten Topfhüte wie der auf dem Plakat als besonders modern. Die strenge Seitenansicht der Figur bringt die Form der Kopfbedeckung besonders einprägsam zur Geltung. Zugleich tritt das ausgewogene Zusammenspiel der Hutform mit dem Gesicht und dem Nacken in einem fließenden Umriss klar hervor. Die wenigen Farben mit ihren Kontrasten konzentrieren den Blick auf das Wesentliche, den Kopf der anonymen Frau mit ihrem Hut.

Werbung und Zeitgeist
Hinter der reduzierten Nüchternheit und formalen Präzision der *Neuen Sachlichkeit* verbirgt sich der Glaube an die Verheißungen des Maschinenzeitalters. Die Zukunft – so meinten viele – würde durch die Technik entscheidende Verbesserungen bringen und den Menschen neu formen: „Man glaubt, durch die völlige Ausrichtung des Menschen auf die Funktionalität der Maschine eine neue Gesellschaft formen zu können, die einen Idealzustand verheißt." (Klaus Popitz, 1977)

Arbeitsanregungen
1 Beschreibe Verwandtschaften zwischen den Plakaten.
2 a Beschreibe die formale Gestaltung des *Metropolis*-Plakats von Bilinsky → 292, S. 163 (Aufbau, Bild-Text-Bezug, Farben, Räumlichkeit …). Erkläre, wie das Thema des Films verdeutlicht wird.
b Suche im Internet nach weiteren Filmplakaten zu *Metropolis*. Vergleiche das Plakat von Bilinsky → 292, S. 163 mit deinen gefundenen Beispielen. Untersuche, welche formalen und motivischen Verwandtschaften du erkennen kannst und welche unterschiedlichen Schwerpunktsetzungen sich zeigen.
3 Drucke die Texte der Plakate mit verschiedenen Schrifttypen des Computers maßstabsgerecht aus. Überprüfe, welche von ihnen gut zu den Plakaten passen, und suche nach Gründen dafür.
4 Gestalte ein Plakat zu einem aktuellen Anlass in deiner Schule (Schulfest, Abschlussfeier o. Ä.). Arbeite auch mit farbigen Papieren.

Bildbearbeitung, Manipulation und Illusion: Neue Bildwelten – Fotografie und Film

In diesem Kapitel lernst du verschiedene Möglichkeiten der Foto- und Filmbearbeitung kennen. Fotografien und Filme werden bearbeitet, um ganz unterschiedliche Ziele zu erreichen: Sie sollen informieren, unterhalten, manchmal auch täuschen. Welche Möglichkeiten der Illusion gibt es? Wie werden wir durch bearbeitete Bilder manipuliert? Du bekommst einen Einblick in die Produktion von Hollywoodfilmen und kannst deine eigenen Filmtricks und Bildbearbeitungen herstellen.

Das fotografische Abbild – ein Dokument der Wirklichkeit?
Fotografien werden vom Betrachter schnell als Zeugnisse für wahre Begebenheiten angesehen und erlangen dadurch dokumentarischen Wert.

Man geht davon aus, dass die Kamera durch das Objektiv die Situation so aufnimmt, wie sie zu diesem Zeitpunkt ist. Fotografie, und deshalb auch Film, sind durch die Technik in der Lage, die genauesten Abbilder der Dinge in der Welt zu erzeugen. Auch unsere Wissenschaft ist ohne diese Abbilder undenkbar. Sie macht selbst Dinge sichtbar, die uns normalerweise verborgen bleiben, zum Beispiel Röntgenaufnahmen, die Welt der Mikroben oder die Erforschung des Weltalls.

Deswegen sind Fotografien und auch Filme oder Fernsehen, wenn sie unbemerkt bearbeitet werden, die beste Möglichkeit, den Betrachter zu täuschen. Dabei ist der Schritt von der üblichen → **Retusche** von Hautunreinheiten eines Filmstars zur absichtlichen Manipulation, um Informationen zu fälschen, nicht weit.

314 Eugène Atget (1857–1927): *Au petit Dunkerque: Quai Conti 3*, 1898/1900, Serie: *Art dans le vieux Paris;* Paris, Bibliothèque nationale de France

Auch unbearbeitet zeigen Fotografien nie die ganze Wahrheit. Es handelt sich immer lediglich um einen Ausschnitt, der ganz subjektiv von dem Fotografen gewählt wurde.

Geisterbilder
Gibt es Geister? Mit Hilfe von Fotografien hat man versucht, ihre Existenz zu beweisen. Doch was da wie ein Geist aussieht, ist lediglich ein Phänomen der fotografischen Technik, das häufig bei älteren Bildern vorkommt. Bei den damals üblichen langen Belichtungszeiten bis zu mehreren Minuten kam es vor, dass eine Person sich kurz neugierig vor die Kamera stellte und das Bild dann nach Aufforderung des Fotografen wieder verließ. Das erzeugte eine Spur auf dem Foto, durch die der (nur halb) abgebildeter Mensch transparent und damit zu einer scheinbaren Geistererscheinung wurde.

Bei dem Foto von Eugène Atget → 314 stand für kurze Zeit während der Aufnahme ein Mann im Bild, der nur noch schemenhaft zu erkennen ist. Dieser „Geisteffekt" war vom Fotografen nicht beabsichtigt: Atget wollte eigentlich nur die Fassade des

Gebäudes fotografieren. Er legte als Fotograf ein riesiges Fotoarchiv mit Ansichten des alten Paris an. Mit mehr als 25 000 verkauften Abzügen allein an staatliche Einrichtungen, wie Museen und Bibliotheken in Frankreich, hat er ein vielfältiges, anschauliches Bild vom Paris seiner Zeit hinterlassen.

Aus Missgeschicken und technischen Problemen aus der Anfangszeit der Fotografie entwickelten sich so Verfahren, Fotos absichtlich zu verändern. Diese Methoden bilden heute die Grundlage der Bildbearbeitung → 177, → 178, S. 103.

Bildmanipulation – Informationen werden gefälscht
Besonders die Presse benutzt die Fotografie als dokumentarisches Mittel. Seit den 1950er-Jahren folgen Journalisten dem Anspruch, die Wahrheit ins Zentrum der Pressearbeit zu stellen. Wegen wirtschaftlichen und politischen Interessen wird aber häufig dagegen verstoßen.

Das Massaker von Luxor lautete der Titel der Schweizer Boulevardzeitung *Blick* am 19. November 1997. Es ist ein Bericht über einen Bombenanschlag in Theben, Ägypten. Das Titelbild zeigt eine Blutlache, die aus dem Tempel herausläuft → 315. Das ursprüngliche Bild, das gar nicht im Zusammenhang mit dem Anschlag aufgenommen worden war, zeigt nur eine Wasserlache → 316. Wenn das Wasser zu Blut retuschiert wurde, so diente das offensichtlich dazu, das Bild zu dramatisieren und dadurch die Verkaufszahlen der Zeitung zu erhöhen.

Arbeitsanregungen
1 Schaue dir die Fotografien in Modezeitschriften und Magazinen genau an.
  a Versuche herauszufinden, welche Bilder bearbeitet wurden.

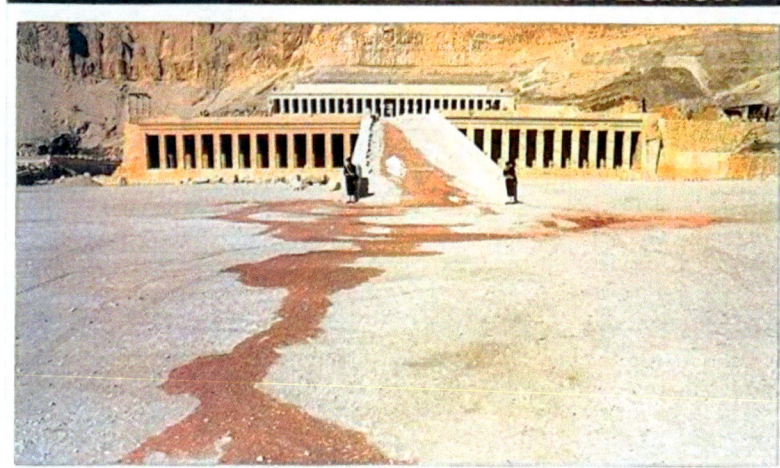

315 *Das Massaker von Luxor*, bearbeitetes AP-Foto in der Zeitung *Blick*, 19. November 1997

316 *Ansicht von Luxor*, Originalfoto von Associated Press (AP), 17. November 1997

  b Tragt in der Gruppe die Art und die Absichten der Bildbearbeitungen zusammen.
  c Beschreibt, welche Ideale in den Bildern der Medien dargestellt werden.
2 Mache dein eigenes Geisterbild:
  a indem du eine lange Belichtungszeit (zum Beispiel Nachtmodus) nutzt, um einmal kurz im Bild zu stehen und dann wieder aus dem Bild zu gehen;
  b indem du zwei Bilder machst und diese im Bildbearbeitungsprogramm übereinanderlegst und die Transparenz veränderst.
3 Verändere ein Foto so, dass seine ursprüngliche Information verfälscht wird. Probiere verschiedene Möglichkeiten aus (zum Beispiel Retusche, Montage, Bildunterschrift).
4 Diskutiere: Welche Verantwortung haben die Medien?

Bildbearbeitung in künstlerischer Absicht

317 Oscar Gustave Rejlander (1813–1875): *Die zwei Lebenswege (Two Ways of Life)*, 1857; Fotomontage; Bath, The Royal Photographic Society

Bilder werden aber nicht nur in manipulativer Absicht bearbeitet, um Informationen zu fälschen, sondern auch im künstlerischen Sinn. Die Bildwelt muss mit der tatsächlichen Wirklichkeit gar nichts zu tun haben. Hier kann die Fantasie der Künstler sich sogar über Naturgesetze, wie zum Beispiel die Schwerkraft, hinwegsetzen.

Kombinationsfotografie – Oscar Gustave Rejlander: *Die zwei Lebenswege*

Eine der frühen Möglichkeiten, kein schlichtes mechanisches Abbild von Wirklichkeit in der Fotografie festzuhalten, sondern eine eigene Bildwirklichkeit zu schaffen, ist das Verfahren, mehrere Fotos zu einem Bild zusammenzufügen: die Kombinationsfotografie.

1857 stellte der Porträtfotograf Oscar Gustave Rejlander eine Kombinationsfotografie aus, die aus 30 Einzelbildern in der Dunkelkammer zusammengesetzt ist → **317**. Diese einzelnen Fotografien, die jeweils den Hintergrund und einzelne Figuren zeigen, wurden nacheinander auf ein Fotopapier kopiert. Die Einzelteile werden wie bei einer Collage zu einem Gesamtbild zusammengesetzt. Diese Methode findet sich heute in jedem Bildbearbeitungsprogramm.

Die Fotografie *Die zwei Lebenswege* wagt einen Blick in die Zukunft: Der junge Mann im Bild muss sich entscheiden – will er sich von schönen, aber vielleicht eher zwielichtigen Frauen zu einem ausschweifenden Leben verführen lassen oder wählt er doch den Weg der Ehe und der Bürgerlichkeit?

Digitale Fotomontage – Jun Kim: *Traum #1*

Heute bearbeiten Fotografen ihre Bilder fast ausschließlich digital. Die wichtigsten Methoden sind dabei die → **Montage** und die → **Retusche**. Dabei werden die Motive in Farbe und Form so bearbeitet, dass alle Objekte und Personen perfekt und makellos wirken. Bei der Montage greifen die Fotokünstler im Grunde digital auf die Kombinationsfotografie von vor 150 Jahren zurück: Mehrere Fotos ergeben auch heute noch ein Bild.

Jun Kim über Traum #1

Für meine Traumbilder war es mir wichtig, die Personen im Raum nahezu schwerelos umherfliegen zu lassen. Besondere Räume, spezielle Personen und unwirkliche Situationen müssen dazu arrangiert werden. Zunächst gehe ich von einem wagen Bild aus, das ich im Kopf habe. Dazu suche ich zunächst einen Raum, den ich fotografisch mit verschiedenen Perspektiven und Beleuchtungen untersuche.

Hier nutze ich den Vorteil der digitalen Fotografie, die Bilder sofort ansehen zu können. Sehe ich dann die ersten Bilder, fallen mir sofort bestimmte Personentypen ein, die in diesem Bild agieren sollen. Zusätzliche Bildelemente wie Gegenstände oder Nebel ziehe ich auch in Erwägung. Ich suche die Personen über eine Agentur aus und überlege zusammen mit einer Stylistin, welche Kleidung infrage kommt. Aber erst beim Shooting lege ich alles fest, um den kreativen Moment zu intensivieren. Es kann sein, dass ich da alles wieder ändere.

Ich fotografiere die Personen einzeln in verschiedenen Positionen, die aus der Situation heraus entstehen. Damit sich die Perspektive nicht ändert, benutze ich ein Stativ und lasse die Kamera immer am gleichen Platz mit der gleichen Einstellung. Als Ergebnis habe ich ca. 50 Bilder, die ich (…) kombinieren kann. Dazu maskiere ich die einzelnen Elemente und arrangiere sie in verschiedenen Ebenen ineinander. Dazu kommen Schattenkorrektur und andere Retuschiermöglichkeiten, um das Bild möglichst echt wirken zu lassen und die Erdanziehungskraft virtuell außer Kraft zu setzen. Wirklich fliegen kann ja keiner.

Arbeitsanregungen

1 Sowohl die Redaktion der Boulevardzeitung *Blick* → 315 als auch die Fotografen Rejlander und Jun Kim haben Fotos bearbeitet → 317, → 318. Erkläre, wodurch sich die Bildmanipulation der Zeitungsredaktion von der der beiden Künstler unterscheidet.

2 Mache deine eigene Kombinationsfotografie. Achte darauf, dass man nachher die Bearbeitung nicht mehr erkennen kann.

3 Beschreibe das Foto *Die zwei Lebenswege* von Rejlander und das Bild von Jun Kim → 317, → 318. Benenne die Unterschiede der künstlerischen Vorgehensweisen und ihre beabsichtigten Wirkungen.

318 Jun Kim (*1988): *Traum #1*, 2010; digitale Fotomontage; Besitz des Künstlers

Film – die perfekte Illusion

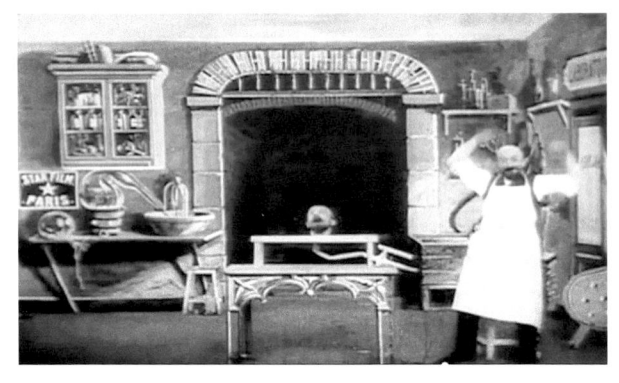

319 Georges Méliès (1861–1938):
L'homme à la tête de caoutchouc, Frankreich, 1902; Filmsequenz

Der Film besteht aus zwei Sequenzen, die ineinanderkopiert wurden, genau wie bei der Fotografie Rejlanders. Die erste Sequenz zeigt den Zauberer Méliès, der am Tisch sitzt und den Blasebalg bedient. Die zweite besteht nur aus Méliès' Kopf, der sich durch einen Kamerazoom scheinbar vergrößert.

Von Anfang an haben Filme die Zuschauer in ihren Bann gezogen. Im Film kann die Wirklichkeit so täuschend echt wiedergegeben werden wie in keinem anderen Medium: Zum exakten Bild kommt jetzt die „echte" Bewegung hinzu – und der Ton. Die Fotografie gewinnt durch den Film an Wirkungskraft und wird „lebendig". Der Film ist die perfekte Illusion von Wirklichkeit, das heißt: Der Zuschauer hält die Filmwirklichkeit für die Wirklichkeit selbst oder lässt sich auf die gezeigte Filmwirklichkeit ein: Er erlebt sich gewissermaßen als Mitwirkender. Darin liegt aber auch eine große Gefahr: Der Zuschauer kann beeinflusst werden, ohne dass er es bemerkt. Noch stärker als bei der Fotografie neigen wir dazu, dem Film zu „glauben", was er uns zeigt.

Georges Méliès – filmische Zaubertricks

Der französische Zauberkünstler Georges Méliès nutzte als einer der Ersten das neue Medium Film, um Zauberillusionen zu schaffen. Angeregt durch die ersten öffentlichen Filmaufführungen besorgte er sich eine Filmausrüstung. Damit experimentierte er und stellte fest, dass durch den Film seine Zaubertricks noch überzeugender sein konnten. In 70 Zauberkurzfilmen hat er die Kombinationsfotografie als Filmtrick benutzt: Er kombinierte einfach zwei Filme miteinander, wie zum Beispiel in *L'homme a la tête de caoutchouc* (französisch: „Der Mann mit dem Gummikopf").

Dieser Film zeigt Méliès mit sich selbst. Wir sehen, wie er seinen Kopf auf einen Tisch legt und ihn mit einem Blasebalg erst langsam aufpustet und dann die Luft wieder entweichen lässt → 319.

Der Film bedient sich bis heute der Möglichkeiten, die zu Beginn der Filmgeschichte entdeckt wurden, um → **visuelle Spezialeffekte** (abgekürzt „VFX", von englisch: „visual effects") zu erzeugen.

Webcode: KE1201906-180

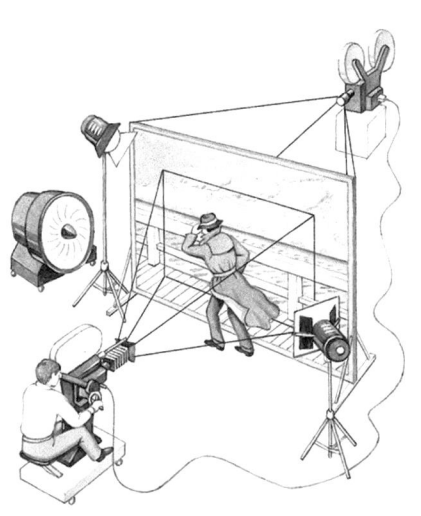

320 Rückprojektion

Die Kombination aus mehreren Filmen – das Compositing

Die Kombination von zwei oder mehr voneinander getrennt aufgenommenen Elementen zu einem Film nennt man →**Compositing** (englisch: Zusammensetzung). Wichtig ist, dass die zu kombinierenden Filmsequenzen aus dem gleichen Blickwinkel aufgenommen wurden.

Die verschiedenen Sequenzen werden dann entweder ineinanderkopiert oder – bei der sogenannten „Rückprojektion" →**320** auf das Motiv projiziert und neu aufgenommen. Das Schaubild zeigt eine Filmstudiosituation, bei der der Schauspieler vor einer Leinwand geht, auf die von hinten ein vorher aufgenommenes Bergmotiv projiziert wird. Die Windmaschine erzeugt den künstlichen Wind, der die Szene der Berglandschaft unterstützt.

Einen Superhelden fliegen zu lassen, ist auf diese Weise ganz einfach: Bewegt sich der Hintergrund, ohne dass sich Superman bewegt, fliegt der Betrachter scheinbar mit dem Helden mit. Bewegt sich aber Superman, ohne dass sich der Hintergrund bewegt, fliegt Superman am Betrachter vorbei.

Forrest Gump trifft Kennedy – Blue-Box-Technik

Die →**Blue-Box-Technik** vereinfacht das Verfahren des Compositing: Dabei wird das Motiv in einem blauen Raum aufgenommen, um dann das Blau elektronisch zu entfernen und den Hintergrund transparent zu machen. Das auf diese Weise freigestellte (ausgeschnittene) Motiv kann so in jeden beliebigen Hintergrund eingesetzt werden.

Im Film *Forrest Gump* trifft Forrest Gump, gespielt von Tom Hanks, auf den ehemaligen US-Präsidenten John Fitzgerald Kennedy, der aber im Produktionsjahr des Filmes schon 31 Jahre tot war →**321**. Bei diesem Filmtrick

321 Szene mit Tom Hanks und John F. Kennedy aus dem Film *Forrest Gump*, 1994 (USA, Regie: Robert Zemeckis)

322 Originalszene mit John F. Kennedy, Anfang der 1960er-Jahre

wurde Kennedy aus einer originalen Fernsehszene ausgeschnitten und in den neuen Film mit Tom Hanks eingesetzt. Die *Forrest-Gump*-Szene besteht aus zwei Filmen: aus einem Nachrichtenfilm aus dem Archiv, der den Präsidenten Kennedy bei einem Empfang im Weißen Haus zeigt →**322**, und aus einer eigens für die Kombination gedrehten Filmsequenz in der Tom Hanks als Forrest Gump vor einem rein blauen Hintergrund dabei gefilmt worden ist, wie er ohne Gegenüber Hände schüttelt. Der Hände schüttelnde Tom Hanks wurde mit Hilfe des Blue-Box-Verfahrens ausgeschnitten und konnte leicht in den Kennedy-Film kopiert werden.

Arbeitsanregungen
1 Schildert in der Klasse, welche Vorteile ein 3-D-Film für die Illusion von Wirklichkeit hat.
2 Lasst mit Hilfe einer Kamerafahrt etwas durch die Schule fliegen. Installiert dazu das „Flugobjekt" fest an der Kamera.
3 Suche im Internet Filmtricks und visuelle Spezialeffekte und finde heraus, wie sie erzeugt wurden. Stelle deinen Lieblingstrick der Klasse vor.

Filmtricks

323　**Szenen aus dem Film *King Kong*,** 1933 (USA, Regie: Merian C. Cooper und Ernest B. Schoedsack)

Der Filmschnitt

Ein Film besteht in der Regel nicht aus einem Stück, sondern wird aus vielen Filmsequenzen zusammengefügt. Der Film wird an bestimmten Stellen abgeschnitten und dann neu zusammengeklebt. Mit der Folge dieser Schnitte, auch → **Montage** genannt, wird die Geschichte des Films unterstützt. Der Schnitt bestimmt auch den Rhythmus. Rhythmus im Film ist das Tempo der einzelnen Schnitte nacheinander. Eine Actionszene wird häufig schnell, eine dramatische oder gefühlvolle Szene dagegen langsamer geschnitten. Der Schnitt bietet zusätzlich zu den anderen Filmmitteln, wie Kameraeinstellung („Perspektive"), Text, schauspielerische Aktion sowie Ton und Musik ein erzählerisches Element für die Filmemacher.

Der Stopptrick

Auch mit dem Schnitt kann Illusion erzeugt werden. Georges Méliès → S. 180 war es, der den Schnitt als Möglichkeit entdeckte, Menschen und Dinge im Film einfach verschwinden zu lassen. Angeblich fand er es durch Zufall heraus: Als er eines Tages einen belebten Pariser Platz filmte, verhakte sich der Film in der Kamera und stoppte. Méliès reparierte die Kamera und filmte von der gleichen Stelle aus weiter. Weil durch die Unterbrechung beim fertigen Film ein Stück realer Zeit fehlte, schien sich ein Bus in eine Pferdekutsche verwandelt zu haben, Passanten waren verschwunden, während andere plötzlich auftauchten. Diesen später sogenannten „Stopptrick" setzte Méliès dann ganz bewusst ein: In einem seiner Filme sieht man, wie er als Zauberer einer Assistentin, die auf einem Stuhl sitzt, ein Tuch überwirft. An dieser Stelle hielt Méliès den Film an, ließ die Assistentin von der Bühne gehen und startete den Film wieder. Der Schnitt ist für den Zuschauer unsichtbar. Der sieht nun, wenn der Zauberer Méliès im Film theatralisch das Tuch lüftet, dass die Assistentin verschwunden ist. Méliès hat sie offensichtlich weggezaubert.

Die Stop-Motion-Animation

Mit dem Stopptrick kann man alles verschwinden lassen und herbeizaubern. Schnell kam man auch darauf, dass man so im Film auch Dinge bewegen kann, die sich in Wirklichkeit nicht bewegen. Vor 100 Jahren entstanden die ersten Animationsfilme, die auf dem Stopptrick beruhen: die → **Stop-Motion-Animation**.

Willis O'Brien erweckte 1933 mit dieser Technik den Riesengorilla King Kong zum Leben → **323**. Jede Bewegung der King-Kong-Puppe wird „von Hand" ausgeführt → **324** und Bild für Bild aufgenommen und anschließend montiert. Im Film scheint sich der Affe King Kong dann tatsächlich zu bewegen.

70 Jahre später wurde *King Kong* im Film von Peter Jackson im Computer generiert und animiert. Die Technik gründet sich aber auf demselben Prinzip wie die Stop-Motion-Animation.

Eine andere Gattung, die sich aus dem Stopptrick entwickelte, ist der Zeichentrick. Die Figuren und Objekte werden durch viele einzelne Zeichnungen animiert, die sich immer ein wenig verändern → S. 134.

324 King Kong wird bewegt; Foto von den Dreharbeiten

Während alle animierten Filme früher ausschließlich per Hand hergestellt wurden, ist heute der Computer das entscheidende Werkzeug, um Filme wie *Toy Story*, *Cars* oder *Ratatouille* zu produzieren. Allerdings spielt die ursprüngliche Zeichnung zum Erfinden der Figuren und ihrer Bewegungen immer noch die wichtigste Rolle.

Arbeitsanregungen

1 Erstelle einen Stopptrickfilm. Fotografiere dazu jede Bewegungsänderung einzeln.
   a Erstelle deinen Film mit einem Objekt (zum Beispiel Puppe, Spielzeug, Kleidungsstück …).
   b Erstelle deinen Film aus gezeichneten Bildern.
   c Drucke alle Einzelbilder im Kleinformat aus und klebe daraus ein Daumenkino.
   d Lade die Einzelbilder in ein geeignetes Programm und schneide einen Film daraus zusammen.
2 Überlege, wie man die Illusion in Film oder Fernsehen zur Manipulation der Zuschauer nutzen könnte.
3 Diskutiert Möglichkeiten und Gefahren, die dadurch entstehen könnten, wenn Techniken wie Compositing, Blue-Box-Verfahren oder Stopptrick bei Informationsfilmen (zum Beispiel in den Fernsehnachrichten) angewendet würden.

Methodentraining

Betrachten, beschreiben, deuten, vergleichen – Hinweise zum Umgang mit Kunstwerken

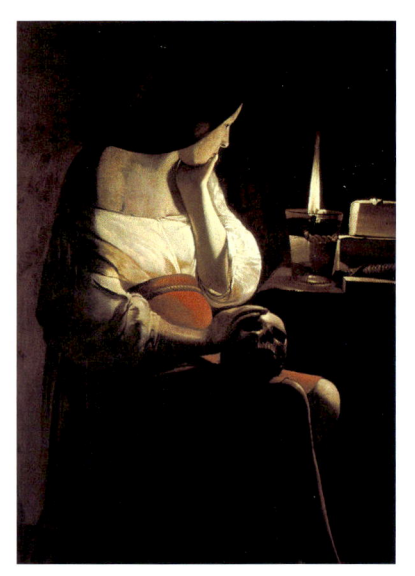

325 Beispiele für einen Bildvergleich

Betrachten, beschreiben, deuten
Um ein Kunstwerk beschreiben und verstehen zu können, musst du es dir in Ruhe ansehen. Was fällt dir bei der Betrachtung sofort ein oder auf? Gibt es etwas, das dich besonders interessiert? Erinnert dich das Werk an etwas Bestimmtes? Am besten ist es, wenn du dir diese ersten Eindrücke vom Kunstwerk kurz in Stichworten notierst.

Anschließend untersuchst du das Werk genau und beschreibst es ausführlicher. Bei der Beschreibung erklärst du, was in dem Kunstwerk dargestellt ist und wie es dargestellt ist: Was ist das Thema? Mit welchen gestalterischen Mitteln hat der Künstler gearbeitet?

Der letzte und schwierigste Schritt ist, das Kunstwerk zu deuten. Dabei geht es darum zu erklären, wie du das Kunstwerk verstehst: Was könnte es bedeuten? Was wollte der Künstler mit dem Werk deiner Meinung nach ausdrücken? Wie bezieht sich das Kunstwerk auf die Zeit, in der es entstanden ist? Setzt es sich zum Beispiel kritisch mit der Politik dieser Zeit auseinander, wie die Werke der Dadaisten →S.98/99? Um ein Kunstwerk deuten zu können, brauchst du in der Regel weitere Informationen, zum Beispiel über die Entstehungszeit des Werks oder über den Künstler.

Wichtig: Es gibt für ein Kunstwerk nie die eine „richtige" Deutung. Jeder sieht ein Kunstwerk anders und nicht immer hat sich der Künstler über sein Werk geäußert. Es kommt also darauf an, die eigene Deutung des Werks mit guten Argumenten zu begründen.

Kunstwerke miteinander vergleichen
Um ein Kunstwerk verstehen zu können ist es oft hilfreich, das Werk mit anderen Werken zu vergleichen. Beim Bildvergleich geht es darum, Unterschiede und Gemeinsamkeiten herauszustellen. Zum Beispiel kann man beim Vergleich eines Kunstwerkes mit dessen Vorzeichnungen erkennen, wie der Künstler seine Bildidee entwickelt hat →S.74–77. Oft greift ein Künstler in seinem Werk eine Bildidee auf, die aus einem anderen Kunstwerk stammt, das den Künstler vielleicht besonders beeindruckt hat. Ein solcher Vergleich ist aufschlussreich, weil dadurch deutlich wird, was der Künstler in seinem Werk betonen wollte →325.

Ein Kunstwerk beschreiben – wie geht das?
Kunstwerke sind sehr unterschiedlich. Das Vorgehen bei der Beschreibung und Deutung ist dennoch ganz ähnlich, egal ob es sich um ein Bild handelt oder um eine Plastik oder ein Bauwerk. Die folgenden Fragen können dir bei der Beschreibung und Deutung von unterschiedlichen Kunstwerken helfen.

326 Beispiele für Bilder

Fragen zu Bildern

In diesem Abschnitt geht es um die Beschreibung und Deutung von Bildern. Damit sind Gemälde gemeint, aber auch Zeichnungen, →**Druckgrafiken**, →**Collagen** und Fotografien.

1. Der erste Eindruck
– Wie wirkt das Bild auf dich?
– Gibt es etwas, an das du sofort denken musst, wenn du dir das Bild ansiehst?
– Erinnert es dich an etwas?
– Welche Gefühle spricht das Bild bei dir an?

2. WAS ist dargestellt? – Inhalt und Thema
– Was ist auf dem Bild dargestellt?
– Wie ist das Bild betitelt?
– Welche Personen, Tiere oder Gegenstände kannst du erkennen?
– Was geschieht auf dem Bild?
– Was siehst du im Bildvordergrund? Was ist im Bildhintergrund dargestellt?

3. WIE ist es dargestellt? – die gestalterischen Mittel
– Wie ist das Bild gemacht, in welcher Technik?
– Ist das, was dargestellt ist, so dargestellt, wie es in Wirklichkeit aussieht? Ist das Bild zum Beispiel gegenständlich oder abstrakt?
– Wie ist das Bild aufgebaut?
– Wie ist der Raum im Bild dargestellt (Zentralperspektive, Vogel- oder Froschperspektive …)?
– Wie ist die Beziehung der Figuren auf dem Bild zueinander?
– Wie sind Personen dargestellt (Gestik, Mimik, Attribute …)?
– Wie wird Farbe eingesetzt?
– Wie ist die Farbe aufgetragen?
– Woher kommt das Licht im Bild und was beleuchtet es?
– Was ist im Bild wichtig, was ist weniger wichtig?
– Wie hat der Künstler deutlich gemacht, was ihm im Bild am wichtigsten ist?

4. WARUM ist es so und nicht anders dargestellt? – Deutung
– Welche symbolische Bedeutung haben Gegenstände oder Farben im Bild?
– Warum bezieht sich der Künstler auf Vorbilder?
– Wie bezieht sich das Kunstwerk auf die Zeit, in der es entstanden ist?
– Wie hat der Künstler selbst sein Bild erklärt?

327 Beispiele für Plastiken

Fragen zur Plastik
Dieser Abschnitt beschäftigt sich mit der Beschreibung und Deutung von Plastik, dazu gehören nicht nur → **Plastiken** und → **Skulpturen**, sondern auch → **Reliefs**, Objekte oder Installationen und Denkmäler.

1. Der erste Eindruck
– Wie wirkt die Plastik auf dich?
– Gibt es etwas, an das du sofort denken musst, wenn du dir die Plastik ansiehst?
– Erinnert sie dich an etwas?
– Welche Gefühle spricht die Plastik bei dir an?

2. WAS ist dargestellt? – Inhalt und Thema
– Wer oder was ist dargestellt?
– Wie ist die Plastik betitelt?
– Welche Personen, Tiere oder Gegenstände kannst du erkennen?
– Wenn Figurengruppen dargestellt sind: Was machen die Figuren?
– Wenn du eine Installation vor dir hast: Beschreibe, was du erkennen kannst.

3. WIE ist es dargestellt? – die gestalterischen Mittel
– Wie ist das plastische Werk gemacht?
– Aus welchem Material besteht es?
– Wie hat der Künstler das Material bearbeitet? Wie sehen die Oberflächen aus? Sind Bearbeitungsspuren sichtbar?
– Wenn du eine figürliche Plastik vor dir hast: Was drücken Gestik, Mimik und die Körperhaltung aus?
– Wie ist die Beziehung der Figuren zueinander?
– Wie gelingt es dem Künstler, die Figur(en) „lebendig" darzustellen? Wie wird Bewegung dargestellt?
– Wie wird der Raum mit einbezogen? Kann man zum Beispiel um die Plastik herumgehen?
– Ist eine Ansicht der Plastik besonders hervorgehoben?
– Ist das, was dargestellt ist, so dargestellt, wie es in Wirklichkeit aussieht?
– Wie wird Farbe eingesetzt?

4. WARUM ist es so und nicht anders dargestellt? – Deutung
– Welche symbolische Bedeutung haben Gegenstände oder Farben?
– Warum bezieht sich der Künstler auf Vorbilder?
– Wie bezieht sich das Werk auf die Zeit, in der es entstanden ist?
– Wie hat der Künstler selbst sein Werk erklärt?

Fragen zu Bauwerken
In diesem Abschnitt geht es um die Beschreibung und Deutung von Bauwerken. Dabei unterscheidet man zwischen Sakralbauten wie Kirchen oder Tempel und Profanbauten, wie zum Beispiel Wohnhäuser, Türme, Flughäfen oder Fußballstadien.

1. Der erste Eindruck
– Wie wirkt das Bauwerk auf dich?
– Was fällt dir bei der Betrachtung des Bauwerks sofort auf?
– Gibt es eine Hauptfassade, eine Hauptansicht?
– Wie wirkt das Gebäude auf dich (massig, leicht, luftig …)?
– Welcher Eindruck vermittelt sich dir beim Betreten des Gebäudes?

2. WAS ist dargestellt? – Inhalt und Thema
– Um was für ein Bauwerk handelt es sich?
– Welche Funktion hat es? Wofür ist es gedacht?
– Welche Bauelemente weisen besonders auf die Funktion des Gebäudes hin?
– Sind die Funktionselemente sichtbar oder versteckt?

328　Beispiele für Bauwerke

329　Beispiel für Produktdesign

3. WIE ist es dargestellt? –
die gestalterischen Mittel
Tipp: Um ein Bauwerk beschreiben zu können, musst du die Fachbegriffe für bestimmte Bauelemente kennen. Sonst kannst du sie nicht benennen. Hier können dir Bildwörterbücher zur Architektur helfen. Frag deine Lehrer dazu.
- Aus welchen Baumaterialien ist es gemacht?
- Wie sieht das Bauwerk von außen aus?
- Aus welchen Bauelementen besteht es?
- Gibt es Stilelemente, die sich einem bestimmten Baustil zuordnen lassen?
- Gibt es Bauelemente, die auf die Entstehungszeit hinweisen?
- Wie sieht das Bauwerk von innen aus?
Tipp: Um das Innere eines Bauwerks zu beschreiben, zum Beispiel die Anordnung, Größe und Lage der einzelnen Räume, der Fenster und Türen, helfen dir Grundrisszeichnungen. Dein Lehrer wird dir sicher entsprechende Zeichnungen zur Verfügung stellen.
Wie sind die Lichtverhältnisse im Gebäude (Kunstlicht, Tageslicht, dunkle, helle Winkel …)?

- Was ist das Besondere an dem Bauwerk?
- Wie passt es zu seiner Umgebung?

4. WARUM ist es so und
nicht anders gebaut worden? –
Deutung
- Worauf hat der Baumeister bei seinem Bauwerk besonderen Wert gelegt?
- Zu welchem Baustil gehört das Bauwerk? Wann ist es entstanden?
- Oft sind Bauwerke über einen längeren Zeitraum hinweg entstanden: Was weißt du über die Baugeschichte?
- Erfüllt es einfach nur seinen Zweck oder soll es darüber hinaus eine besondere Wirkung auf den Betrachter/den Nutzer ausüben?
- Wie hat der Baumeister selbst sein Bauwerk erklärt?

Fragen zu Produktdesign

1. Der erste Eindruck
- Weißt du sofort, wozu der Gegenstand, das Produkt, benutzt wird? Ist die Funktion weitgehend selbsterklärend?
- Würdest du das Produkt benutzen, kaufen wollen?

2. Funktion
- Ist die Benutzung einfach und logisch?
- Lässt sich das Produkt gut handhaben?
- Funktioniert es?
- Entspricht das Produkt dem aktuellen Stand der Technik?

3. Aussehen (Ästhetik)
- Sind Material und dessen Form gestalterisch ansprechend eingesetzt?
- Sind die Werkstoffe materialgerecht eingesetzt?
- Sind Form und Funktion sinnvoll aufeinander abgestimmt?

4. Wirtschaftlichkeit
- Wie lang ist die Nutzungsdauer?
- Werden ökologische Gesichtspunkte bei der Herstellung beachtet?
- Welche Zielgruppe soll es erreichen?
- Wie kommt das Produkt beim Kunden an? Ist es auf dem Markt erfolgreich?

Anhang

Glossar

A

Abstraktion (lateinisch: „etwas abziehen") in der Kunst bedeutet Abstraktion, dass der Künstler Gegenstände nicht so abbildet, wie sie in Wirklichkeit erscheinen, sondern dass er die Formen der Gegenstände stark vereinfacht wiedergibt. So kann ein Gesicht beispielsweise nur noch aus einem Kreis mit Punkten und Strichen bestehen, die Augen und Nase andeuten.

Akt in der Kunst: die Darstellung des nackten menschlichen Körpers.

Allegorie ein abstrakter Begriff, wie zum Beispiel „Liebe" oder „Freiheit", wird bildhaft als Person dargestellt → **288**, S. 159.

Altar In der christlichen Kirche ist der Altar der Ort, an dem das Abendmahl gefeiert wird – in Anlehnung an das letzte Mahl, das Jesus gemeinsam mit seinen Jüngern eingenommen hat, bevor er gefangen genommen wurde. Der Altar erinnert darum an einen Tisch. Im Laufe der Zeit wurde er immer aufwändiger gestaltet, zum Beispiel stellte man große Aufsätze mit klappbaren Bildtafeln auf den Tisch, die Szenen aus der Bibel erzählen. Einen solchen Altaraufsatz nennt man **Retabel** (= Rückwand). Einen Altar, der über einen großen Aufsatz mit aufklappbaren Bildtafeln verfügt, bezeichnet man als **Flügelaltar**. Diese großen Aufsätze waren mit dem Altartisch, der **Mensa**, über ein schmales, langgezogenes Verbindungsstück, die **Predella**, verbunden. Auch die Predella war in der Regel mit biblischen Szenen bemalt. Der Hauptaltar (den man auch „Hochaltar" nennt) steht immer an einem zentralen Ort in einer Kirche, darüber hinaus gab es Nebenaltäre, die bestimmten Heiligen gewidmet sind.

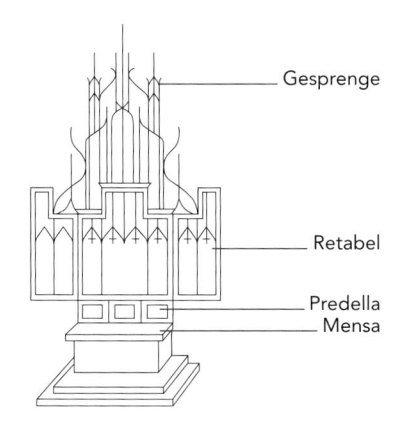

330 Ein spätgotischer Flügelaltar

Amphitheater in der Antike ein meist dachloses Rundtheater mit stufenförmig aufsteigenden Sitzreihen zur Aufführung von – oft tödlich endenden – Schaukämpfen.

Antike bezeichnet das griechisch-römische oder klassische Altertum und die Kunst dieser Epoche. Die Antike dauerte ungefähr vom 1. Jahrtausend v. Chr. bis zum 4. Jahrhundert n. Chr.

Aquarell (von lateinisch: „aqua" = „Wasser") ein mit Aquarellfarben (= Wasserfarben) gemaltes Bild. Charakteristisch für Aquarelle ist, dass die Farben nicht decken, sondern durchscheinend sind. Das bedeutet, der Malgrund – etwa das helle Papier – und die unteren Farbschichten scheinen durch.

Aquatinta → **Druckgrafik**

Archäologie die Wissenschaft vom Altertum. Archäologen sichern und beschreiben Fundstücke, zum Beispiel Überreste von Gebäuden oder Gegenständen, die sie bei Ausgrabungen gefunden haben. Diese Fundstücke geben den Wissenschaftlern Auskunft über das Leben unserer Vorfahren.

Arkaden halbkreisförmige Bögen über → **Säulen** oder Pfeilern.

Assemblage (französisch: „Verbindung") eine → **Collage**, die nicht nur aus flachem Material (wie Papier oder Stoff) besteht, sondern auch aus größeren, dreidimensionalen Gegenständen.

Attribut (lateinisch: „Hinzufügung") Gegenstände – das können auch Pflanzen oder Tiere sein –, die zusammen mit einer Figur in einem Kunstwerk dargestellt sind und als deren „Kennzeichen" dienen: Die Betrachter sollen durch die Attribute sofort erkennen, um wen es sich bei dem Dargestellten handelt. Heilige kennzeichnete man zum Beispiel meist mit Gegenständen, die sich auf ihre Heiligengeschichte beziehen. Dabei tragen die Figuren ihre Attribute entweder in den Händen oder die Attribute sind in ihrer unmittelbaren Nähe abgebildet.

B

Barock europäische Kunstepoche, die von 1600 bis 1750 dauerte. Das Wort ist abgeleitet vom portugiesischen Wort „barroco" und bedeutet „unregelmäßig", aber auch: „dem guten Geschmack nicht entsprechend". Die Kunst des Barock zeichnet sich durch eine besondere, fast überschwängliche Prächtigkeit aus, die alle Bereiche der Kunst – von der Architektur über die Malerei bis zur Plastik – erfasst. Figuren und Formen sind sehr üppig, lebendig und bewegt dargestellt.

Bedeutungsperspektive
→ **Perspektive**

Biedermeier bezeichnet die Zeit von 1815 bis 1848 (den „Vormärz") in Deutschland und den damit verbundenen Kunststil. Der Name „Biedermeier" ist aus den Namen „Biedermann" und „Bummelmeier" kombiniert, zwei Figuren, die aus einer Erzählung in den *Fliegenden Blättern* stammen und für Gemütlichkeit und Beschaulichkeit stehen. In der Malerei sind damit Bildthemen verbunden, die die besinnlich zurückgezogene häusliche Welt in der (klein)bürgerlichen „guten Stube" wiedergeben, wie zum Beispiel in den Gemälden von Georg Friedrich Kersting → 134, S. 81.

Bildgattungen Einteilung der Kunstwerke nach Themen. Zu den Bildgattungen gehören: → **Historienmalerei**, → **Genre**, → **Porträt**, Landschaftsmalerei und Stillleben. Lange Zeit galt die Historienmalerei als die wichtigste Gattung und Historienmaler genossen das höchste Ansehen.

Bildgeschichte eigenständige Kunstform, die in einer Bildfolge ein in der Zeit verlaufendes Geschehen erzählt. Es gibt die „weite Bildfolge", bei der der zeitliche Abstand von Bild zu Bild relativ groß ist, die Geschichte „springt" gewissermaßen. In der „engen Bildfolge" sind die zeitlichen Abstände recht kurz, das Geschehen „fließt" (zum Beispiel in Comics). Der Betrachter muss die einzelnen Bilder miteinander vergleichen und dann die Leerstellen zwischen den Einzelbildern ausfüllen und so den Handlungsprozess erkennen. Viele Bildgeschichten verbinden das Bild mit Text (Schrift), zum Beispiel als Untertext oder als Sprech- und Denkblase in den Comics.

Bister ist eine Tinte aus Holzruß, Leim und Wasser. Die seit dem Mittelalter bekannte Tinte schreibt rötlichbraun bis goldbraun und ist lichtunempfindlich. Im Gegensatz zu allen anderen Tinten, die im Strich deckend und durchsichtig (transparent) sein können, bleibt Bister immer transparent.

Blue-Box-Technik (auch „Blue-" oder „Green-Screen-Technik" genannt) diese Technik erlaubt es, ein Motiv „freizustellen". Dabei wird das Motiv in einem blauen (oder grünen) Raum mit der Kamera aufgenommen. Anschließend kann die blaue (oder die grüne) Farbe transparent gemacht werden, um zum Beispiel einen speziellen Hintergrund zum Hauptmotiv hinzufügen zu können.

Bronze ist eine Legierung, das heißt eine Verbindung aus den beiden Metallen Kupfer und Zinn, wobei der Kupferanteil deutlich höher sein muss als der Zinnanteil (etwa 9:1). Bronze wird in der Kunst wegen seiner Beständigkeit und Haltbarkeit für Plastiken genutzt, die im Freien stehen sollen. Die Kunst, Bronze zu gießen, kennt man seit der „Bronzezeit", also seit über 3000 Jahren. Dabei wird die Form zunächst in Ton (heute: Plastilin) modelliert, darüber legt der Künstler eine dünne gleichmäßige Wachsschicht, die die Form aufnimmt. Die Wachsschicht wird mit einem Gussmantel versehen. Jetzt schmelzt der Gießer das Wachs, sodass es ausfließt und ein Hohlraum entsteht, der dann mit heißer flüssiger Bronze gefüllt werden kann. Nach dem Erkalten werden Gussmantel und Kern entfernt – die Bronzeplastik ist fertig → S. 64–65.

Büste plastisches → **Porträt** eines Menschen, das den Kopf bis zur Schulter oder mit Oberkörper wiedergibt.

C

Chronofotografie (von griechisch: „chronos" = „Zeit") Fotografiefolgen, die einen Bewegungsprozess im zeitlichen Verlauf zeigen → 243, S. 134.

Collage (von französisch: „coller" = „kleben", „leimen") künstlerische Arbeiten, die aus vorgefundenen Elementen (zum Beispiel Ausschnitte aus Zeitschriften) zusammengestellt (-geklebt) sind. Häufig werden auch Collageelemente mit eigenen zeichnerischen oder malerischen Teilen verbunden. Der Begriff „Collage" umfasst heute auch **Fotomontagen**, das sind Bilder, die aus Elementen verschiedener Fotografien zusammengeklebt sind, oder → **Assemblagen**, das sind dreidimensionale Arbeiten, bei denen Teile unterschiedlicher Gegenstände miteinander kombiniert werden. Collagen, die mit Computerhilfe hergestellt worden sind, nennt man „Digitalcollage" → S. 96.

Compositing (englisch: „Zusammensetzung") Technik, die mehrere (Film-)Bilder zu einem neuen Bild zusammenstellt → **Fotomontage**.

D

Dada, Dadaisten eine Gruppe von jungen Künstlern, die sich während des Ersten Weltkrieges in Zürich in einem Theater trafen (ab 1916), um mit ihrer Kunst gegen den Krieg zu protestieren. Daraus entwickelte sich unmittelbar nach dem Krieg eine Kunstbewegung, die in verschiedenen Großstädten, zum Beispiel in Berlin und Paris, mit „Anti-Kunst"-Aktionen auf sich aufmerksam machte. Dabei machten sich die Dadaisten mit ihrer Kunst über alles lustig, was bis dahin als „hohe Kunst" verehrt wurde, und entwickelten eine eigene Kunstrichtung → S. 98–99. Zu den wichtigsten Dada-Künstlern gehörten neben Hannah Höch und Raoul Hausmann: Johannes Baader, John Heartfield, George Grosz, Kurt Schwitters und Hans Arp.

Décalcomanie eine künstlerische Technik, bei der der Künstler eine Glas- oder Holzplatte kräftig in die noch nasse Farbe der Leinwand presst und sie anschließend vorsichtig abzieht. Dadurch ergeben sich auf der Leinwand unvorhersehbare, zufällig entstandene interessante Farbstrukturen. Nach dem Trocknen können diese Strukturbilder weiterbearbeitet werden.

Décollage („Abreißbild") ist eigentlich das Gegenteil einer →**Collage**. Dabei werden übereinandergeklebte Papierschichten wieder abgerissen, sodass die unteren Schichten teilweise wieder freigelegt werden. Décollagen erinnern an Plakatwände, denen die Witterung zugesetzt hat.

Design die Gestaltung von Gebrauchsgegenständen aller Art, wobei Form und Funktion eine gelungene Einheit bilden sollten.

Digitalcollage →**Collage**

Druckgrafik bezeichnet eine künstlerische Werkgattung, bei der das Bild gedruckt wird. Ursprünglich diente die Druckgrafik dazu, ein Bild zu vervielfältigen. In Europa setzte sich die Druckgrafik seit dem 15. Jahrhundert durch und wurde damals schon zur eigenständigen Kunstform. Ein bedeutender Druckgrafiker dieser Zeit war Albrecht Dürer. Die künstlerische Tätigkeit besteht nicht nur in der Motivherstellung, sondern auch in dem Druckvorgang, bei dem der Drucker das Ergebnis bewusst beeinflussen kann.
Es gibt vier grundlegende Arbeitsweisen der Druckgrafik:
– Der **Hochdruck** ist die älteste Methode, bei der das Motiv als Stempel hergestellt wird. Bei dieser Druckform wird alles weggeschnitten, was nicht gedruckt werden soll. Alle stehenden Formen und Flächen werden gedruckt. Hochdrucke, wie zum Beispiel Holzschnitte, wirken häufig sehr grob und ausdrucksstark, was daran liegt, dass Holz und Linoleum als Material verwendet werden, die sich nur grob bearbeiten lassen.
– Der **Tiefdruck** ist dadurch gekennzeichnet, dass alle Formen und Flächen des Motivs tief in der Druckplatte liegen. Die Vertiefungen werden eingeritzt (Kaltnadelradierung), geätzt (Ätzradierung, Aquatinta), geschnitten (Kupferstich) oder geschabt (Mezzotinto). Unter hohem Druck wird ein feuchtes Papier auf die Druckplatte gewalzt. Dabei zieht das Papier die Farbe aus den Vertiefungen.
– Grundlage beim **Flachdruck** ist, dass Wasser und Fett sich abstoßen. Das Motiv wird mit fettliebender Farbe oder Kreide auf ein wasserliebendes Material aufgebracht. Walzt man dann die Platte mit ebenfalls fettliebender Druckfarbe ein, bleibt die Farbe nur an den Linien des Motivs hängen. Das Motiv wird gedruckt, die wasserliebenden fettabstoßenden Flächen dagegen nicht. Frühe Flachdrucke sind Lithografien („Steindruck", von griechisch: „lithos" = „Stein" und „graphein" = „zeichnen"), die nur mit einem besonderen Stein funktionierten.
– Der **Durchdruck** ist eine Schablonenverfahren. Es ist die einzige Möglichkeit, Motive seitenrichtig zu drucken. Alle anderen Verfahren sind spiegelverkehrt. Der ausgereifte Schablonendruck ist der Siebdruck. Auf ein sehr feines Sieb wird eine lichtempfindliche Schicht aufgetragen. Legt man darüber eine transparente Folie mit dem Motiv und belichtet die Schicht, so härtet diese überall aus, wo Licht auftrifft. Unbelichtete Stellen bleiben wasserlöslich, so dass nachher das Motiv nur „ausgespült" wird und die Schablone druckfertig ist.

F
Farbe Farben bestehen aus →**Pigmenten** und Bindemitteln wie Öle. Manche Farben waren im Mittelalter sehr kostbar, weil sie zum Beispiel aus wertvollen Steinen wie Lapislazuli hergestellt worden sind.
Farbe kann in einem Kunstwerk unterschiedlich eingesetzt werden: Wenn die Farbe die Gegenstände in ihrer charakteristischen Farbigkeit wiedergibt, spricht man von **Lokal-** oder **Gegenstandsfarbe**. Hat die Farbe symbolische Bedeutung, nennt man sie **Symbolfarbe**. So ist Blau die Farbe des Himmels und steht für Reinheit. Gibt die Farbe den Gegenstand so wieder, wie er bei bestimmten Lichtverhältnissen – zum Beispiel im Abendlicht – erscheint, spricht man von **Erscheinungsfarbe**. Farbe, die nicht den gemalten Gegenstand charakterisiert, sondern die Empfindung des Künstlers bei seinem Anblick wiedergeben will, nennt man **Ausdrucksfarbe**.
Nutzt der Maler den **Eigenwert der Farbe**, dann möchte er nicht unbedingt einen Gegenstand mit der Farbe wiedergeben, die für ihn typisch ist, sondern er wählt die Farbe wegen ihrer Farbqualität aus.

Farbperspektive →**Perspektive**

Fassade (von lateinisch: „facies" = „Gesicht") die Hauptansichtsseite eines Gebäudes. Das ist meist die Seite, an der sich der Haupteingang befindet.

Fenstergauben „stehende" Dachfenster mit senkrechten Fensterfronten (im Gegensatz zu Dachfenstern, die im Dach liegen und hochgeklappt werden).

Fluchtpunkt →**Perspektive**

Fotomontage →**Collage**

Fotorealismus →**Realismus**

Froschperspektive →**Perspektive**

Futurismus, Futuristen (von lateinisch: „futura" = „Zukunft") Kunstrichtung, die 1909 entstanden ist und in Gemälden, Zeichnungen und Plastiken den „dynamischen Geist der neuen Zeit", der für die Futuristen geprägt ist durch Technik, Schnelligkeit und Bewegung, darstellen und verherrlichen will. Zu den Gründern des Futurismus gehören Filippo

Tommaso Marinetti (1876–1944), Umberto Boccioni (1882–1916), Giacomo Balla (1871–1958) und Carlo Carrà (1881–1966).

G

Genre, Genremalerei Bild, das in einer Szene eine kleine Geschichte aus dem Alltag erzählt, oft mit belehrender Absicht → **Bildgattungen**.

Gestik → **Körpersprache**

Gloriole Heiligenschein: ein gemalter Licht- oder Strahlenkranz, der Christus, Gottvater oder Heilige im Bild umgibt.

Gotik Epoche und Baustil in der Zeit von 1150–1500, der die Romanik ablöste. Typisch für gotische Kirchenbauten sind die hohen Spitzbogenfenster und das luftig wirkende Strebewerk.

331 gotische Architektur

Grundriss die Bezeichnung bedeutet so viel wie „Boden-Zeichnung" (abgeleitet von dem heute nicht mehr gebrauchten Wort „reißen" für „zeichnen") und meint die Planzeichnung, die angibt, wie die Räume in einem Gebäude angeordnet sind. Die Grundrisszeichnung muss man sich dabei wie einen Querschnitt durch ein Gebäude vorstellen, der auch Auskunft gibt über die Größe der Räume und über die Lage von Treppen, Türen und Fenstern.

H

Historienmalerei, Historienbilder Gemäldegattung, die Ereignisse aus Geschichte, Literatur und Mythologie darstellt → **Bildgattungen**.

Historismus beschreibt in der Architektur den Rückgriff in der Formensprache auf Baustile früherer Jahrhunderte – etwa der Antike, der Gotik und der Renaissance. Diese „Stilzitate", bei denen Ornamente früherer Baustile kopiert werden, waren besonders in der zweiten Hälfte des 19. Jahrhunderts sehr beliebt. So sahen zum Beispiel die Kirchen dieser Zeit aus wie kleine gotische Kathedralen, oder Regierungsgebäude schmückten sich mit antiken Säulen oder Renaissance-Kuppeln, wie das Kapitol in Washington oder das Reichstagsgebäude in Berlin.

Holzschnitt → **Druckgrafik**

Humanismus an Geist und Kultur der Antike orientiertes, den Menschen in den Mittelpunkt stellendes Denken und Handeln, vornehmlich zur Zeit der → **Renaissance**.

I

Impressionismus/Impressionisten (von lateinisch: „impressio" = „Eindruck") eine Kunstrichtung, die sich in den 1860er-Jahren in Frankreich entwickelte und bald von Künstlern in ganz Europa aufgenommen wurde (bis ins 20. Jahrhundert hinein). Die Impressionisten malten nicht länger in ihren Ateliers, sondern in freier Natur. Ihnen ging es vor allem um die Wiedergabe von Farb- und Lichteindrücken. Zu den bedeutendsten impressionistischen Künstlern gehören die französischen Maler Edouard Manet, Claude Monet, Edgar Degas, Pizzarro, Berthe Morisot und in Deutschland zum Beispiel Max Liebermann und Max Slevogt.

Initiale (von lateinisch: „initium" = „Anfang") Anfangsbuchstaben in der Buchmalerei, die sich durch Größe, Farbe und prachtvolle Verzierung von den übrigen Buchstaben abheben.

Interieur (französisch: „Einrichtung") ein möblierter Innenraum.

International Style Bezeichnung für den sachlich-funktionalen Baustil, der von der Bauhausarchitektur ausging und sich in den 1920er-Jahren weltweit durchsetzte. Wichtigste Vertreter waren Ludwig Mies van der Rohe und Frank Lloyd Wright.

J

Jugendstil bezeichnet eine Stilrichtung, die in Europa in der Zeit von 1895 bis 1905 populär war. Der Begriff „Jugendstil" ist von der Zeitschrift „Jugend" abgeleitet, in der dieser Stil gefeiert wurde. Charakteristisch für Jugendstil sind runde, verschlungene Pflanzen- und Blumenornamente. Zu den Jugendstil-Künstlern zählen zum Beispiel der Maler Gustav Klimt und der Architekt und Designer Henry van der Velde.

K

Kapitell Kopf einer → **Säule**.

Kinetische Kunst Kunstwerke, die tatsächliche Bewegung zeigen. Motor, Wind oder Magnetkraft können als Antrieb genutzt werden, um Elemente einer Plastik oder auch das gesamte künstlerische Objekt in Bewegung zu versetzen → S. 140.

Körpersprache Mimik (der Gesichtsausdruck), **Gestik** (die Handhaltung) und **Pose** (die ganze Körperhaltung) werden im Alltagsleben und in Bildern wie eine Zeichensprache genutzt, die zum Beispiel das innere Befinden eines Menschen (ist er lustig, traurig, wütend, nachdenklich, müde) anzeigt oder auch zur Mitteilung wird (zum Beispiel jemanden herbeiwinken, jemanden bedrohen). Teilweise ist die Körpersprache angeboren (das friedlich-freundliche Anlächeln), teilweise erlernt (wie das Schütteln des Kopfes = Nein oder das Nicken = Ja). Das führt dazu, dass die Körpersprache in unterschiedlichen Kulturen verschieden gedeutet werden kann. Auch die Tätigkeit (etwa ob eine Person in Bewegung ist oder ruht) wird durch eine bestimmte, eindeutige – „prägnante" – Pose sichtbar. Die Körpersprache ist besonders in erzählenden Bildern (in Gemälden, Zeichnungen, Plastiken, in Bildgeschichten und in Film und Theater) von entscheidender Bedeutung.

Kolossalpilaster →**Pilaster**

Komposition Der Begriff „Komposition" kommt aus dem Lateinischen, heißt wörtlich „Zusammensetzung" und bezeichnet den Aufbau eines Bildes oder eines Musikstücks.

Kontrast (von lateinisch: „Gegensatz") ist ein Begriff aus der Farbenlehre und beschreibt, wie Farben, die nebeneinanderliegen, optisch wirken: Sind sie gegensätzlich, ist zum Beispiel die eine Farbe eher „warm" (wie Rot), die andere eher „kühl" (wie Blau), bilden sie einen Kontrast. Der Kontrast bewirkt, dass der Betrachter die Farbigkeit stärker wahrnimmt. Künstler können Farben gezielt einsetzen, um die Leuchtkraft und Farbigkeit ihrer Werke zu erhöhen. Der einfachste Kontrast ist der Hell-Dunkel-Kontrast – zum Beispiel der Kontrast zwischen Schwarz und Weiß.

Kubismus, Kubisten (von lateinisch: „cubus" = „Würfel") Kunstrichtung, die von Georges Braque und Pablo Picasso um 1907 entwickelt wurde und eine neue Sichtweise darstellen wollte. Die Kubisten wollten zeigen, dass die Gegenstände (und Figuren), die sie abbilden, Körper im Raum sind. Körper im Raum sind dreidimensional, haben also eine Vorderansicht, eine Rückenansicht, Seitenansichten und Ansichten von oben und von unten. Die Kubisten versuchten, all diese räumlichen Ansichten eines Gegenstandes im nicht räumlichen, flächigen Bild gleichzeitig darzustellen. Sie kamen auf die Idee, die gewohnte perspektivische Darstellungsform (→**Perspektive**) von Gegenständen im Bild aufzulösen: Die Ansichten schieben sich förmlich ineinander. Dadurch erscheint der Gegenstand im Bild wie zersplittert. Manchmal ist der Gegenstand nicht mehr zu erkennen. Diese frühere Phase des Kubismus nennt man „analytischen Kubismus" („Analyse" = „Auflösung", aber auch „gründliche Untersuchung"). In der zweiten Phase, dem sogenannten „synthetischen Kubismus" („Synthese" = „Zusammenfügung") werden die Teilchen der Gegenstände im Bild wieder stärker zusammenfügt →**Collage** und → S. 132/133.

L

Lasur dünn aufgetragene, durchsichtige Farbschicht, die die weiße Grundierung der Leinwand oder der Holztafel durchscheinen lassen. Grundierung nennt man die unterste Schicht auf einem Bildträger, die dafür sorgt, dass die Farbschichten auf der Leinwand oder auf der Holztafel halten. Dieses Durchschimmern der Grundierung führt dazu, dass sich die Leuchtkraft der darüber liegenden Farbschichten erhöht. Das Bild scheint von innen heraus zu leuchten.

Linearperspektive →**Perspektive**

Lithografie →**Druckgrafik**

Luftperspektive →**Perspektive**

M
Mimik →**Körpersprache**

Mittelalter Zeit zwischen 500 und 1500 n. Chr.

Montage (Film) mehrere Fotografien werden zu einem neuen Bild zusammengesetzt →**Collage**.

N
Naturalismus, naturalistisch bildliche Darstellung, die möglichst dem Erscheinungsbild in der sichtbaren Wirklichkeit ähnlich ist. Die Kunstrichtung Naturalismus (Ende des 19. Jahrhunderts) zielt nicht nur auf eine möglichst wirklichkeitsgetreue Wiedergabe, sondern will häufig (in Literatur und bildender Kunst) die soziale Wirklichkeit so genau und ungeschminkt darstellen, wie sie ist.

Neue Sachlichkeit eine Richtung in der Kunst, die um 1920 entstanden ist und sich dadurch auszeichnet, dass die Bildmotive sehr nüchtern, fast übergenau beobachtet und dargestellt werden. Bilder der Neuen Sachlichkeit sind sehr klar aufgebaut, wirken dadurch fast streng, kühl und unbewegt.

Neuzeit Zeit ab 1500 n. Chr.

Nouveau Réalisme (französisch: „neuer Realismus") eine Kunstrichtung, die sich 1960 in Europa gründete. Die „neuen Realisten" wollten mit ihrer Kunst die Wirklichkeit nicht einfach abbilden, wie zum Beispiel die Künstler der verwandten →**Pop Art**, die Gegenstände des Alltags in ihren Bildern darstellten. Die Künstler des Nouveau Réalisme übernahmen wirkliche Gegenstände direkt in ihre Kunst wie zum Beispiel Daniel Spoerri, der Rauchutensilien und Essensreste auf eine Platte montierte → 163, S. 97.

P
Passion Leidensgeschichte Jesu Christi.

Perikopenbuch Buch für den christlichen Gottesdienst, das Auszüge aus den Texten der vier Evangelien (die auch „Perikopen" genannt werden) enthält.

Perspektive, Perspektivkonstruktion (von lateinisch: „perspicere" =

„hindurchsehen") ein Verfahren, mit dem man den Raum und die Dinge im Raum so auf der ebenen Bildfläche darstellen kann, dass der Eindruck von „echter" Räumlichkeit entsteht. Man unterscheidet folgende Bildperspektiven:

Bedeutungsperspektive wichtige Figuren oder Gegenstände werden größer als andere Personen oder Gegenstände abgebildet; unwichtige Personen sind im Vergleich wesentlich kleiner dargestellt. Dabei setzt sich der Künstler über den räumlichen Seheindruck bewusst hinweg: Räumlichkeit ist ihm nicht wichtig. Diese Art der Perspektive findet sich in mittelalterlichen Bildern häufig → **40, S. 26**.

Farbperspektive Flächen oder Dinge mit „warmen" Farbtönen (rot, orange, gelb) wirken für den Betrachter auffallender und deshalb scheinbar näherliegender als Gegenstände mit im Vergleich „kalten" Farbtönen (blau, grün).

Linearperspektive (auch **Zentralperspektive** genannt) eigentlich parallel laufende Linien – wie zum Beispiel die beiden Schienenstränge einer Eisenbahnlinie – erscheinen dem Betrachter so, als liefen sie in einem zentralen Punkt zusammen. Die beiden Schienenstränge scheinen sich in der Ferne in einem Punkt am Horizont zu treffen. Dieser Seheindruck wurde von den Künstlern der Renaissance um 1500 im Bild umgesetzt: Man legt diesen zentralen Punkt, auf den alle Linien zulaufen sollen (den sogenannten **Fluchtpunkt**), im Bildhintergrund fest und richtet die Tiefenlinien der Gegenstände auf diesen Punkt hin aus. Die Linien verkürzen sich, der Eindruck von Räumlichkeit entsteht.

Luftperspektive Bei nahe gelegenen Gegenständen kann der Betrachter die Beschaffenheit von Oberflächen besser erkennen als bei weiter entfernt gelegenen Gegenständen. Je weiter Gegenstände entfernt sind, desto unschärfer und blasser in der Farbgebung erscheinen sie. Das liegt daran, dass die Lichtstrahlen auf ihrem Weg durch die Luft gestreut werden. Man spricht deshalb von „Verblassung" und „Verblauung". Maler übertrugen diesen Seheindruck in ihre Bilder, indem sie Dinge im Vordergrund sehr detailliert malten, Gegenstände im Mittel- oder Hintergrund aber wenig detailliert und – je weiter entfernt sie sind – in der Farbgebung blasser.

332   Verblassung und Verblauung

Parallelperspektive Bei der Parallelperspektive sind die Tiefenlinien zwar wie bei der Linearperspektive verkürzt und schräg nach links oder rechts oben gezogen dargestellt → **45, S. 29**, laufen aber nicht in einem zentralen Fluchtpunkt zusammen, sondern sind parallel zueinander dargestellt. Die Parallelperspektive gibt einen Eindruck von Räumlichkeit wieder. Die Linearperspektive ist gegenüber der Parallelperspektive ein wichtiger Fortschritt, weil sie dem tatsächlichen räumlichen Seheindruck näherkommt.

Pietà Darstellungsweise der christlichen Kunst, die die sitzende Maria zeigt, wie sie den Kopf ihres toten Sohnes Jesus Christus in ihren Schoß bettet und mit den Händen umfängt. Die Pietà ist ein Sinnbild der Trauer.

333   Pietà

Pigment Farbmittel in Pulverform, die mit einem Bindemittel angerührt als Malfarbe verwendet werden. Es gibt natürliche und künstlich hergestellte Pigmente.

Pilaster ein Pfeiler, der sich als Zierelement auf einer Wand befindet. Reicht der Pilaster über mehrere Geschosse, spricht man von „Kolossalpilaster".

Plastik dreidimensionales Kunstwerk. Ursprünglich bezeichnete man mit dem Begriff „Plastik" nur solche Werke, die „aufbauend" gefertigt werden, also zum Beispiel mit Ton, Wachs oder Gips modelliert worden sind. Werke, die „abtragend" geschaffen werden, die etwa aus Holz geschnitzt oder aus Stein gehauen werden, bezeichnete man dagegen als „Skulptur". Heute wird der Begriff „Plastik" allgemeiner benutzt, er umfasst als Oberbegriff auch die Skulptur sowie Objekte aus unterschiedlichen Materialien.

Pointillismus, Pointillisten (von französisch: „point" = „Punkt") eine Kunstrichtung, die sich aus der impressionistischen Kunst entwickelt hat (in den 1880er-Jahren bis ins 20. Jahrhundert hinein). Dabei besteht das Bild aus winzigen Punkten in ungemischten, reinen Farben, die erst aus der Entfernung im Auge des Betrachters ein zusammenhängendes Bild ergeben. Als „Erfinder" kann Georges Seurat gelten, der sich für die Wirkung von Farbkontrasten (→ **Kontrast**) interessierte.

334   Pointillismus

Pop Art (von englisch: „popular" = „beliebt" und „art" = „Kunst") eine Stilrichtung der modernen Kunst, die sich in den 1950er-Jahren in England (zum Beispiel der Künstler Richard Hamilton) und den USA (zum Beispiel Andy Warhol) entwickelt hat. Die Pop-Art-Künstler beschäftigten sich in ihrer Kunst mit den Dingen des Alltags, zum Beispiel mit Konsumgegenständen, Werbung, Comics und Ähnlichem.

335 Roy Lichtenstein (1923–1997): *M-Maybe (A girl's picture)*, 1965; Magma auf Leinwand, 152 x 152 cm; Köln, Museum Ludwig

Porträt Bildnis eines Menschen. Malt der Künstler sich selbst, spricht man von einem Selbstbildnis oder Selbstporträt →**Bildgattungen**.

Pose →**Körpersprache**

Präzisionismus eine Richtung in der amerikanischen Malerei der 1920er-Jahre, die der *Neuen Sachlichkeit* in Deutschland verwandt ist. Die Präzisionisten interessierten sich vor allem für technische Dinge – Maschinen, Industrieanlagen – und stellten sie in sachlich übergenauer Weise dar. Wichtigste Vertreter sind Charles Sheeler →303, S. 170 und Georgia O'Keefe →131, S. 79.

Predella →**Altar**

Proportionen (von lateinisch: „proportio" = „Größenverhältnis") bezeichnet das Größenverhältnis einzelner Teile zu einem Ganzen, zum Beispiel das Verhältnis der einzelnen Teile eines Körpers zum gesamten Körper oder die Maßverhältnisse der einzelnen Teile eines Gebäudes zueinander und zum Gesamtbauwerk.

R
Radierung →**Druckgrafik**

Ready-made (englisch: „gebrauchsfertig") ein industriell hergestellter, gewöhnlicher Alltagsgegenstand, der vom Künstler genommen und zum Kunstwerk erklärt worden ist. Der Erfinder der Ready-mades war Marcel Duchamp → S. 142/143.

Realismus Kunstrichtung des 19. Jahrhunderts, die die Wirklichkeit nicht idealisiert (geschönt), sondern wirklichkeitsgetreu, also dem Sichtbaren möglichst ähnlich darstellt. Heute als ein „Prinzip" verstanden, das darauf zielt, gesellschaftliche Wirklichkeit wahrheitsgemäß darzustellen →**Naturalismus**.

Reformation (von lateinisch: „reformatio" = „Erneuerung", „Wiederherstellung") bezeichnet die Zeit zwischen 1517 und 1648. 1517 hatte Martin Luther die katholische Kirche und den Papst heftig kritisiert. Er wollte Missstände aufdecken und die Kirche erneuern. Seine Kritik führte zur Spaltung der Kirche und zur Gründung der evangelischen Kirche.

Relief gehört zur →**Plastik** und bezeichnet ein Werk, dessen Figuren nicht frei im Raum stehen, sondern aus einer Fläche herausgearbeitet sind.

336 Relief

Reliquien (lateinisch: „Überreste") die sterblichen Überreste eines Heiligen (zum Beispiel Knochen, Kleidung, Dinge, mit denen der Heilige zu Lebzeiten in Berührung gekommen ist), die besonders verehrt und in eigens dafür hergestellten Reliquiaren aufbewahrt wurden.

Renaissance (von französisch: „Wiedergeburt") Zeit des 15. und 16. Jahrhunderts, die sich vom vorhergehenden Mittelalter abwandte und stattdessen die Antike als Vorbild neu entdeckte: Der Mensch – und nicht mehr Gott und das Leben nach dem Tode – rückte in den Mittelpunkt des Denkens.

Retabel →**Altar**

Retusche (von französisch: „retoucher" = „nachbessern, überarbeiten") ist das Nachbearbeiten einer Fotografie und zwar entweder, um Fehler im Foto selbst (zum Beispiel Kratzer oder Fehlbelichtungen) zu korrigieren oder, um das Motiv auf dem Foto zu verändern (zum Beispiel bei abgebildeten Personen Hautunreinheiten verschwinden zu lassen). Fotografien werden auch absichtlich mit „Fehlern" retuschiert, etwa um das Foto sehr alt aussehen zu lassen.

Rötel Zeichenkreide, Gemisch aus roter Erdfarbe und Tonerde.

Romantik eine Geisteshaltung, die sich um 1800 entwickelte. Charakteristisch für die Romantik ist eine Rückbesinnung auf das Mittelalter, das als Goldenes Zeitalter empfunden wurde und eine Hinwendung zur Natur und zum Naturerlebnis (als Reaktion auf die beginnende und für viele als bedrohlich empfundene Industrialisierung). Typisch romantisch sind die Landschaftsbilder von Caspar David Friedrich.

S

Säule senkrechte Mauerstütze mit kreisförmigem Grundriss. Säulen bestehen aus folgenden Gliedern: Den Fuß einer Säule nennt man **Basis**, den Säulenkörper **Säulenschaft** und den Kopf einer Säule **Kapitell**. Im Gegensatz zum Pfeiler sind Säulen immer rund und verjüngen sich nach oben zum Kapitell hin, das heißt, sie werden schlanker. Pfeiler können eckig und rund sein, sie verjüngen sich aber nicht und haben kein Kapitell. Beide, Säulen und Pfeiler, sind Stützen, denn sie tragen zum Beispiel → **Arkaden**.

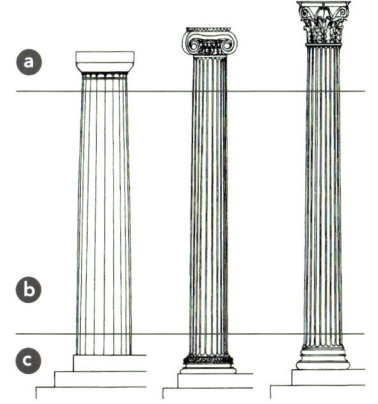

337 Dorische, ionische und korinthische Säulenanordnung: **a** Kapitell, **b** Schaft, **c** Basis

Schraffur (von italienisch: „sgraffiare" = „kratzen") unterschiedlich dicht nebeneinanderliegende Linien, die in einer Zeichnung oder Grafik Licht und Schatten wiedergeben. Je enger die Linien nebeneinanderliegen, desto dunkler wirkt der Bereich.

Schrein ein Kasten oder Behälter aus Holz oder Stein, in dem heilige Gegenstände aufbewahrt werden. Im christlichen Bereich ist ein Schrein kostbar gestaltet und Aufbewahrungsort für Reliquien (Reliquienschrein).

Sepia wird aus den getrockneten Tintenbeuteln des Tintenfischs hergestellt. Sepia kam als Zeichenmittel erst nach 1780 in Gebrauch. Die Tinte wirkt kühl und kann graubraun, graublau oder graugrün erscheinen.

Skulptur → **Plastik** (von lateinisch: „sculpere" = „meißeln", „schneiden") Skulpturen werden aus harten Materialien wie Holz und Stein herausgeschnitzt oder -gemeißelt. Dabei trägt der Künstler das überflüssige Material vom Stein oder Holz ab, bis die Figur übrig bleibt.

Stillleben Darstellung unbewegter oder lebloser Gegenstände (zum Beispiel Blumen, Früchte, Gegenstände) in einer besonderen, vom Künstler gewählten Anordnung; eigenständige → **Bildgattung** seit dem 17. Jahrhundert.

Sujet (französisch: „Gegenstand", „Thema") Thema einer künstlerischen oder literarischen Darstellung.

Symbol Sinnbild, ein Bildzeichen, das anschaulich auf etwas anderes verweist. Ein rotes Herz zum Beispiel ist ein Symbol für „Liebe".

Stop-Motion-Animation auf dem Stopptrick → S. 183 basierende Methode, die es ermöglicht, unbewegte Gegenstände, wie zum Beispiel Puppen, „zum Leben zu erwecken". Dabei wird der Gegenstand „von Hand" bewegt und jede Bewegungsänderung in einem neuen Bild aufgenommen. Weil der Eingriff der Veränderung für den Zuschauer nicht sichtbar ist, scheint sich der Gegenstand von selbst zu bewegen. Früher war die Stop-Motion-Animation Handarbeit, heute übernimmt der Computer die einzelnen Arbeitsschritte und berechnet aus den Einzelbildern einen fortlaufenden Film.

T

Totentanz ursprünglich im 15. Jahrhundert die bildliche Darstellung eines Reigens (das ist ein Tanz), in der Todesfiguren zusammen mit lebenden Menschen aller Stände (zum Beispiel Papst, Kaiser, Kaufmann, Bettler) dargestellt werden und damit anzeigen, dass jeder Mensch irgendwann sterben muss. Später erscheint der Tod im Totentanz als „personifizierter Tod" in Form eines Gerippes.

Triptychon Ein Triptychon ist ein Gemälde, das aus drei Tafeln besteht → **Altar**.

Typografie Gestaltung von Schriften und Drucktexten.

U

Ukiyo-e (japanisch: „ukiyo" = „die vergängliche Welt", „Alltag", „e" = „Malerei") japanische Maltradition seit 1765, die Alltagsszenen wiedergibt. Vergleichbar ist in Europa die → **Genremalerei**.

V

Visuelle Spezialeffekte (VFX) (abgekürzt „VFX" von englisch: „visual effects") sind Filmeffekte, die hauptsächlich in der Kombination durch mehrere unterschiedliche Filmaufnahmen in der Nachbearbeitung entstehen. Zu den visuellen Spezialeffekten gehören zum Beispiel die → **Blue-Box-Technik**, das → **Compositing**, die 3-D-Animationen, die → **Stop-Motion-Animation** und die Frontal- und Rückprojektionstechnik → **320**, S. 180. Andere Spezialeffekte werden hingegen als „Bühnenelement" während der Aufnahme integriert (zum Beispiel Explosionen, Feuer, Maskenbildnerei).

Vogelperspektive → **Perspektive**

Z

Zyklus Bildfolge, die thematisch zusammenhängt. Der narrative Zyklus ist eine Form der → **Bildgeschichte** und erzählt in weiter Bildfolge eine zusammenhängende Geschichte.

Verzeichnis der Künstlerinnen und Künstler

Zu den kursiv gedruckten Namen findest du jeweils ein ganzes Kapitel in diesem Buch.

A
Aicher, Otl (1922–1991, Designer) →225, S.124
Alberti, Leon Battista (1404–1472, Architekt) →S.33
van Alen, William (1883–1954, Architekt) →299, S.168
Anguissola, Sofonisba (1532–1625, Malerin) →180, S.104
Atget, Eugène (1857–1927, Fotograf) →314, S.176, →S.177

B
Bacon, Francis (1909–1992, Maler, Grafiker) →S.40, →67, S.41
Baldovinetti, Alesso (1425–1499, Maler) →32, S.23
Baldung Grien, Hans (1484/85–1545, Maler, Grafiker) →64, S.40
Balla, Giacomo (1871–1958, Maler) →254, S.138
Bartholdi, Frédéric-Auguste (1834–1904, Bildhauer) →113, S.69
Beckmann, Max (1884–1950, Maler, Grafiker) →143, S.85
Belling, Rudolf (1886–1972, Bildhauer) →S.172, →309, S.173
Bilinsky, Boris (1900–1948, Zeichner, Plakatkünstler) →292, S.163, →S.164, →S.174
Bill, Max (1908–1994, Designer) →S.109, →S.124
Börmel, Kurt (Plakatkünstler) →313, S.175
Bosch, Hieronymus (um 1450–1516, Maler) →74, S.46
Botticelli, Sandro (1444/45–1510, Maler und Zeichner) →S.19–35
Braque, Georges (1882–1963, Maler) →S.96, →S.100
Breuer, Marcel (1902–1981, Designer) →S.110, →195, S.111, →203, S.114, →S.116, →210, S.117, →213, S.118, →S.119
Bruegel, Pieter d. Ä. (um 1525–1569, Maler) →295, S.166, →S.167
Brunelleschi, Filippo (1377–1446, Maler und Architekt) →53, S.32
Busch, Wilhelm (1832–1905, Dichter, Zeichner, Grafiker) →150, S.136

C
Calder, Alexander (1898–1976, Bildhauer) →261, S.141
Carrà, Carlo (1881–1966, Maler) →S.100, →173, S.101, →255, S.139
Cézanne, Paul (1839–1906, Maler) →S.6
Claus, Carlfriedrich (1930–1998, Grafiker, Schriftsteller) →S.100, →174, S.101
Courbet, Gustave (1819–1877, Maler) →S.76

D
Daumier, Honoré (1808–1879, Zeichner, Grafiker, Maler) →S.102
Degas, Edgar (1884–1917, Maler, Grafiker, Bildhauer) →120, S.73, →S.76, →S.82, →137, S.83
Delacroix, Eugène (1798–1863, Maler, Grafiker) →S.158, →288, S.159
de la Tour, Georges (1593–1652, Maler) →132, S.80
Donatello (1386–1466, Bildhauer) →S.67
Duchamp, Marcel (1887–1968, Maler, Bildhauer, Erfinder der Readymades) →S.127–143
Dupérac, Etienne (um 1525–1601/04, Grafiker, Kupferstecher) →114, S.70
Dürer, Albrecht (1471–1528, Zeichner, Maler, Kunsttheoretiker) →42, S.27, →49, S.31

E
Eisenstein, Sergej M. (1898–1948, Filmemacher) →S.174
Ernst, Max (1891–1976, Maler, Grafiker, Bildhauer) →75, S.47, →162, S.96
Estes, Richard (*1936, Maler) →150, S.88
Evans, Walker (1903–1975, Fotograf) →128, S.78

F
Feininger, Andreas (1906–1999, Fotograf) →S.78, →130, S.79
Feininger, Theodore Lux (*1910, Maler) →200, S.113
Fra Angelico (1387–1455, Maler) →30, S.22
Fra Carnevale (1445–1484, Maler) →33, S.23

G
Gabo, Naum (1890–1977, Maler, Bildhauer) →S.141
Gauguin, Paul (1848–1903, Maler) →S.6, →S.7, →S.14
Gentileschi, Artemisia (1583–1653, Malerin) →181, S.104
Giotto di Bondone (1266–1337, Maler) →S.28, →46, S.29
Gogh, Vincent van (1853–1890, Maler, Grafiker) →S.6–18
Goya, Francisco de (1746–1828, Maler, Grafiker) →S.102
Gris, Juan (1887–1927, Maler, Grafiker) →242, S.132
Gropius, Walter (1883–1969, Architekt, Designer) →S.108, →191/192, S.110, →S.111, →S.115, →S.118, →222, S.122, →S.123, →231, S.126
Grosz, George (1893–1959, Maler, Grafiker) →S.98, →176, S.102, →S.103
Grünewald, Matthias (eigentlich Mathis Gothart Nithart oder Neithart, um 1480–1528, Maler, Grafiker) →S.36–54
Grünfeld, Thomas (*1956, Bildhauer) →S.40, →66, S.41
Gubitz, Friedrich Wilhelm (1786–1870, Grafiker) →270, S.147
Guda (Buchmalerin, 12. Jahrhundert) →179, S.104

H

Hagenauer, Niclas (1445– um 1535, Bildhauer) →77, S.49 (die Skulpturen)
Halbritter, Kurt (1924–1978, Maler, Grafiker) →65, S.40
Hardouin-Mansart, Jules (1646–1708, Architekt)
→116/117, S.71
Hausmann, Raoul (1886–1971, Maler, Grafiker, Bildhauer) →S.93, →S.98, →170, S.99
Heartfield, John (1891–1961, Grafiker) →177, S.103
Hiroshige, Ando (1797–1858, Grafiker) →23, S.16
Hitchcock, Alfred (1899–1980, Regisseur, Filmemacher) →S.73, →S.87
Höch, Hannah (eigentlich Anna Therese Johanne Höch, 1889–1978, Malerin, Grafikerin) →S.91–107
Hogarth, William (1697–1764, Grafiker, Maler) →S.102
Hokusai, Katsushika (1760–1849, Grafiker) →22, S.16, →24, S.17
Hopper, Edward (1882–1967, Maler) →S.72–90
Horta, Victor (1861–1947, Designer und Architekt) →201, S.113
Hübner, Karl Wilhelm (1814–1879, Maler) →271, S.148
Hundrieser, Emil (1846–1911, Bildhauer) →109, S.66

I

Ingres, Jean-Auguste-Dominique (1780–1860, Maler, Zeichner, Grafiker) →135, S.81

K

Kersting, Georg Friedrich (1785–1847, Maler) →134, S.81
Kim, Jun (*1988, Fotograf) →318, S.179, →S.178
Klapheck, Konrad (*1935, Maler, Grafiker) →304, S.170, →S.171
Kollwitz, Käthe (1867–1945, Grafikerin, Bildhauerin) →S.144–162
Kölner Meister (um 1310–1340, Maler) →40, S.26

L

Labille-Guiard, Adélaide (1749–1803, Malerin) →182, S.105
Lang, Fritz (1890–1976, Filmemacher) →S.164–174
Le Pautre, Jean (1618–1682, Grafiker, Kupferstecher) →116, S.71
Léger, Fernand (1881–1955, Maler) →307, S.172
Leonardo da Vinci (1452–1519, Zeichner, Maler, Erfinder) →S.22, →39, S.26, →41, S.27, →47, S.30
Levine, Sherrie (*1947, Bildhauerin) →265, S.143
Lichtenstein, Roy (1923–1997, Maler) →S.194
Lippi, Fra Filippo (1406/09–1469, Maler) →31, S.22, →S.24, →36, S.25

M

Mahlau, Alfred (1894–1967, Plakatkünstler, Designer) →S.174, →312, S.175
Marini, Marino (1901–1980, Bildhauer) →108, S.66
Méliès, Georges (1861–1938, Zauberkünstler, Filmemacher) →319, S.180
Meister Bertram (um 1340–1414, Maler) →71, S.44
Menzel, Adolph (1815–1905, Zeichner, Maler, Grafiker) →14, S.12
Michelangelo Buonarroti (1475–1564, Maler, Bildhauer, Architekt) →114/115, S.70, →S.71
Michelozzo di Bartolommeo (1396–1472, Architekt) →55, S.34
Mies van der Rohe, Ludwig (1886–1969, Architekt und Designer) →S.109, →S.119, →215–217, S.120, →S.122, →223, S.123
Modersohn-Becker, Paula (1876–1907, Malerin, Zeichnerin) →S.105
Moholy-Nagy, László (1895–1946, Objektkünstler) →S.110
Muchina, Vera (1889–1953, Bildhauerin) →S.68, →112, S.69
Münter, Gabriele (1877–1962, Malerin) →183, S.105
Muybridge, Eadweard (1830–1904, Fotograf) →243, S.134

N

Neumeister, Alexander (*1941, Designer) →S.124, →230, S.125

O

O'Keefe, Georgia (1887–1986, Malerin) →S.78, →131, S.79
Oldenburg, Claes (*1929, Bildhauer) →266, S.143

P

Picasso, Pablo (1881–1973, Maler, Zeichner, Grafiker, Bildhauer) →S.96, →S.100, →240, →241, S.132, →S.133
Piero della Francesca (um 1412–1492, Maler) →54, S.33

R

Raffael (eigentlich Raffaello Santi, 1483–1520, Maler, Zeichner, Grafiker) →17, S.13
Rejlander, Oscar Gustave (1813–1875, Fotograf) →317, S.178, →S.179, →S.181
Richter, Gerhard (*1932, Maler, Grafiker) →239, S.131
Rietschel, Ernst (1804–1861, Bildhauer) →111, S.68
Rodin, Auguste (1840–1917, Bildhauer) →S.152, →277, S.153
Rosenquist, James (*1933, Maler) →S.88, →153, S.89
Rotella, Mimmo (*1918, Maler) →S.88, →154, S.89
Rubens, Peter Paul (1577–1640, Maler, Zeichner, Grafiker) →16, S.13
Ruscha, Edward (*1937, Maler) →151, S.88
Russolo, Luigi (1885–1947, Maler) →256, S.139

S

Saarinen, Eeliel (1873–1950, Architekt) →221, S.122

Sangallo, Giuliano da (um 1443–1516, Architekt) →51/52, S.32, →S.33

Sant'Elia, Antonio (1888–1916, Zeichner, Architekt) →S.168, →300, S.169

Schad, Christian (1894–1982, Maler) →S.82, →138, S.83

Schlemmer, Oskar (1888–1943, Maler, Zeichner, Designer, Regisseur) →S.108, →199, S.113

Schlüter, Andreas (um 1660–1714, Bildhauer) →107, S.66, →S.67

Schongauer, Martin (um 1450–1491, Grafiker) →63, S.39

Schütte-Lihotzky, Grete (1897–2000, Architektin und Designerin) →208, S.116

Schwitters, Kurt (1887–1948, Maler, Grafiker) →165, S.97

Segal, Arthur (1875–1944, Bildhauer) →290, S.161

Sheeler, Charles (1883–1965, Maler) →303, S.170

Spoerrie, Daniel (eigentlich Daniel Isaac Feinstein, *1930, Bildhauer, Maler, Tänzer, Regisseur) →S.96, →163, S.97

Staeck, Klaus (*1938, Grafiker) →178, S.103

Stenberg, Georgii (1900–1933, Designer, Plakatkünstler) →311, S.174

Stenberg, Vladimir (1899–1982, Designer, Plakatkünstler) →311, S.174

Stieglitz, Alfred (1864–1946, Fotograf) →235, S.129

T

Tinguely, Jean (1925–1991, Objektkünstler) →262, S.141, →305, S.171

Tischbein, Johann Heinrich Wilhelm (1751–1829, Maler) →133, S.80

Trockel, Rosemarie (*1952, Malerin, Bildhauerin) →184, S.105

Tzara, Tristan (1896–1963, Maler, Grafiker) →172, S.100

U

Ulrichs, Timm (*1940, Bildhauer, Grafiker) →175, S.101

V

Vasari, Giorgio (1511–1574, Zeichner, Maler, Kunsthistoriker) →S.34

Verrocchio, Andrea del (1435–1488, Bildhauer) →106, S.66, →S.67

Villon, Jacques (eigentlich Gaston Duchamp, 1875–1963, Maler, Grafiker) →234, S.129

Vostell, Wolf (1932–1998, Maler, Bildhauer, Happeningkünstler) →164, S.97

W

Wagenfeld, Wilhelm (1900–1990, Designer) →202, S.114

Warhol, Andy (1927–1987, Maler, Grafiker) →S.88, →152, S.89

Weegee (eigentlich Arthur Fellig, 1866–1968, Fotograf) →140, S.84

Wood, Grant (1892–1942, Maler) →129, S.78

Wright, Frank Lloyd (1869–1959, Architekt und Designer) →218/219, S.121

Sachwortverzeichnis

A
abstrakte Kunst 82
Abstraktion 128
Akt 24, 128, 131
Allegorie 105
Altar 36, 37, 48–53
Anatomie 6
Antike 24, 45
Aquädukt 62
Aquarell 76
Aquatinta 155
Archäologie 33
Architektur 110, 112, 121, 122, 168–169
Assemblage 96
Atelier 75
Attribut 24, 38
Ätzverfahren 155
Augpunkt 30

B
Barock 12, 78, 112
Bedeutungsperspektive 28
Bewegung 120, 127, 128, 131, 134, 136–141
Biedermeier 81
Bildbearbeitung 176–182
Bildfolge 144
Bister 10, 13
Bleigriffel 12
Blue-Box-Technik 181
Blue Screen (Film) 181
Bronzeguss 64–65

C
Chronofotografie 134, 137
Collage 88, 132
Commedia dell'Arte 85
Compositing 181

D
Dada 94, 98–100, 143
De Stijl 120, 127
Décalcomanie 46
Décollage 88, 96
Dekor 121, 127, 128
Design 114, 115, 124, 125
Dokumentarische Fotografie 78, 176, 177

E
expressiv 7

F
Fallenbild 96
Farbe 42
Farbperspektive 29, 42
Figurengedicht 100
Film 129, 180–183
Fluchtpunkt 30, 31
Flügelaltar 48
Fotomanipulation 177
Fotomontage 96, 103, 178
Fotorealisten 88
Frankfurter Küche 116
Froschperspektive 31
Futurismus 129, 138, 169

G
Genremalerei 16
Gloriole 37, 42, 51
Gotik 37
Graphitstift 12

H
Hell-Dunkel-Kontrast 42
Hell-Dunkel-Malerei 80
Historienmalerei 104
Historismus 112
Hochhausbau 120, 122, 128
Hochschule für Gestaltung Ulm 124
Holzkohle 12
Holzschnitte 16, 17
Horizontlinie 31

I
Illusion 159, 162, 176, 180, 182
Impressionismus 9, 82
impressionistisch 7
Interieur 81
Internationaler Stil/International Style 119, 120, 122

J
Jugendstil 112

K
Kalt-Warm-Kontrast 43
Kapitell 33
Karikatur 103
kinetische Kunst 140–141
Kombinationsfotografie 178
Komposition 94
Kontrast 27, 42
Körperschatten 27
Kreiden 12
Kubismus 132–133
Kunst, kritische 145
Kunst, profane 45
Kunst, sakrale 45

L
Langhaus 32
Lasur 42
Leerstelle 156
Linearperspektive 21, 29, 30, 31
Lithografie 154–155, 174
Luftperspektive 29, 42

M
Mensa 48
Mobiles 141
Montage 96, 103
Montage (Foto und Film) 178, 183
Monument (Reitermonument) 67

N
Neue Sachlichkeit 174–175
Neuzeit 37
Nouveau Réalisme 88

O
organisches Bauen 121, 128

P
Parallelperspektive 29
Perspektive 7, 84, 174
perspektivische Raumdarstellung 45
Pietà 152
Piktogramm 124
Pilaster 71
Pinsel 13
Plakatkunst 172, 174–175
Plastik 56, 58, 59, 64, 67, 152
Plastizität durch Kontraste 27
Pop Art 88
Porträtbüsten 56, 59
Predella 48, 49, 51, 52
Proportion 26

R

Radierung 154–155
Raumillusion 21
Räumlichkeit 28
Ready-made 129, 142–143
Realismus 76
Relief 35, 60, 61
Renaissance 12, 26, 31, 37, 44, 45, 112
Retabel 48
Retusche 176–178
Rohrfeder 10, 13
Romantik 12
Rötel 12
Rotorelief 129, 140
Rückprojektion 181

S

Säule 32, 33, 71
Schlagschatten 26, 27, 80
Schnitt (Film) 182
Schraffur 10, 26
Schwarz-Weiß-Film 84, 87
Selbstporträt 104
Sepia 13
Siebdruck 89
Signatur 45
Silberstift 12
Skelettbauweise 118, 119, 122
Staffelung 28
Stifte 12
Stopp-Motion-Animation 183
Stopptrick 183
Studien 8
Stummfilm 164, 170, 180

T

Tinten 13
Tonfilm 87, 170, 180
Triptychon 46
Tusche 13
Typografie 100, 114

U

Ukiyo-e-Malerei 16
Untermalung 42

V

Vogelperspektive 30
Visuelle Spezialeffekte (VFX) 180

W

Wandelaltar 48

Z

Zeichenfedern 13
Zeichentrickfilm 180, 182

Übersicht über die Art der Aufgabenstellung („Operatoren")

Die auf dieser Seite abgebildete Tabelle hilft dir zu verstehen, was bei den Arbeitsanregungen von dir erwartet wird. Du kannst außerdem den Schwierigkeitsgrad ablesen, der mit der jeweiligen Aufgabenstellung verbunden ist.

Aufgabenstellung („Operator")	Das wird von dir erwartet	Schwierigkeitsgrad
auflisten	Informationen zu einer Aufgabe heraussuchen und in einer Liste zusammenstellen. Deine Liste kann je nach Aufgabenstellung tabellarisch sein. Manchmal reichen auch Stichpunkte.	leicht
aufschreiben	Informationen zu einer Aufgabe heraussuchen und schriftlich zusammenstellen.	leicht
(be)nennen	Die wesentlichen Informationen zu einer Aufgabe heraussuchen und einfach benennen (ohne Begründung)	leicht
notieren	Informationen zu einer Aufgabenstellung tabellarisch oder in Stichpunkten auflisten.	leicht
erkunden	Informationen zusammentragen.	leicht bis mittel
ermitteln	Informationen zusammentragen.	leicht bis mittel
erzählen	Informationen zu einem Thema oder einem Kunstwerk anderen mitteilen.	leicht bis mittel
ordnen	Informationen sinnvoll zusammenstellen.	leicht bis mittel
sammeln	Informationen zu einer Aufgabe zusammentragen.	leicht bis mittel
suchen	Informationen heraussuchen und zusammentragen.	leicht bis mittel
überlegen	Über ein Thema nachdenken und deine Erkenntnisse und Gedanken notieren. Das kann in Stichpunkten sein.	leicht bis mittel
zusammenstellen	Informationen heraussuchen und sinnvoll ordnen.	leicht bis mittel
beschreiben	Etwas mit deinen eigenen Worten wiedergeben.	mittel
darstellen	Etwas mit deinen eigenen Worten wiedergeben und dabei die wesentlichen Punkte herausarbeiten.	mittel
schildern	Etwas ausführlich mit deinen eigenen Worten wiedergeben.	mittel
zeigen	Etwas mit deinen eigenen Worten deutlich machen und anderen mitteilen.	mittel
überprüfen	Eine Aussage aus einem Text prüfen und begründen, ob sie in deinen Augen richtig oder falsch ist.	mittel bis hoch

erklären/erläutern	Anderen etwas mit deinen eigenen Worten begreiflich machen, so, dass es verstanden wird. Wichtig: Hier musst du selbst den Zusammenhang/den Sachverhalt verstanden haben.	hoch
begründen	Hier musst du deine Gedanken zu einem Thema nicht nur darstellen, sondern auch begründen: Wie bist du zu deiner Ansicht gekommen? Wie kannst du deine Meinung so belegen, dass sie nachvollziehbar ist?	hoch
deuten	Hier musst du dir eigene Gedanken zu einem Thema oder einem Kunstwerk machen, und es dann mit eigenen Worten erklären.	hoch
informieren	Selbstständig Informationen zu einem Thema oder einem Kunstwerk sammeln.	hoch
überprüfen	Eine Aussage aus einem Text oder zu einem Kunstwerk prüfen und begründen, warum sie in deinen Augen richtig oder falsch ist.	hoch
untersuchen	Ein Kunstwerk gründlich betrachten, daraus deine eigenen Erkenntnisse ziehen und diese begründet darstellen.	hoch
vergleichen	Gemeinsamkeiten und Unterschiede zwischen Kunstwerken mit eigenen Worten erklären. Je nach Aufgabenstellung kann der Vergleich auch tabellarisch ausfallen.	hoch

Textquellen

S. 15 Van Gogh, Vincent: *Sämtliche Briefe. Bd. 4*. Hrsg. v. Fritz Erpel; Berlin: Henschel, 1965; S. 15; ©1968 Henschelverlag, Berlin S. 16 Van Gogh, Vincent: *Sämtliche Briefe. Bd. 5*. Hrsg. v. Fritz Erpel; Zürich: Kindler Verlag, 1968; S. 39; ©1968 Henschelverlag, Berlin S. 20, S. 28, S. 43, S. 53 *Gute Nachricht Bibel*, revidierte Fassung, durchgesehene Ausgabe; ©2000 Deutsche Bibelgesellschaft, Stuttgart S. 22 Leonardo da Vinci: „Vor einigen Tagen […]", zit. n.: Baxandall, Michael: *Die Wirklichkeit der Bilder. Malerei und Erfahrung im Italien des 15. Jahrhunderts*. Frankfurt/M.: Syndikat, 1977; S. 72 S. 24 Marsilio Ficino: „Wo immer du […]", zit. n.: Gombrich, Ernst H.: *Neues über alte Meister. Zur Kunst der Renaissance. IV*. Stuttgart: Klett-Cotta, 1988; S. 67 S. 26–27, S. 29 Leonardo da Vinci, zit. n.: Kaiser, Michael: *Perspektive als Mittel der Kunst*. Hrsg. v. Landesbildstelle Berlin, Zentrum für Audio-Visuelle Medien, bearbeitet von Horst Neumann. Berlin: Colloquium-Verlag, 1986; S. 12–14 S. 32, S. 34 Vasari, Giorgio: *Lebensgeschichten der berühmtesten Maler, Bildhauer und Architekten der Renaissance*. Hrsg. v. Ernst Jaffé; Berlin, 3. Aufl., 1913; S. 212f. © (der deutschsprachigen Ausgabe) 1985 Diogenes Verlag AG Zürich S. 39 Athanasius: „Ich fürchte eure […]"; „Der Herr vergaß […]", zit. n.: Athanasius: *Leben des heiligen Antonius (Vita Antonii)*. In: *Ausgewählte Schriften Bd. 2*. Bibliothek der Kirchenväter, 1. Reihe, Bd. 31; Kempten/München: Kösel-Verlag, 1917/Jacobus des Voragine: „Da erschienen […]"; „Einst kamen […]", zit. n.: Jacobus de Voragine: *Legenda Aurea*. Köln/Olten: Hegner, 1969 S. 57 Marc Aurel: *Selbstbetrachtungen*. Stuttgart: Alfred Kröner Verlag, 13. Aufl., 2008; S. 132 (Absatz 5); S. 184 (Absatz 17); S. 140 (Absatz 31) S. 62 Ammianus Marcellinus: *Römische Geschichte*. Erster Teil, Buch 14–17; Berlin: Akademie-Verlag, 4. Aufl., 1986; S. 179 S. 74 Michaels, Leonard: *Das Nichts, das nicht da ist*. In: *Edward Hopper. Bilder der amerikanischen Seele*. Hrsg. v. Deborah Lyons und Adam D. Weinbert. München u. a.: Schirmer, 1995; S. 15ff. S. 75 Jo Hopper zit. n.: Levin, Gail: *Edward Hopper. Ein intimes Porträt*. München: List, 1998; S. 423ff. S. 76 Goethe, Johann Wolfgang von: *Brief an Friedrich Heinrich Jacobi*,

Frankfurt, 21. August 1774. In: *Goethes Werke*. Hrsg. im Auftrag der Großherzogin Sophie von Sachsen; Abt. 4: *Goethes Briefe, Bd. 2*: Weimar, 1887–1912/ Edgar Degas: „*Es ist sehr gut […]*", zit. n.: Renner, Rolf Günter: *Edward Hopper 1882–1967: Transformationen des Realen*. Köln: Taschen, 1992; S. 65/Hopper, Edward: Statements by Four Artists, Reality, 1 (Spring 1953); zit. nach: Gail Levin: *Edward Hopper: 1882–1967; Gemälde und Zeichnungen*. München: Schirmer-Mosel, 1981; S. 9 S. 79 Schmied, Wieland: „*Precisionist View*" und „*American Scene*": *Die zwanziger Jahre*. In: *Amerikanische Kunst im 20. Jahrhundert: Malerei und Plastik 1913–1993*. Hrsg. v. Christos Joachimides und Norman Rosenthal: München: Prestel, 1993; S. 68 S. 98 Cornelia Thater-Schulz: „*Dada ist kein Bluff*". In: *Berlinische Galerie, Hannah Höch, 1889–1978: Ihr Werk, Ihr Leben, Ihre Freunde*. Berlin: Aragon, 1989; S. 11–23 S. 108, S. 115 Gropius, Walter: *Grundsätze der Bauhausproduktion*. In: *Neue Arbeiten der Bauhauswerkstatt. Bauhausbücher 7*. Hrsg. v. Walter Gropius und László Moholy-Nagy; München: A. Langen, 1925; S. 5f. S. 120 Johnson, Philip C.: *Mies van der Rohe*. Stuttgart: Verlag Gerd Hatje, 1956; S. 60, S. 96 S. 128 Duchamp, Marcel: *Interviews und Statements*. Stuttgart, 1991; S. 18, 103f. S. 129 Marcel Duchamp: „*Ich war darauf erpicht […]*", zit. n.: Claus, Jürgen: *Theorien zeitgenössischer Malerei in Selbstzeugnissen*. Reinbek: Rowohlt, 1963; S. 15 S. 131 Marcel Duchamp: „*Der erste Entwurf […]*", zit. n.: Tomkins, Calvin: *Marcel Duchamp und seine Zeit. 1887–1968*. Amsterdam: Time Life International, 1979; S. 14f. S. 133 Pablo Picasso: „*Wir sehen in ihm […]*", zit. n.: Hess, Walter: *Dokumente zum Verständnis der modernen Malerei*. Hamburg: Rowohlt, 1956; S. 53/Guillaume Apollinaire: *Die moderne Malerei*. In: *Der Sturm*, 3. Jg., Nr. 148/149, Februar 1913; S. 272; zit. n.: Pierre, José: *Der Kubismus. Weltgeschichte der Malerei, Bd. 19*. Lausanne: Edition Rencontre, 1967; S. 99/Juan Gris: „*In Reaktion gegen […]*", zit. n.: Pierre, José: *Der Kubismus. Weltgeschichte der Malerei, Bd. 19*. Lausanne: Edition Rencontre, 1967; S. 111 S. 134 Cabanne, Pierre: *Gespräche mit Marcel Duchamp*. Köln: Galerie Der Spiegel, 1972; S. 43 S. 134/135 Marcel Duchamp: „*[…] ich habe eine Kaffeemühle […]*", zit. n.: Cabanne, Pierre: *Gespräche mit Marcel Duchamp*. Köln: Galerie Der Spiegel, 1972; S. 37 S. 136 Lessing, Gotthold Ephraim: *Laokoon oder Über die Grenzen der Malerei und Poesie (1766)*. Stuttgart: Reclam, 1967; S. 23, S. 115 S. 138 *Manifest des Futurismus, 1909*, und *Technisches Manifest der futuristischen Malerei, 1910*, zit. n.: Umberto Boccioni: *Futuristische Malerei und Plastik (Bildnerischer Dynamismus)*. Hrsg. v. Astrit Schmidt-Burkhardt; Dresden: Verlag der Kunst, 2002; S. 209, S. 220f./ Marcel Duchamp: „*[…] an die Einführung einer Bewegung […]*", zit. n.: Molderings, Herbert: *Marcel Duchamp*. Frankfurt/M.: Campus, 1983; S. 18 S. 140 Duchamp, Marcel: *Interviews und Statements*. Stuttgart: Ed. Cantz, 1991; S. 104 S. 142 Marcel Duchamp: „*Und das bringt mich […]*", zit. n.: Daniels, Dieter: *Duchamp und die anderen*. Köln: DuMont, 1992; S. 1/Marcel Duchamp: „*Welches waren die Gründe […]*", zit. n.: Duchamp, Marcel: *Der kreative Akt. Duchampagne brut*. Hamburg: Edition Nautilus; Verlag Lutz Schulenburg, 1992; S. 29f. S. 145 Kollwitz, Käthe: *Ich sah die Welt mit liebevollen Blicken*. Hrsg. von Hans Kollwitz; Wiesbaden: Fourier; 12. Aufl., 2001; S. 312 S. 146 Anonym: *Das Blutgedicht*, zit. n.: Karin Gafert: *Die soziale Frage in Literatur und Kunst des 19. Jahrhunderts. Ästhetische Politisierung des Weberstoffes, Bd. 2*. Kronenberg/Taunus: Scriptor-Verlag, 1973; S. 179 S. 147 Schmalenbach, Fritz: *Käthe Kollwitz*. Königstein/Ts.: Langewiesche, 1965; S. 3 S. 148 Wilhelm Wolff: „*Die Macht über die Weber […]*", zit. n.: Schwab-Felisch, Hans: *Hauptmann. Die Weber. Dichtung und Wirklichkeit*. Frankfurt/M.: Ullstein, 1959; S. 138f. S. 148/149 Alexander Schneer: „*Seit […] Jahren […]*", zit. n.: Schwab-Felisch, Hans: *Hauptmann. Die Weber. Dichtung und Wirklichkeit*. Frankfurt/M.: Ullstein, 1959; S. 78 S. 149 Wilhelm Wolff: „*[…] trat der Strom […]*", zit. n.: Schwab-Felisch, Hans: *Hauptmann. Die Weber. Dichtung und Wirklichkeit*. Frankfurt/M.: Ullstein, 1959; S. 144/Heine, Heinrich: *Die schlesischen Weber*. In: Ders.: *Werke in zwei Bänden*. Hrsg. v. Paul Stapf, Bd. 2; Wiesbaden: Löwit, [1971]; S. 445 S. 152 Kollwitz, Käthe: *Ich sah die Welt mit liebevollen Blicken*. Hrsg. von Hans Kollwitz; Wiesbaden: Fourier; 12. Aufl., 2001; S. 273 S. 154 Kollwitz, Käthe: *Ich sah die Welt mit liebevollen Blicken*. Hrsg. von Hans Kollwitz. Wiesbaden: Fourier; 12. Aufl., 2001; S. 273 S. 156 Friedrich Ahlers-Hesterman: „*Was hier nächtlich schwelt […]*", zit. n.: Ahlers-Hestermann, Friedrich: *Käthe Kollwitz. Der Weberaufstand*. Stuttgart: Reclam; 2. Aufl., 1964; S. 12/ Anonym: *Das Blutgericht*, zit. n.: Schwab-Felisch, Hans: *Hauptmann. Die Weber. Dichtung und Wirklichkeit*. Frankfurt/M.: Ullstein, 1959; S. 116 S. 158, S. 160 Auszüge aus d. *Allgemeinen Zeitung*, zit. n.: Schwab-Felisch, Hans: *Hauptmann. Die Weber. Dichtung und Wirklichkeit*. Frankfurt/M.: Ullstein, 1959; S. 127 S. 165 von Harbou, Thea: *Metropolis*. Frankfurt/M.: Ullstein, 1978; S. 158f. S. 167 Maar, Paul: *Türme. Ein Sach- und Erzählbuch von berühmten und unbekannten, bemerkenswerten und merkwürdigen Türmen*. Hamburg: Oetinger, 1987; S. 35ff. S. 171 Klapheck, Konrad: *Die Maschine und ich*. In: Kat. 2; Konrad Klapheck: Kestner-Gesellschaft Hannover; 1967; S. 18 S. 179 © Jun Kim.

Bildquellen

Cover akg-images/Erich Lessing **1**, **2**, **5**, **8**, **9** Vincent van Gogh Foundation, Amsterdam **4** Bildarchiv Steffens, Mainz/Bridgeman Art Library, London **11**, **12** J. P. Anders/bpk, Berlin **16** Hans Wunderlich, Berlin **17–19** Artothek, Weilheim **25** Scala, Florenz **26** akg-images **27**, **28** akg-images/Rabatti-Domingie **30** Artothek, Weilheim **31–34** Scala, Florenz **35**, **49**, **54** akg-images/Rabatti-Domingie **38**, **40** Rhein. Bildarchiv, Köln **37–39**, **41**, **44**, **46**, **47**, **51–53**, **56** Scala, Florenz **43** Hans Wunderlich, Berlin **45**, **48** Ungermeyer **49** Germanisches Nationalmuseum Nürnberg **55** bpk **57** Lyle Peterzell, Washington **58** J. P. Anders/bpk, Berlin **59** akg-images/Erich Lessing **60** Mit frdl. Gen. d. Künstlers **63** J. P. Anders/bpk, Berlin **65** aus: Halbritter, Kurt: *Halbritters Tier- und Pflanzenwelt*. München: Hanser 1979 **66** Mauritius Images/United Archives **67** Mit frdl. Gen. d. Künstlers **69** Fotolia **70**, **71**, **74**, **75**, **77**, **82** Artothek, Weilheim **73** © Institut für Stadtgeschichte, Frankfurt **79–81** Musée Unterlinden, Colmar **76**, **78** Ungermeyer **83** akg-images/Erich Lessing **84–87**, **91** Scala, Florenz **89** akg-images **93** akg-images **94–96** E. Thiem, Kaufbeuren **98** Hans Wunderlich, Berlin **99–102** Istituto Centrale del Restauro, Rom; **103** M. Damm, Bad Nauheim **105**, **106**, **108** akg-images **107** Okapia/Hubertus Kanus **109** © Coll. Kröller-Müller Museum, Otterlo **110–113** akg-images **114** E. Seehuber, München **121–123**, **125** Geoffrey Clements, New York **127** Gail Levin, aus: Dies., *Edward Hopper: ein intimes Portrait*. München: List 1998 **128** Ullstein Bild – The Granger Coll. **129** Friends of the American Art Collection; © AIC/VAGA, New York **130** Rhein. Bildarchiv, Köln **132**, **134** Artothek, Weilheim **133** H. R. Wacker, Oldenburg **136** Friends of the American Art Collection **137** RMN, Paris **140** Getty Images Editorial **144**, **145** Cinetext Bildarchiv **148** Scala, Florenz **149** picture-alliance/Mary Evans Picture Library **151**, **153** Rhein. Bildarchiv **155** Culture Images/fai **156**, **157** bpk/Nationalgalerie SMB/J. P. Anders **160**, **162** bpk **163**, **164** Rhein. Bildarchiv **167**, **169**, **170** akg-images **168** Interfoto **173** Scala, Florenz **176** bpk **177** akg-images **178** Mit frdl. Gen. d. Künstlers **179** Universiätsbibliothek Johann Christian Senckenberg, Frankfurt/M. **180** akg-images/Erich Lessing **184** Galerie Sprüth, Köln **185**, **186** Berlinische Galerie/Landesmuseum für Moderne Kunst, Fotografie und Architektur, Berlin **187** Galerie Remmert und Barth, Düsseldorf **188**, **189**, **190**, **194**, **200**, **203** BHA, Berlin **191**, **192** BHA, Berlin/E. Consemüller **193** akg-images **195** BHA/Bartsch **196** A. Bednorz, Köln **199** Mit frdl. Gen. V. R. Schlemmer, Oggebbio/Italien **201** A.C.L., Brüssel **202**, **222** BHA/G. Lepowski **204–206** © Europ. Industriemuseum für Porzellan, Selb **207** akg-images **213** Foto Eckner, Weimar **214** akg-images/Hilbich **215** Imago/CTK-Foto **216** akg-images/E. Lessing **217** picture-alliance/dpa **218**, **223** Corbis, Düsseldorf **219** Holle Bildarchiv, München **220**, **221** aus: *Chicago-Architektur, 1872–1922*. Katalog; München, Prestel 1987, S. 432 **224** Getty Images **225** picture-alliance/Südd. Zeitung **231** Laif/Toma Babovic, Keystone/BHA, Berlin **232**, **233** akg-images **236** Agentur Bridgeman **239** Rhein. Bildarchiv, Köln **240** akg-images/Erich Lessing **241**, **242** Artothek, Weilheim **243** akg-images **248** Scala, Florenz **249** Artothek, Weilheim **251** Ungermeyer **252**, **253** David Robinson, aus: Füsslin, Georg: *Optisches Spielzeug oder Wie die Bilder laufen lernten*. Stuttgart, Füsslin 1993, S. 70, S. 31 **254**, **255** Scala, Florenz **256** RMN, Paris **257** akg-images/Erich Lessing **258** akg-images **261** Scala, Florenz **262** Rhein. Bildarchiv, Köln **265** Privatsammlung/Courtesy Jablonka Galerie, Köln/© Sherrie Levine **267** akg-images **268**, **269** H.-J. Bartsch, Berlin **270** Ullstein Bild/Archiv Gerstenberg **272** aus: *Facsimile-Querschnitt durch die fliegenden Blätter*. Hrsg. v. E. Zahn; München u. a.: Scherz o. J., S. 64 **276** akg-images **277** akg-images/Erich Lessing **278** Käthe Kollwitz Museum, Köln **287** H.-J. Bartsch, Berlin **288** akg-images **291** bpk, Berlin/R. Clémenti-Bilinsky, Paris **292**, **293** picture-alliance **294**, **298**, **306** Cinetext **296** akg-images/Pirozzi **299** P. Mauss/ESTO, New York **301** akg-images/Erich Lessing **308**, **311** akg-images **313** bpk/D. Katz **315** aus: Katalog *Bilder die lügen*. Bonn, Haus der Geschichte, 2003, S. 27; © Ringier Verlag **316** AP Images, Frankfurt **317** Royal Photographic Society, Bath/UK **318** www.junkimart.com **321**, **322** ddp images **323**, **324** RKO Radio Pictures **325/2** Culture Images/fai **325/3** Artothek, Weilheim **326/2** akg-images/Rabatti-Domingie **326/3** RMN, Paris **327/2** akg/Erich Lessing **327/3** Rhein. Bildarchiv **328/1** Lyle Peterzell, Washington **328/2** Corbis, Düsseldorf **329** BHA/G. Lepowski **330** Ungermeyer **331** akg-images **332** Scala, Florenz (Ausschnitt) **335** Rhein. Bildarchiv.

VG Bild-Kunst Bonn, 2011: Bacon, Balla, Bayer, Beckmann, Carrà, Claus, Duchamp (Succession Marcel Duchamp), Ernst, Gropius, Grosz (© Estate of George Grosz, Princeton, N.J. / VG Bild-Kunst, Bonn 2019), Grünfeld, Hausmann, Heartfield (The Heartfield Community of Heirs), Hopper (© Heirs of Josephine N. Hopper/VAGA at ARS, NY/VG Bild-Kunst, Bonn 2019), Höch, Klapheck, Léger, Lichtenstein (© Estate of Roy Lichtenstein/VG Bild-Kunst, Bonn 2019), Mies van der Rohe, Münter, O´Keefe (Georgia O´Keefe Museum), Picasso (Succession Picasso), Rosenquist, Rotella, Schad (Christian Schad Stiftung Aschaffenburg), Schwitters, Spoerri, Staeck, Tinguely, Trockel, Ulrichs, Villon, Vostell, Wagenfeld.

Moderne

Marcel Duchamp (1875–1963): *Akt, eine Treppe herabsteigend* (1912) → S. 127–143

Boris Bilinski (18??–19??): Filmplakat zu *Metropolis* (1926) → S. 163–175

Edward Hopper (1882–1967): *New York Movie* (1939) → S. 72–90

Hannah Höch (1889–1978): *Schnitt mit dem Küchenmesser Dada* (1919/20) → S. 91–107

Bauhausgebäude in Dessau (1925/26): → S. 108–126

Henri Matisse (1869–1954): *Großes Interieur in Rot* (1948)

Henry van de Velde (1863–1957)

Giacomo Balla (1871–1958)

Pablo Picasso (1881–1973)

Ernst Ludwig Kirchner (1880–1938)

Max Ernst (1891–1976)

- Dada(ismus)
- Futurismus
- Impressionismus
- Kubismus
- Realismus
- Fauvismus
- Surrealismus
- Jugendstil
- Bauhaus

1900 | 1910 | 1920 | 1930 | 1940

1920er-Jahre: Erfindung des Fernsehens
1922: Entdeckung des Grabes des Tutanchamun
1927: erster Tonfilm
1930er-Jahre: Erfindung des Fernsehens mit regulärem Fernsehprogramm
1940: Entdeckung der Höhlenmalerei in Lascaux (Frankreich)

um 1900: Zweite Industrielle Revolution (Elektro, Chemie, Auto, Flugzeug)
1913: Fließbandproduktion bei Ford: Das Auto wird populär
1914–1918: Erster Weltkrieg
1917: Russische Revolution
1918–1933: Weimarer Republik
1929: Weltwirtschaftskrise
1933–1945: NS-Herrschaft
1936–1939: Spanischer Bürgerkrieg
1939–1945: Zweiter Weltkrieg